丛林

Back to Jungle?
The Rise and Fall of the WTO Appellate Body

再现？

WTO上诉机制的兴衰

杨国华 / 著

人民出版社

目 录

　　本书写作时间跨度大约三年半，从 2016 年 5 月到 2019 年 12 月。
这段时间，WTO 上诉机构状态急转直下，从"众星捧月"到"生命
垂危"。因此，本书的形成，并非本人有意为之，实为形势发展使然。

　　2016 年 5 月，我参选上诉机构成员归来，仍然沉浸在这次独特
经历所带来的兴奋之中。4 月 8 日下午 3:40—4:30，在 WTO 总部正
式面试，遴选委员会（selection committee）5 位成员（争端解决机构
（DSB）主席南非大使、总干事、总理事会主席挪威大使、服务贸易
理事会主席乌拉圭大使和知识产权理事会主席坦桑尼亚大使）提出
了 10 个问题并就部分回答做了进一步追问。正式面试前后 3 周时间，
我还会见了 34 个成员的代表，其中包括 20 位大使，并且与美国贸易
代表办公室主管人员举行视频对话和赴布鲁塞尔与欧委会官员座谈。
在上诉机构门前徘徊，增加了我的好奇心，于是决定考证一下上诉机
构的起源（《WTO 上诉机制论》），并且一发不可收，随后几个月又写
了上诉机构的运作（《WTO 上诉机构运作述评》）和成员个案剖析（《理
念与裁决：James Bacchus 个案剖析》）。3 篇文章合在一起，感觉把上
诉机构发展史大致写清楚了，核心思想是分析了上诉机构的成功之
道。那时候恰逢 WTO 成立 20 周年，争端解决机制，特别是上诉机
构的成就有目共睹。

这些文章也提到了上诉机构的挑战，特别是工作量太大和美国阻挠张胜和连任问题。但是，工作量不难解决，连任也是个案，我与大多数人一样，都觉得没有什么大问题。然而，2017年初，特朗普政府上台，形势发生了急剧变化。美国先是对上诉机构提出指责，后又以此阻挠上诉机构成员遴选和连任，我也与大多数人一样，经历了愤怒不满、大惑不解到恍然大悟等跌宕起伏的心理阶段。在此期间，我分析了原因（《WTO上诉机构危机的原因》），认为主要是美国贸易代表的"个人恩怨"，后来又仔细反思了美国指责所涉及的法律问题（《WTO上诉机构危机中的法律问题》），认为这些问题值得研究，尽管不能以此扼杀上诉机构。至此，美国政府的想法昭然若揭，上诉机构的命运也大致确定，而我写完关于最近五年演变的一篇总结（《WTO上诉机构的最后五年》），似乎也没什么好写的了。

当然，作为WTO法律实践者和研究者，甚至差一步踏进上诉机构大门者，是不甘心看到如此结局的。我觉得应该写一本书，详细地记载上诉机构的25年历史。我相信国家间争端的上诉机制还会建立，这是国际法治之路，并且人们一旦尝到了法治的甜头，就会想方设法恢复。在重建的过程中，上诉机构的经验和教训必定是非常宝贵的。于是我尝试将以上六篇文章汇编在一起，并且拾遗补缺，形成一个完整的故事。写作过程中，DSB会议纪要提供了重要便利。25年，每个月召开一次例会，还经常召开特会，而每次会议都有详细记录，发生了什么事情，WTO成员和上诉机构如何处理，都清清楚楚地记录在案且全部公开。翻阅这四百多个文件，上诉机构的历史也一一展现在眼前。我所知道或研究的事情，都能找到来源，而我没关注或重视的事情，也不在少数。与开始的兴奋和中间的动荡相比，过去几个月，我已经能够在平静的心情下，细细梳理资料，慢慢整理想法。此外，我还重读了一些书籍，特别WTO成立10周年时歌颂争端解决机制成就的 Key Issues in WTO Dispute Settlement:

the First Ten Years（Rufus Yerxa）、The WTO at Ten: the Contribution of the Dispute Settlement System（Giogio Sacerdoti）、The WTO in the Twenty-First Century: Dispute Settlement, Negotiations and Regionalism in Asia（Ysuhei Taniguchi）、The WTO: Governance, Dispute Settlement and Developing Countries（Merit Janow）和记录上诉机构成员及其秘书处人员早期回忆的 A History of Law and Lawyers in the GATT/WTO: the Development of the Rule of Law in the Multilateral Trading System（Gabrielle Marceau）、Trade and Freedom（James Bacchus），真正从事后即历史的角度回望上诉机构，受到了很多启发。

　　本书取名"丛林法则？"，是对现状的担忧，担心国际贸易重回弱肉强食的时代。但是一个"？"，却是对法治的信心，坚信国际法治必将胜利。在这个动荡、混乱的年代，本书更是一个提醒，提醒人们相信法治并为法治作出努力。

　　最后需要提及的是本书的写作风格。我一直推崇金庸讲故事的本领，从谋篇布局、情节发展、悬念埋伏、冲突显现、对话进行到文字选择，无不令人叹为观止，以至于捧起他的小说便如痴如醉、无法释卷。上诉机制的兴衰，从迅速"崛起"到遭遇"谋杀"，其发展之迅速，情节之离奇，具备了一部武侠小说的素材。如果金大侠在世，一定能写得波澜壮阔、荡气回肠。金大侠乃文曲星下凡，非常人可比。但是常读金庸，耳濡目染，难免蠢蠢欲动、东施效颦。本书写作过程中，无论构思还是落笔，眼前常常浮现《笑傲江湖》和《天龙八部》等作品中的场景。因此，摆在读者诸君面前的这本书，基本上是"学术散文体"或"散文学术体"，讲的是专业事情，用的是说书笔法。好在这个选题是我亲身参与的领域，从事到人，有很多故事可讲。把事情说清楚，将想法说明白，内容丰富，文字生动，我的写作目标就实现了。至于这本书能否归类为学术性著作，这一点并不重要。

　　本书写作过程中，承蒙众多师生和朋友惠赐资料和意见，在此一并致谢（以姓氏拼音为序）：陈卫东、陈喜峰、陈咏梅、陈雨松、程秀强、池漫郊、崔凡、丁如、范晓波、房东、符荆捷、高树超、龚柏华、顾宾、管健、韩立余、贺小勇、何志鹏、胡建国、黄东黎、黄志瑾、纪文华、李居迁、李晓玲、李雪平、廖诗评、林惠玲、刘敬东、刘思艺、马铭骏、彭德雷、彭俊、彭岳、祁欢、全小莲、任清、石静霞、史晓丽、孙昭、索必成、王衡、王蔷、王语嫣、肖冰、徐清军、徐昕、徐朝雨、屠新泉、杨骁燕、于方、余敏友、张委峰、赵宏瑞、赵骏、周围欢、朱榄叶和左海聪。

Appellate Body，上诉机构

Committee on Budget, Finance and Administration，预算、财务和行政委员会，预算委员会

consensus，全体一致

consultations，磋商

contracting parties，缔约方

CONTRACTING PARTIES，缔约方全体

DSB, Dispute Settlement Body，争端解决机构

DSU, Dispute Settlement Understanding, Understanding on Rules and Procedures Governing the Settlement of Disputes,《关于争端解决规则与程序的谅解》

Establishment of the Appellate Body, Recommendations by the Preparatory Committee for the WTO,"一号文件"。

Facilitator of the Informal Process on Appellate Body Matters，上诉机构事项非正式磋商协调员，协调员。

GATT, General Agreement on Tariffs and Trade, 关税与贸易总协定

interim review，中期审议

LDC, Least Developed Country, 最不发达国家

Legal Texts, The Legal Texts: the Results of the Uruguay Round of Multilateral Trade Negotiations，《法律文本：乌拉圭回合多边谈判结果》，《法律文本》。

negative consensus, reversed consensus，反向全体一致

panel，专家组

Rules of Conduct，Rules of Conduct for the Understanding on the Rules and Procedures Governing the Settlement of Disputes，《行为守则》

selection committee，遴选委员会

TBT 协定，Agreement on Technical Barriers to Trade

Uruguay Round，乌拉圭回合

USTR, United States Trade Representative, 美国贸易代表

Working Procedures for Appellate Review，《上诉审议工作程序》

WTO, World Trade Organization, 世界贸易组织

WTO Agreement, Agreement Establishing the World Trade Organization，《WTO 协定》,《建立世界贸易组织协定》

2018 Trade Policy Agenda and 2017 Annual Report of the President of the United States on the Trade Agreements Program，《2018 年贸易政策规划及 2017 年贸易协议年度报告》

2019 Trade Policy Agenda and 2018Annual Report of the President of the United States on the Trade Agreements Program，《2019 年贸易政策规划及 2018 年贸易协议年度报告》

英文	中文
Argentina — Financial Services 　　— Complainant: Panama DS453	阿根廷金融服务案
Australia — Tobacco Plain Packaging (Dominican Re-public) 　　— Complainant: Dominican Republic DS441	澳大利亚烟草平装案（多米尼加诉）
Australia — Tobacco Plain Packaging (Honduras) 　　— Complainant: Honduras DS435	澳大利亚烟草平装案（洪都拉斯诉）
Brazil — Taxation 　　— Complainant: European Union DS472 　　— Complainant: Japan DS497	巴西税费案
Canada — Wheat Exports and Grain Imports 　　— Complainant: United States DS276	加拿大小麦出口和谷物进口案
China — Intellectual Property Rights 　　— Complainant: United States DS362	中国知识产权案
China — Auto Parts 　　— Complainant: European Communities DS339 　　— Complainant: United States DS340 　　— Complainant: Canada DS342	中国汽车零部件案
China — Publications and Audiovisual Products 　　— Complainant: United States DS363	中国出版物及音像产品案
China — Raw Materials 　　— Complainant: United States DS394 　　— Complainant: European Communities DS395 　　— Complainant: Mexico DS398	中国原材料案

英文	中文

China — Rare Earths
  — Complainant: United States DS431
  — Complainant: European Union DS432
  — Complainant: Japan DS433
	中国稀土案

China — GOES — Complainant: United States DS414	中国取向电工钢案
Colombia — Textiles — Complainant: Panama DS461	哥伦比亚纺织品案
EC — Bananas III — Complainants: Ecuador; Guatemala; Honduras; Mexico; United States DS27	欧共体香蕉（III）案
EC — Hormones (Canada) — Complainant: Canada DS48	欧共体荷尔蒙案（加拿大诉）
EC — Hormones — Complainant: United States DS26	欧共体荷尔蒙案
EC — Asbestos — Complainant: Canada DS135	欧共体石棉案
EC — Fasteners (China) — Complainant: China DS397	欧共体紧固件案（中国诉）
EU — Energy Package — Complainant: Russian Federation DS476	欧盟能源项目案
EC and certain member States — Large Civil Aircraft (2nd complaint) — Complainant: United States DS347	欧共体及成员国大型飞机案（第2次申诉）
EC and certain member States — Large Civil Aircraft — Complainant: United States DS316	欧共体及成员国大型飞机案
EU — PET — Complainant: Pakistan DS486	欧共体聚酯案
India — Agricultural Products — Complainant: United States DS430	印度农产品案
India — Patents (US) — Complainant: United States DS50	印度专利案（美国诉）
India — Iron and Steel Products — Complainant: Japan DS518	印度钢铁产品案

续表

英文	中文
India — Autos 　— Complainant: European Communities DS146 　— Complainant: United States DS175	印度汽车案
India — Solar Cells 　— Complainant: United States DS456	印度太阳能电池板案
India — Export Related Measures 　— Complainant: United States DS541	印度出口相关措施案
Italy — Discrimination Against Imported Agricultural Machinery 　— Complainant: United Kingdom (L/833 -7S/60)	意大利农业机械案（GATT 时期）
Japan — Alcoholic Beverages II 　— Complainant: Canada DS10 　— Complainant: United States DS11 　— Complainant: European Communities DS8	日本酒精饮料（II）案
Japan – Customs Duties, Taxes and Labelling Practices on Imported Wines and Alcoholic Beverages (L/6216 -34S/83)	日本酒精饮料（GATT 时期）
Morocco — Hot Rolled Steel (Turkey) 　— Complainant: Turkey DS513	摩洛哥热轧钢案（土耳其诉）
Thailand — Cigarettes (Philippines) 　— Complainant: Philippines DS371	泰国香烟案（菲律宾诉）
Russia — Railway Equipment 　— Complainant: Ukraine DS499	俄罗斯铁路设备案
US — Gasoline 　— Complainant: Venezuela, Bolivarian Republic of DS2 　— Complainant: Brazil DS4	美国汽油案
US — AntiDumping and Countervailing Duties (China) 　— Complainant: China DS379	美国反倾销与反补贴措施案（中国诉）
US — Countervailing Measures (China) 　— Complainant: China DS437	美国反补贴措施案（中国诉）
US — Shrimp 　— Complainants: India; Malaysia; Pakistan; Thailand DS58	美国虾案

英文	中文
US — Lead and Bismuth II — Complainant: European Communities DS138	美国铅铋钢（II）案件
US — Steel Safeguards — Complainant: European Communities DS248 — Complainant: Japan DS249 — Complainant: Korea, Republic of DS251 — Complainant: China DS252 — Complainant: Switzerland DS253 — Complainant: Norway DS254 — Complainant: New Zealand DS258 — Complainant: Brazil DS259	美国钢铁保障措施案
US — Zeroing (EC) — Complainant: European Communities DS294	美国归零案（欧共体诉）
US — Zeroing (Japan) — Complainant: Japan DS322	美国归零案（日本诉）
United States — Continued Existence and Application of Zeroing Methodology — Complainant: European Communities DS350	美国持续归零案（欧共体诉）
US — Zeroing (Korea) — Complainant: Korea, Republic of DS402	美国归零案（韩国诉）
US — FSC — Complainant: European Communities DS108	美国 FSC 案
US — Offset Act (Byrd Amendment) —Complainants: Australia; Brazil; Chile; European Communities; India; Indonesia; Japan; Korea, Republic of; Thailand DS217 — Complainants: Canada; Mexico DS234	美国抵消法案案（伯德修正案）
US — Stainless Steel (Mexico) — Complainant: Mexico DS344	美国不锈钢案（墨西哥诉）
US — Differential Pricing Methodology —Complainant: Canada DS534	美国差别定价方法案
US — Lamb — Complainant: New Zealand DS177 — Complainant: Australia DS178	美国羊肉案
US — Steel Plate — Complainant: India DS206	美国钢管案

续表

英文	中文
US — Tyres (China) 　— Complainant: China DS399	美国轮胎案（中国诉）
US — Section 110(5) Copyright Act 　— Complainant: European Communities DS160	美国版权法 110 节（5）案
US — Supercalendered Paper 　— Complainant: Canada DS505	美国超级压光纸案
US — Wire Rod and Line Pipe 　— Complainant: European Communities DS214	美国线材和管材案
US — Renewable Energy 　— Complainant: India DS510	美国可再生能源案
United States — Subsidies on Upland Cotton 　— Complainant: Brazil DS267	美国陆地棉案
United States —Washing Machines 　— Complainant: Korea DS464	美国洗衣机案
US — Customs Bond Directive 　— Complainant: India DS345	美国海关保证金案

　　25 年前，1994 年，事实上的国际贸易组织"关税与贸易总协定"
（General Agreement on Tariffs and Trade, GATT）结束了第八轮谈判，
即"乌拉圭回合"（Uruguay Round）。谈判的重要成果，是成立了"世
界贸易组织"（World Trade Organization, WTO），包括一套完整的争
端解决机制。这套机制与 GATT 不同之处，不仅是将原有的区区两
个条款（第 22 条和第 23 条）扩充为一个单独协议，即《关于争端解
决规则与程序的谅解》（Understanding on Rules and Procedures Gov-
erning the Settlement of Disputes, DSU），而且是设立了"二审终审"
的上诉机制。这是人类历史上国家间争端解决机制中的第一个上诉
机制。[1]

　　"乌拉圭回合"谈判者设立上诉机制，是为了"改进并加强争端
解决的规则和程序"，特别是为了纠正专家组（panel）裁决中的错误。
根据 GATT 那两个争端解决条款，"缔约方"（contracting parties）遇
有纠纷，就成立一个三人专家组进行裁决。从 1947 年成立，GATT
总共裁决了 121 个案件。尽管大多数裁决都得到了执行，但是这个
争端解决机制却有一个制度性缺陷，即在裁决提交"缔约方全体"
（CONTRACTING PARTIES）批准时，适用的是"全体一致"（con-
sensus）决策机制。也就是说，当裁决提交大会通过时，败诉方也有

"投票权"，并且只要他不同意，裁决就不能获得通过，即不能生效。"全体一致"是民主决策的制度，对于国际组织运作非常重要，因为主权国家同意是国际条约合法性最为重要的来源。然而，将这个制度适用于案件裁决通过，显然是有问题的，有可能会将"全体一致"变成"一票否决"。事实上，有些裁决就由于败诉方否决而没有获得通过。因此，这个制度性缺陷就成为"改进并加强"谈判的一项内容。谈判中，有人突发奇想，提出了"反向全体一致"（negative consensus, reversed consensus）的建议，即除非"全体一致不通过"，则裁决通过。从"全体一致通过"到"全体一致不通过"，看上去像是文字游戏，却成为一项伟大的创造，因为这样既继承了GATT民主决策的传统，又避免了败诉方否决的缺陷，事实上从"一票否决"变成"一票通过"。也就是说，对于争端解决案件而言，专家组裁决自动生效。

　　制度性缺陷弥补了，专家组在定纷止争方面具有了更大权威，但是随之而来的担忧是：如果专家组裁决错了怎么办？主权国家之间的纠纷，难道就这样交由三个人一锤定音？于是，具有国内法制经验的谈判者自然而然想到了国内司法制度中的上诉法院，因为上诉法院的一项功能，就是纠正下级法院裁决的错误。就这样，上诉机制顺理成章地进入了WTO这个"多边贸易体制"。

　　设立上诉机制之初，谈判者并没有期望太高，只是想将其作为一种保险机制偶尔用之。然而，既然多了一个司法救济的途径，WTO成员就要尽量使用。这大概是人之常情——对裁决不满的一方总是要用尽救济手段才会善罢甘休，并且似乎只有这样才能给国民一个交代。何况上诉机制自成立以来，在法律解释方面长于说理，裁决长篇大论，令人心服口服，很快建立了声誉，以至于成为其他国际争端解决机制学习的榜样，被称为"国际法治的典范"。因此，上诉机制"生意兴隆"，短短20多年作出了145份裁决。据统计，平均70%的专家组裁决都上诉了。事实上，上诉机制"被信任"，也成为整个争端解决机制声誉的重要原因。WTO 成立 25 年，竟然受理了近 600 起案件，令其他国际组织望尘莫及！

　　然而，事物发展似乎真有"物极必反"的规律。在上诉机制如日中天的时候，人们却感到了"此消彼长"的担忧，即 WTO 谈判规则功能的衰退与争端解决功能的增强所可能产生的问题。WTO 是各成员谈判制定贸易规则的场所，1995 年成立时已经有 20 个主体协议，构成了多边贸易体制的框架。像任何组织一样，WTO 明白不进则退的"自行车理论"，诞生伊始就开始酝酿制定新规则，两年一次的贸易部长会议都有雄心勃勃的计划，甚至在 2001 年启动了议题全面的"新回合"谈判，要将多边规则提高到新水平。然而事与愿违，由于成员众多（164 个成员）和议题艰难等原因，"新回合"谈判久拖不决，业绩了了，终于在 2015 年事实上宣布失败。面对日新月异的国际经济发展，WTO 无所成就，严重影响了人们对于 WTO 谈判功能的信心，而争端解决的兴旺发达，同时也让人们担心各成员会将谈判中没有得到的东西提交到争端解决机制，逼着专家组和上诉机构作出裁决，使之成为"造法"机制而不仅仅是"释法"机制。也就是说，国际经济发展中出现的新问题，迫切需要规则约束；既然无法谈判达成协议，那么就通过争端得到答案。有需求就有供给，这个市场规律也适用于国际关系。显然，这是非常危险的趋势，因为谈判规则与解决争端各有其职，混淆"立法"与"司法"，必定会引起后者"越权"的危险。从后来的发展看，尽管不能说上诉机制危机来自谈判不给力，但是如果谈判功能非常有效，新规则不断出现，那么争端解决"越权"的可能性就会降低，成为美国借口的可能性也会减少。换句话说，谈判规则停滞不前，开始让争端解决承受了不该有的压力。此外，上诉机制已经出现了案件太多而不堪重负的情况。

　　如果说这种"此消彼长"的趋势只是引起了一种潜在的担忧，并没有出现上诉机构明目张胆"造法"的现象，那么 2017 年美国开始实施的摧毁上诉机制的行动，则是飞来横祸，令人猝不及防。通过阻挠上诉机构成员的遴选和连任，短短两年时间，美国就将上诉机制置于死地。美国提出的理由，即所谓上诉机构"六宗罪"（"越权裁判"、"遵循先例"、"事实法律"、"咨询意见"、"超期审案"和"超期服役"），尽管并非空穴来风，但是基本上不值一驳，而以此作为"谋杀"上诉机制的理由，更是无事生非，罪不容恕。在WTO成员同仇敌忾批评美国，并且忍气吞声提出方案的情况下，美国仍然蛮横霸道，一意孤行。至此，美国摧毁上诉机制的用心已经大白于天下，其他成员不再存有幻想，纷纷提出替代方案，开始考虑一个没有上诉机构的争端解决机制。

作为人类社会的第一次尝试，WTO上诉机制并不完美。国家间争端解决机制，显然不会完全像国内司法制度一样，因为主权国家间平等协商制定规则与国内立法机关制定法律，在"正当性"和权威性等方面大异其趣，使得国际法与国内法大为不同。严格说来，国际法基本上是"合同"，而国内法才是"法律"。也就是说，对于国际法而言，主权国家的同意，不仅体现在条约等国际法的制定过程中，而且体现在国际法的实施过程中。因此，WTO上诉机制没有，也不会照搬国内法中的上诉机制。例如，该机制不会像国内上诉机制那么烦琐，设想到程序方面的每一个细节，更不会有真正"强制"（例如损害赔偿、罚没违法所得、禁止令、剥夺政治权利甚至人身自由）的裁决执行机制。当然，WTO上诉机制运行过程中所产生的问题需要解决，而这也是《上诉审议工作程序》（Working Procedures for Appellate Review）屡次修订和DSU改革谈判也有所涉及的原因。此外，WTO制度中，也提供了及时纠正错误的安排。例如，《建立世界贸易组织协定》（Agreement Establishing the World Trade Organization, WTO Agreement）第9条第2款就规定了对协议进行权威解释的路径，可以有效解决所谓"越权裁判"问题。也就是说，上诉机制的完善，包括美国声称的问题，都是可以通过 WTO 成员协商解决的，而美国所采取的手段是不可取的，其用心更是错误的。

25 年，WTO 上诉机制为国家间争端解决探索了一条更加法治化的路径。通过提供几乎涉及每个协议的充分而统一的规则解释，上诉机制为多边贸易体制提供了"安全性与可预见性"。事实证明，尽管有一些潜在的问题，特别是与 WTO 谈判功能之间的关系问题，上诉机制是成功的，是人类社会国际法治道路上的一场伟大实践。我们相信，国际法治的进程，不会由于美国政府的极端做法而受到影响。相反，失去方觉珍贵。经历了这场危机，人们对国际法治的信念会更加坚定。正如经历了战争，人们会更加珍惜和平。法治是国内社会的成功经验，也是国际社会的必由之路。也许人们从来没有像今天这样，在美国肆意破坏国际规则的情况下，感觉到国家之间"有法可依"、"违法必究"的重要性。这种厌恶霸权、渴望法治的心情，必定能够转化成捍卫法治的力量，使得多边贸易体制重归法治的道路，上诉机制也能够浴火重生，重见天日。

第一章

WTO 上诉机制的起源

1989 年 9 月 28 日，"乌拉圭回合""争端解决谈判小组"（Nego-tiating Group on Dispute Settlement）第 16 次会议在瑞士日内瓦 GATT 总部举行，会议涉及了常设上诉机制的问题。这是"乌拉圭回合"谈判历史资料中第一次提及上诉机制。随后，GATT 缔约方纷纷提出具体方案。不到一年，1990 年 9 月 21 日，谈判小组秘书处就拟定了初步程序，搭建了上诉机制的基本框架。

1994 年 4 月 15 日，"乌拉圭回合"谈判成功结束，WTO 宣告成立。在 WTO"一揽子协议"中，包括一个专门协议，即 DSU。这是"WTO 诉讼程序法"，共 27 条，规定了 WTO 成员之间解决贸易争端的程序：磋商、专家组审议、上诉审议和裁决执行。其中，"上诉审议"（appellate review）是第 17 条，共 14 款，规定了"常设上诉机构"（standing Appellate Body）、"上诉审议的程序"和"上诉机构报告的通过"等内容。

第一节 乌拉圭回合谈判

一、GATT 争端解决程序

（一）起源与程序

GATT 成立于 1947 年，是 WTO 的前身，其时代背景，是第二次世界大战。在"人类两度身历惨不堪言之战祸"（《联合国宪章》序言）之后，人们认识到，战争的原因之一，是各国对外争夺世界资源并且对内采取"贸易保护主义"，限制外国货进入本国市场。最为典型例子就是 20 世纪 30 年代出现的世界经济大萧条以及美国采取的"以邻为壑"的贸易政策。[2] 因此，GATT 所要做的就是促使各国开放市场，促进世界经济发展，消除战争的根源。GATT 建立了"最惠国待遇"、"国民待遇"、"约束关税"和"取消数量限制"等规则和制度，其具体形式就是作为一个国际公约的《关税与贸易总协定》和作为一个事实上国际组织的"关税与贸易总协定"。[3]

有了条约规定的权利和义务，有了组织机构保障机制的运转，还应该有一套"争端解决机制"，使得缔约方在就条约规定发生争议时，可以通过"第三方"手段，即法律途径解决。在这方面，GATT 想得很周全：它有专门的"争端解决条款"（第 22 条和第 23 条），规定在一方认为另一方没有履行条约义务的情况下，可以提请"缔约方全体"判明是非，提出建议，包括授权采取报复措施。"条约必须遵守"（*pacta sunt servanda*）是一句古老的国际法格言，并已经成为习惯国际法，[4] 但是只有具备了争端解决机制，条约才有了得到普遍遵守的保证。两千年的国内法律实践，已经证明了这一点——只有法律却没有法院是难以想象的！[5] 我们完全可以作出合理的推论：用争端解决机制保障条约权利、义务的实施，这个"灵感"或"创造性"的来源，是国内法治的实践。也就是说，这是将国内法治的经验应用于国际事务。也许今天看起来，这一切都是顺理成章、合情合理的。然而，这个"移植"的过程，却是人类所迈出的一大步，因为人与人交往要用"法治"，完全不能直接推论出国与国之间交往也要用"法治"。换句话说，国家之间如何实现"法治"，甚至是否应该实行"法治"，都是"国际法"这个概念诞生 400 年来人们一直不断探索甚至争论不休的问题。[7]WTO 上诉机制的成就与挑战，也始终贯穿着这样一条主线，此处姑且称之为"移植"问题。

GATT 总共 38 条，其中第 22 条是"磋商"（consultation），第 23 条是"利益丧失或减损"（nullification or impairment）。"磋商"包括两个方面，即在遇有争议的情况下，一个缔约方要求与另一个缔约方进行磋商，则该缔约方应予积极考虑并提供充分的磋商机会；"缔约方全体"经请求可以介入磋商。"利益丧失或减损"是说一方认为 GATT 项下利益受到影响而磋商未果，"缔约方全体"可以进行调查并提出建议或作出裁决，直至授权中止实施义务。如此表达看上去有些拗口。让我们设想一下实际场景。假如 A 国认为 B 国违反了 GATT 所规定的义务，那么 A 国可以要求与 B 国协商；B 国应该积极配合，而不应该不理不睬。如果双方协商不成，则 A 国可以请求 GATT 出面协调。如果仍然不能解决问题，那么 A 国可以请求 GATT 进行调查，作出是非对错的判断。最后，如果 B 国拒不执行 GATT 裁决，那么 GATT 就可以授权 A 国对 B 国实施报复，但是报复的形式为"中止减让"（suspend concessions），即 A 国对 B 国暂时不予实施所承担的义务。例如，根据 GATT 第 2 条规定，缔约方不得随意提高关税，但是 GATT 可以授权 A 国对 B 国进口产品加征关税。简而言之，这个程序包括了磋商、裁决和执行等三个阶段，步步推进，是比较典型的司法思维。也就是说，GATT 义务必须遵守，否则会有法律后果。从这个意义上说，GATT 是有"牙齿"的，其义务是刚性的。从"移植"角度看，这样的制度设计不如人意，因为裁决执行没有更加强制的保障。然而，国际法的特点，特别是条约乃主权国家间"契约"以及国际组织是国家联盟而非"超国家"，使得国际上不可能出现警察和监狱这样的暴力机构，因此对于国际经济组织而言，最为"强制"的措施，就是"授权报复"了。[8] 后来 WTO 成立，在争端解决程序方面更加完善，但是执行机制仍然停留在"授权报复"。

这两个条款确立了 GATT 争端解决制度，但是短短两条四款，显然不足以支撑这个制度的运作。争端解决机制，很大程度上是"程序法"，必须对如何处理争端制定程序性规则。因此，GATT 成立之后，陆陆续续通过了 5 个相关文件，即"1966 年程序"（《第 23 条程序》，Procedures under Article XXIII）、"1979 年谅解"（《关于通报、磋商、争端解决与监督的谅解》，Understanding Regarding Notification, Consultation, Dispute Settlement and Surveillance）、"1982 年决定"（《争端解决程序》，Dispute Settlement Procedures）、"1984 年决定"（《争端解决程序》，Dispute Settlement Procedures）和"1989 年改进"（《GATT 争端解决规则与程序的改进》，Improvements to the GATT Dispute Settlement Rules and Procedures）；最后一个文件对程序作出了比较详尽的规定，已经与 DSU 内容相近。"1989 年改进"将争端解决程序分为"总则"、"通报"、"磋商"、"斡旋、调解和调停"、"专家组和工作程序"、"专家组报告的通过"、"技术援助"和"建议和裁决实施之监督"等 8 个方面，其中"专家组和工作程序"就涉及"专家组或工作组的设立"、"标准职权范围"、"专家组的组成"、"多个起诉方程序"、"第三缔约方"和"专家组不同阶段的时间"等内容，"专家组报告的通过"规定了明确的时限，"技术援助"是对发展中国家提供帮助，"建议和裁决实施之监督"则规定了执行期限和持续监督等方面。[9]

（二）特点与问题

简而言之，GATT 的"争端解决机制"，实践中具体做法是：每个案件由一个三人专家组审理并作出一份报告（report），提交"缔约方全体"通过。[10]

值得注意的是，"缔约方全体"是名副其实的，甚至包括了案件的"原告"和"被告"双方！更为"要命"的是，GATT 的决策机制是"全体一致"，也就是所有缔约方，包括"败诉方"都同意，专家组报告，即案件裁决才能够生效！[11] 看到这里，凡是有一点法律常识的人可能都会意识到这违背了最为基本的"司法独立"原则。甚至没有学过法律的人都可能会觉得好笑：如果我败诉了，我怎么会同意让裁决生效呢?！当然，我们完全可以相信，由政治、经济和法律精英组成的 GATT 缔约方谈判代表不至于那么幼稚：[12] 这样的制度设计一定事出有因。从 1982 年一份部长宣言的措辞中，也许可以窥见一点端倪：缔约方全体在讨论专家组裁决时，争端当事方可以全面参与；缔约方全体重申，"全体一致"仍然是传统的争端解决方式，但也应该避免对争端解决的阻碍。说到此处，宣言的脚注再次明确："这并不妨碍总协定的决策机制。"[13] 看来，"全体一致"是一项至关重要的原则，如今的 WTO 也强调了这项原则。[14] 正是有了这项原则，各个主权国家才愿意加入这套国际规则体系。与此同时，这项原则也是缔约方全体作出的决定，包含了解决争端的裁决"最高"或"最为理想"的合法性来源，并且因此决定了后续的裁决执行问题。如果说国内法中的"社会契约"理论是一种猜测，[15] 或者，如果说人类社会的开始的确是由于所有人达成的"契约"才建立了政府和制定了法律，那么国际社会则是明晃晃的"契约论"：规定了国家权利和义务的条约，必须由大家制定，并且经过每个国家的批准才能对自己生效。[16] 从国内政治和法律的角度看，这也许是一种"原始民主"或"古典民主"，因为如此朴素的理念和简单的方法，是不足以应对国内社会的复杂状况的。[17] 然而，这却是国际社会的现状。这是"条约必须遵守"的"心理"和"道德"根源，也是裁决得到"自愿"执行的内在原因——自己制定的，自己同意的，那么还有什么理由不遵守、不执行呢？人同此理。至此，我们似乎可以总结出"移植"问题特殊性的第一个启示：与国内法相比，国际法可能仍处于"初级阶段"。

然而，"事出有因"归"事出有因"，并不意味着这样的制度设计不存在问题。事实上，这个机制确实严重影响了 GATT 争端解决功能：在近 50 年时间里，GATT 只审理了 121 起案件，[18] 其中 101 个裁决被"缔约方全体"通过。[19] 裁决有可能得不到批准，这样的预期一定抑制了缔约方提交争端的动力，因此案件数量较少。然而，在这种情况下，大多数裁决仍然得到了批准，这一点却是耐人寻味的。在国内法的情形下，这是不可思议的，可能没有"败诉方"会"自愿"认输，但是在国际法的情形下，却是真实存在的。也许这可以称为"移植"问题特殊性的第二个启示：在国际法中，为什么会有这样的"自愿"？是国家比个人更为"理性"和"自觉"，还是国际社会成员屈指可数，大家"抹不开面子"？是裁决更为"讲理"，还是专家组成员更为"可信"？是分歧的确得到了澄清，还是诉讼的其他目的已经达到？[20] 总而言之，这个启示可以概括为：与国内法相比，国际法可能有其独特之处。

不管怎样，GATT"争端解决机制"是很成问题的。因此，GATT缔约方决定，要修改完善这套制度。于是就有了 GATT"乌拉圭回合"中"争端解决"谈判议程。[21]

二、上诉机制的作用

（一）契机

谈判的目标，是"改进并加强（improve and strengthen）争端解决的规则和程序"。谈判的结果，是达成了一个专门的"WTO 诉讼程序法"：DSU。具体到专家组报告通过的问题，在 1989 年 9 月 28 日的第 16 次会议上，在讨论如何解决专家组报告的错误或质量不高问题的时候，曾涉及过常设上诉机构的建议，甚至有代表团提出专家组报告自动通过的必要性与专家组报告纠错机制的必要性是相关的，尽管该代表团反对建立上诉程序，理由是这样会导致每个案件都会上诉。[22] 在 12 月 7 日的第 17 次会议上，有成员明确提出专家组报告应该"自动通过"（automatic adoption）。这样是否可行，以及应当具备什么条件，该成员表示仍在研究之中。但与会的其他成员表示，"全体一致"的做法应当坚持，因为这对于执行阶段"被告"认同裁决是非常重要的。还有成员表示，可以进一步考虑"全体一致减二"的模式，即当事双方不参加决策。[23]

正是在这种"改进并加强"的背景下，在"自动通过"的讨论中，在第 17 次会议上，"一个代表团"（one delegation）明确提出设立一个上诉机制以审查专家组报告。这是哪个国家的代表团？会议记录没有指明。[24] 不仅如此，该代表团为什么提出对专家组报告进行"上诉审查"（appellate review）？会议记录也没有显示。此后几个缔约方的提案，对此作出了解释。欧共体认为，如果当事方认为专家组认定违反承诺的法律考虑是错误（erroneous）或不完整的（incomplete），应该可以上诉。[25] 美国指出，根据现有机制，如果当事方认为专家组报告中存在事实错误，可以在报告发出前予以纠正，但是对于法律错误（an error of law），只有在 GATT 理事会上提出，即认为报告有严重错误而不应通过。因此，美国认为，如果当事方质疑专家组报告中的法律解释，应该可以上诉。[26] 加拿大认为，如果当事方认为专家组对权利和义务的解释存在根本性错误，应该可以上诉。[27] 但是墨西哥却明确提出：设立上诉机构之目的，是作为其专家组报告事实上自动通过之建议的补充，使得当事方有机会将报告提交一个专业机构审查，确保报告的最终结论和建议不会受到怀疑，或者确保没有规则和解释的错误。[28] 关于"自动通过"制度，欧共体、美国和加拿大都在某种程度上表示了赞同，而墨西哥则具体提出了方案。[29] 至此，我们似乎可以看出上诉机制建立的一个特殊背景，即专家组报告的"自动通过"。换句话说，如果没有对专家组报告通过制度的讨论，也许上诉机制的建立还不会提上日程。[30]

在国内司法体系中，"上诉审查"早已是一个毋庸置疑的机制，为什么没有国家更早提出"移植"到 GATT 以及国际社会？为什么会在此时此刻提出？这些问题也许很难考证，但是也许可以做一点心理学的推论：尽管"改进并加强"争端解决机制是必要的，但是难道这意味着将一个主权国家的行为是否违反了国际条约义务的决定权拱手让给三个未知的"专家"？如果这三个"专家"裁错了怎么办？我们完全可以想象，在国内社会，当人们不得不将自己的部分权利"让渡"给政府和法院的时候，心中同样充满了犹豫和担忧，于是就有了一系列制约政府和法院的制度设计跟了上来。具体到法院，就是上诉制度的设立。这个推论，也许能够得到"书证"的支持：按照会议日程，对"上诉审议"的讨论，是在"通过报告"的主题下进行的，并且该代表团还澄清道：如果建立了更加合理的报告通过机制，也许上诉程序就不必要了。

国内上诉法院制度的建立，已经是非常久远的事情了。[31] 上诉法院建立的契机也许已经无法考证，但是纠正下级法院的错误，确保法律的正确理解和适用，却是上诉机制最为原始的动机并且至今仍然是最为重要的功能。[32]WTO 上诉机制之目的，与此并无二致。当然，法学家所总结的、更为全面的上诉机制目的，例如所谓的"私人目的"（private purpose）和"公共目的"（public purpose）等，[33] 以及上诉机制存在的问题，也都在 WTO 上诉机制的运行中出现了，将在下文相应部分提及。[34]

既然有了设立上诉机制的提议，那么就让我们来看看最初的设想或设计。这将是一个非常有趣的过程：一是可以考察在国内诉讼程序如此成熟和完备的情况下，国家如何取舍或创造，以及由于 GATT 或国际法的特点而反映出的谈判人员的"心理活动"；二是可以对照最终达成的文本以及 20 多年的实践，看看有多少个"没想到"。

（二）讨论

让我们就从那个"无名英雄""一个代表团"开始。如前文所述，这个代表团没有解释为什么要提出这个建议，而是直截了当提出了自己的想法：设立一个上诉机制以审查专家组报告；鉴于上诉机制有可能延误争端解决，可以考虑以下三个选择：（1）设立审理时限（例如 30 天），同时制定程序规则以免败诉方习惯性地提起上诉；或者（2）设立常设上诉庭或者建立一个专家名册以便总干事根据个案情况选择上诉专家组；或者（3）要求专家组在作出最终报告前，提交中期报告（包括裁决和结论）供当事方评论，以减少上诉。

以上"三个选择"的设想非常初步，只是一些大致想法。但是令人惊讶的是，5 年后（1994 年）达成的最终协议 DSU 中，很多地方都有这个初步设想的影子，例如审理时限、常设上诉庭、中期审议，我们将在下文看到。[35] 事实上，这些设想以及随后的提案，能够帮助我们理解 WTO 上诉机制设计中各项制度的初衷，更能够帮助我们更好地提出改革方案。也就是说，回顾最初的历史，能够让我们知道各国心里都在想些什么，而知道了这些，改革方案就能"对症下药"了。

由于这是第一次提及上诉机制，与会很多代表都希望能够看到具体方案。也就是说，大家对这个"新奇"的想法表示有兴趣，但是需要看到具体设计才能进一步讨论。不仅如此，大家还表示了对争端解决程序可能因此受到延误的关注，尽管这个代表团的初步设想就是针对延误问题而提出的。

果然，第二年，即 1990 年，各国纷纷就此提出方案，其中以欧共体、美国、加拿大和墨西哥的提案最具代表性。

欧共体提出，上诉机构的组成和运作应当具有权威性（authoritative）：组成人员应当是几位著名的法律和经济领域的专业人士，由 GATT 理事会任命，任期应该足够长（a sufficient length of time），还要有一个独立于 GATT 秘书处的小团队（a small team）协助。拿出这个提案的时候，欧共体的心里究竟是怎么想的呢？"上诉机构"，这个词在我们的心目中是一个高级的法律专业机构，难道能够让"经济领域的专业人士"，即没有法律专业背景的人担任？[36] 难道仅仅因为 GATT 是一个"关税与贸易"组织，涉及的案件都是经济方面的？以此推论，那么国内法院中审理经济案件的法官，岂不是也可以没有法律背景？然而，没有法律背景的人也可以担任上诉机构成员，却在最后写入了 DSU，[37] 并且在实践中也确实有多位成员并不具有专业法学教育背景。[38] 对此，我们很费解，只有将此归入"移植"问题特殊性的第三个启示了。简而言之，也许各国并没有把"上诉机构"视为国内司法体制中的上诉法院；当初没有，现在也没有，尽管大家使用了国内法律中的专业词汇"上诉"。此外，当初各国也许没有预见到上诉案件的法律复杂性，就像没有预见到案件数量很大而明确提出了"小团队"的想法。当然，"权威性"的必要性是不言而喻的，并且任期的考虑也是合情合理的：没有"足够长"的任期，如何能够保证"权威性"？但是后来 DSU 中的任期制度设计所带来的隐患，应该是此时的谈判者所始料未及的吧！下文会重点讨论这个问题。[39]

美国提出，在"极端情况下"（extraordinary cases）可以上诉，方案有以下几种考虑：上诉权可以是自动的，也可以是经理事会授权的，并且可以要求当事方事先同意受到审议结果的约束；审议可以时间较短（例如 60 天），但是当事方可以同意延长；审议专家组应该考虑具体的法律问题，而不是重新考虑下级专家组所审查过的所有问题；如果设立常设专家组，则该专家组可以决定是否审议及审议什么。美国还提出，在考虑上诉机制的时候，可能会遇到以下问题：如何保证审议程序仅用于极端情况，而不是提供了一个自动的机会可以延误争端解决程序？是由原专家组再次审议、另外设立一个专家组，还是审议专家组由原三名专家加上另两位专家组成？如果成立单独专家组，成员如何选任及如何配备助手？审议专家组的裁决自动生效还是经全体一致通过？最后，美国提出，在讨论原审专家组和上诉专家组的报告通过程序时，这些都属于关键问题。美国似乎没有提出什么具体方案，而是提供了一些"注意事项"。但是美国所提出的"极端情况下"的想法，却反映了美国的预期，即这个机制并非常规使用，并且加拿大等国家也认同这个想法。例如，加拿大就提出，上诉属于"罕见情况"（rare cases），不应该成为"准自动"（quasi-automatic）的步骤。尽量减少上诉，在国内民事诉讼中，我们也看到过类似的理论和制度，例如对案件的"可上诉性"进行审查，因为上诉机制有可能被"滥用"，从而影响诉讼制度的效率。[40] 只是后来达成的 DSU 并没有相应的制度设计，以至于案件数量大大超出了预期，上诉机构"工作量"成为一个问题。下文会专门讨论这个问题。[41]

　　加拿大的提案比较详细周全。（1）只有专家组阶段提出过的事项才可以上诉。上诉机构有权决定是否审理，在决定不予审理的情况下书面说明理由及维持专家组裁决，而在决定予以审理的情况下，当事方应当提交书面材料并且举行听证会。（2）上诉机构经审理后，可以维持专家组裁决，也可以作出自己的裁决，但上诉机构的决定都是终局的。决定将提交给当事方和其他缔约方，并且在下一次理事会会议上讨论，而当事方有权参加会议发表意见并被记载在理事会会议记录中。（3）上诉机构由少数著名的 GATT 专家组成，由缔约方任命，任期有限（例如 3 年），但可连任（could be reappointed）。上诉机构成员不一定住在日内瓦，但是应该随时听命。上诉机构应该有自己的程序规则。成员可以从事其他活动，但不得有直接或间接利益冲突。(4) 上诉机构有 [3] 名正式成员（full members）和 [4] 名候补成员（alternative members）。案件一般由正式成员审理，并且在不能进行审理的情况下有候补成员代替。主席由抽签决定。(5) 上诉机构配备少量的单独秘书以提供必要的文件整理、会议安排和打印报告等工作。上诉机构可以外聘研究、法律或技术人员提供支持。(6) 上诉机构应该快速审理，审期不应超过 [60] 天。整个争端解决期限不得超过 [18] 个月。时至今日，当我们用前文所述的"国内民事诉讼程序"以及 DSU 文本和实践的两个角度来审视这些最初的设想，我们不禁感慨万千——上诉机构如果按照这样的设计运作，今天将是怎样？成熟和完备的国内民事诉讼程序，到了国际上为什么会有这么多的"创新"？例如，上诉机构如何决定是否审理？上诉机构成员为什么是任期制而不是终身制？"可连任"意味着什么？三个人加上几个秘书，必要时外聘专业人员，这样的人员结构能否胜任"上诉审议"的职责？更为令人"大跌眼镜"的是，这些人似乎是兼职的，平时该干嘛干嘛，遇到案子才去日内瓦！这些问题，估计大家开会时也讨论过，并且很多想法由于没有能够经受拷问而"夭折"。然而，"可连任"和兼职竟然保留下来了，但是前者成为前文提及的"DSU 中的任期制度设计所带来的隐患"和后者演变成事实上的"全职"，这可能是大家当时没有想到的。说到这里，我们再次不得不将这些设计归为"移植"问题特殊性问题，并冠以"第四个启示"，只是由于加拿大的提案详细周全，这个"启示"只能概括一些：当初，直到今天，在各国心目中，上诉机构究竟是什么性质？是一个正经八百的法律机构，还是一个松松垮垮的"草台班子"？或者进一步追问：如果当初设计的时候，想法是模糊的，那么在目前状况下，应该如何作出调整？下文将集中讨论这些问题。[42]

墨西哥就上诉机制的程序设计提出了一些建议，例如上诉机制不应仅仅是增加了一道程序；其裁决是终局的，应该在理事会会议上获得通过；上诉机构成员为 5 名，任期 3 年，另外还有来自 GATT 秘书处法律司（Legal Division）的两位"上诉专家"（appeal specialists）。最后一个建议有点新鲜，但是语焉不详，例如什么是"上诉专家"？但是上诉机构组成部分的这种"两分法"，却"一语道破天机"："上诉专家"的确存在，至于他们是谁，他们的作用是什么，此处先按下不表，留到后面披露。[43] 此处需要提及的是，墨西哥的提案中，有一个令人"瞠目结舌"的建议：上诉审议中，专家组主席经邀请可以出面向上诉机构澄清专家组裁决的结论和建议！这岂不是早期国内上诉程序中"审法官"而不是"审裁决"的"借尸还魂"?！[44] 在国内司法体制中，上诉所审查的，是下级法院裁决是否存在错误，特别是法律适用和解释是否存在错误，而上诉方和被上诉方的立场，一般是前者说裁决错了，而后者说裁决对了。这样的审查，特别是在开庭时的辩论，常常给人"缺席审判"的感觉，即作出裁决的人并不在场。的确，如果主审法官出席澄清自己的裁决理由，应该是有利于上诉审议作出正确理解和裁判的，只是基于法官的权威等理由，现代司法制度早已摒弃了这种做法。[45] 也许基于同样的理由，墨西哥的这一建议只是"昙花一现"。不过，这倒是帮我们开了一个"脑洞"：如果真有"移植"问题的特殊性，并且各国认为 WTO 上诉机制并非严格的司法机制，例如其成员并非专职，并不称为"法官"（judge），其裁决要经批准才能生效等，那么为什么不能重新考虑墨西哥的这一建议呢？会有什么问题呢？

（三）初稿

大家虽然议论纷纷，提案五花八门，但是有一点似乎是有共识的：有必要新设一个上诉机制，因为在不到一年时间里，即 1990 年 9 月 21 日，谈判小组秘书处就提出一个文本草案。[46] 尽管这个草案中还有很多方括号，表明这些内容有待商量，但是文本开宗明义、"清清爽爽"没有方括号（表明大家已经意见一致）地宣布：一个独立的常设上诉机构应于 GATT 之内建立。随后的段落，以文本条款的形式描述了"上诉审议"的程序和内容，其大意如下：（1）常设上诉机构。该机构负责对专家组报告的上诉审议，由 [3 名或 5 名成员 4 名候补人员] 组成，或者由 [7 人组成，其中 3 人审理具体案件。成员轮流审理案件]。成员 [及候补人员] 由理事会选定，任期 3 年。成员 [及候补人员] 应为诚实、客观及公认权威人士，对 GATT 事项具备专门知识，不隶属于任何政府，是法律和国际贸易不同背景的代表。成员 [及候补人员] 应随时听命，并且熟知 GATT 活动，不得参与具有直接或间接利益冲突的争端审议。上诉审议不超过 [60 天]。应向上诉机构提供独立、较小团队的技术支持。（2）上诉审议程序。上诉机构应起草工作程序。程序应当是保密的。不允许上诉机构成员与任何正在审议事项相关的人员进行单方面接触。只有当事方而不是第三方才可以上诉或参与上诉审议。上诉仅限于法律问题（legal issue）。[在专家组中期审议阶段没有表示反对的当事方不得提起上诉]。[上诉方应事先承诺无条件接受上诉审议裁决]。上诉机构应审理（address）上诉方所提出的每一个事项，并且可以维持、修改或推翻专家组的法律认定。（3）[通过／接受]。方案之一：上诉裁决应被视为案件的最终解决方案，除非理事会在 [X 天] 内作出其他决定。该通过程序不影响缔约方表达观点的权利。方案之二：上诉裁决应被视为案件的最终解决方案，除非理事会在 [X 天] 内决定不接受该裁决。该通过程序不影响缔约方表达观点的权利。方案三：上诉裁决是终局的，应当无条件接受。该通过程序不影响缔约方表达观点的权利。方案四：上诉裁决应按照理事会传统的全体一致程序审议通过。

　　这个文本给我们的第一印象是汇总并改进了前文提到的各种各样提案，而这正反映了"国际立法"的过程特点，即数量有限的成员聚在一起，就某个主题七嘴八舌，献计献策，相互妥协，寻找交集。这是一个最为民主的立法过程，让我们想象到在原始社会某个部落的决策机制，或者现代社会某个人数较少团体的议事过程。

不仅如此，从各国提案到文本草案，可以让我们推论出某些具体制度设计的来龙去脉。我们完全可以断定，在谈判过程中，每个国家的代表都带有一些背景知识或经验，例如国内民事诉讼程序、其他国际组织的做法（例如国际法院）、国际法的特点以及GATT的特殊性。正是在这样的基础上，大家一起创造。以国内民事诉讼程序的可参照性为例，谈判代表所做的事情无怪乎两件："简化"和"创新"。这项推断显然得到了文本草案的支持，因为看着这些条款，没有人会否认，这是国内民事诉讼程序的简化版，只不过是有一些新内容而已（详见下文DSU文本部分的分析[47]以及与一些国内程序的比较[48]）。尽管授权上诉机构起草更为详尽的"工作程序"（working procedures），但是谈判代表似乎认为，有了目前的这几条总体规定，上诉程序就足以顺利进行了。事实上，正式的DSU文本也不复杂，加上上诉机构制定的"工作程序"，WTO首创的国家间争端上诉程序就这么"开张"了，并且"生意"还越来越红火！事实证明，上诉机制是成功的。[49]因此我们在此处的任务，就是认真总结"移植"问题特殊性的第五个启示。

一般而言，简易程序的成功之道可能有两个：一个是案件简单，就像国内都有简易诉讼程序适用于简单案件一样；[50]另一个是当事方"配合"，不会滥用程序，不会抗拒裁决。事实上，WTO案件绝非简单，那么当事方"配合"恐怕就是主要原因了。WTO只有164个成员，而国家都是"通情达理"的，都是"有面子"的。既然是大家一起制定的规则，既然大家认识到这些规则对大家是有好处的，那么大家就规规矩矩"遵纪守法"好了。即使遇到争议，一旦有了"独立第三方"（争端解决机制）的是非判断，那么就"知错改错"好了。大家都是彼此熟悉、常来常往的，大可不必明目张胆地"钻空子"、"知法犯法"，甚至面对裁决还"不认错"、"耍无赖"。因此这个启示也许可以称作"成员少数"现象，即在成员较少的国际场合，一套简易程序就可以有效解决争端了。

事实上，这个启示是前文讨论有缺陷的 GATT"全体一致"体制下仍然裁决获得通过的情况时提到的第二个启示，即"与国内法相比，国际法可能有其独特之处"中所列举的多种可能性中，对某些问题的回答。让我们设想一下，人数较少的社会，例如一个村庄，常常是熟人社会，大家"抬头不见低头见"，一些简单的乡规民约就足以让大家和谐相处，让社会秩序井然了。更加复杂的规则，是"陌生人社会"的产物，因为基于无数的案例，这些规则需要精心设计，设想所有的可能，堵住所有的漏洞。

第二节　争端解决程序

一、WTO 争端解决程序

谈判最后形成的"WTO 诉讼程序法"DSU 共 27 条，规定了 WTO 成员之间解决贸易争端的程序，包括"范围和适用"、"管理"、"总则"、"磋商"、"斡旋、调解和调停"、"专家组在职权范围"、"专家组的组成"、"多个起诉方的程序"、"第三方"、"专家组的职责"、"专家组程序"、"寻求信息的权利"、"机密性"、"中期审议阶段"、"专家组报告的通过"、"上诉审议"、"与专家组或上诉机构的联系"、"专家组和上诉机构的建议"、"DSB 决定的时限"、"对执行建议和裁决的监督"、"补偿和终止减让"、"多边体制的加强"、"涉及最不发达国家成员的特殊程序"、"仲裁"、"非违反之诉"和"秘书处的职责"等条款。此外，DSU 有 4 个附件，即"本谅解的适用协定"、"适用协定所含特殊或附加规则与程序"、"工作程序"（working procedures，适用于专家组）和"专家审议小组"。不仅如此，"争端解决机构"还制定了"行为守则"（Rules of Conduct for the Understanding on the Rules and Procedures Governing the Settlement of Disputes, Rules of Conduct），上诉机构也制定了自己的"工作程序"。[51] 本书的研究重点，是上诉机制，但是上诉机制是 WTO 争端解决机制的一部分，而前文讨论的上诉机制谈判中遇到的问题，在"上诉审议"之外的条款也多有涉及。因此，有必要对整个机制有一个大致了解。

（一）概述

争端解决机制的整体目标，是为多边贸易体制提供安全性和可预见性，其功能在于维护成员的权利义务，以国际法习惯解释规则（customary rules of interpretation of public international law）澄清各项协议的规定。该机制的运行，由 DSB 负责，而 DSB 则由 WTO 全体成员组成。

当一个成员认为另一个成员所采取的措施影响了其应得利益的时候，就可以诉诸争端解决机制，程序分为几个步骤。首先，当事方应当举行磋商（consultations），争取达成相互满意的解决办法。但是如果磋商不成，就可以进入"诉讼"阶段，即起诉方可以请求 DSB 设立专家组进行审理。秘书处会提出专家组成员人选，交由当事方协商确定，并且在不能达成一致的情况下，由总干事指定。专家组成员为具有国际贸易法律或政策专长的合格人士。专家组应对有关争议的事实和法律问题进行客观审查并且作出认定。专家组审理程序包括当事方和第三方提交书面材料，举行两次听证会，向当事方提交包含事实和法律认定的中期报告，以及最终报告首先提交当事方，然后以三种官方语音（英语、法语和西班牙语）向 WTO 成员公布并上传到

WTO 官方网站。

当事方可以提起上诉，上诉程序下文详述。[52] 专家组和上诉机构报告应当由 DSB 集体通过，其规则为"反向全体一致"，即除非出席 DSB 会议的所有成员全体反对，报告就应获得通过。DSB 会议通过后，报告即对当事方生效。

报告通过后，当事方应立即执行。如因特殊情况不能立即执行，当事方也可以达成一个合理执行期。如果到期后仍然不能执行，双方可以达成临时补偿协议，或者起诉方请求 DSB 授权采取贸易报复措施。如果起诉方认为败诉方的执行措施仍然存在问题，则可以再次启动诉讼程序。[53]

（二）评论

当我们用国内民事诉讼法的眼光来看待 WTO 争端解决程序，我们发现了一些共性，例如案件从受理、审理到执行的整个过程，以及"两审终审"的审级制度。但是我们更多发现的，也许是民事诉讼法的"简化"和"创新"。关于"简化"，例如，国内民事诉讼法中证据规则、损害赔偿、发回重审等制度，DSU 都没有规定。下文比较了法国、德国、英国和美国等国内民事诉讼程序，仅仅从条款的篇幅也可见一斑。[54] 而关于"创新"，则更是比比皆是，令人耳目一新了。例如，作为"法官"的专家组成员由当事方选定；专家组和上诉机构报告需要经过 DSB 开会通过才算生效，而不是像国内法院判决书那样作出就生效。更为令人惊讶的是前文讨论上诉机制时所提及的两项制度：专家组报告的中期审议和报告通过的"反向全体一致"。

中期审议。在前文"（二）GATT 争端解决机制谈判""讨论"和"初稿"部分，涉及过中期审议的问题："（3）要求专家组在作出最终报告前，提交中期报告（包括裁决和结论）供当事方评论，以减少上诉。""[在专家组中期审议阶段没有表示反对的当事方不得提起上诉]"。可以看出，中期审议的制度设计旨在减少上诉，而"上诉机制有可能延误争端解决"从一开始就是 GATT 缔约方所关注的问题。DSU 的"中期审议阶段"（interim review stage）（第 15 条），将审议分为两个阶段："描述部分"和"描述和结论部分"。前者是在两次听证会之后向当事方提交的，仅仅是案件事实和当事方观点的综述，当事方可以就综述准确与否提交书面意见。后者则是名副其实的"判决书初稿"，包括了案件事实、当事方观点、专家组的论证和结论等内容，当事方可以就此提出意见，甚至可以要求专家组就其中的某个问题专门审查并再次召开听证会（中期审议的情况应当反映在最终报告中）。反复征求当事方的意见，固然有利于减少专家组裁决中的错误，从而减少上诉。然而，中期审议制度的意义，远远超出了减少上诉本身。这是诉讼程序的创举，为国内民事诉讼所未见，体现了 WTO 决策的"成员驱动"（member-driven）特征及其所代表的民主性。[55] 试想一下，如果法院能够将判决书初稿事先发给当事方征求意见，将是民事诉讼程序多么革命性的变革，以至于我们甚至可以冠以"移植问题"特殊性的第六个启示，即移植过程中对国内民事诉讼法"本体"所产生的反向启发，使得国内民事诉讼程序更加民主。

"反向全体一致"。前文曾经介绍"全体一致"决策机制的传统及其重要性，另外也考证了这个决策机制运用在争端解决方面的缺陷，结论是：上诉机制建立与专家组报告的"自动通过"的想法密切相关。那么，"全体一致"和"自动通过"的矛盾如何解决？最早就此提出折中方案的似乎是墨西哥：专家组报告应被通过，除非理事会另有决定（unless the Council decides otherwise）。后来的"初稿"中，对于上诉机构报告的通过提供了前文提到的四种选择，而对于专家组报告的通过也有类似想法：除非理事会另有决定；除非理事会决定不通过（unless the Council decides not to adopt）；如果没有上诉就视为通过；按照传统的全体一致方法。然而，从这些方案变成 DSU 的最终表述，即"除非经 DSB 全体一致决定不通过报告"（unless the DSB decides by consensus not to adopt the report），则是一次实质性的飞跃！"反向全体一致"因此成为 WTO 最具创造性的制度设计！它将"全体一致"和"自动通过"完美结合起来，既照顾了 GATT "成员驱动"的民主性传统，又解决了争端解决中遇到的最大难题。因此，专家组和上诉机构报告的通过制度，从 GATT 时期的没有人反对才能通过，即"一票否决"，变成了只要有一个人赞成就能通过，即"一票通过"。实践中，尽管仍然发生过报告没有通过的情况，[56] 但是绝大多数报告事实上是"自动通过"的。一个简单的制度设计，甚至看上去只是一个文字游戏，却为 WTO 争端解决机制赢得了权威和信任，以及源源不断的案件。此处需要提及的是，从此以后，DSB 会议通过专家组和上诉机构报告看似"走过场"，DSB 好像变成了"橡皮图章"，但是 DSB 会议通过仍然是有意义的。从实践层面看，当事方和其他成员可以在会上发表意见，表达自己的满意或不满。[57]DSB 会议是正式的场合，大家发表意见具有重要的民主价值，即大家在服从专家组和上诉机构报告的同时，可以表达自己的不同观点。如果说"人民做主"及相应的言论自由是民主社会的核心价值和特征，那么"成员驱动"则是 WTO 裁决合法性的重要来源。从法理层面看，报告只有经过 DSB 开会才能通过，这样的制度设计除了反映"成员驱动"特点，也许还反映了 WTO 成员更加深层次的想法：WTO 争端解决机制，包括上诉机构，并非法院，因此不能拥有国内法院那样裁决终局的权力。换句话说，WTO 成员还没有能够接受一个凌驾于国家之上的司法机构，对它们的权利和义务作出裁判。它们所需要的，仅仅是遇有争议时，有一套机制能够"以国际法习惯解释规则澄清各项协议的规定"。这个深层次的想法，在下文将重点讨论的上诉机构成员连任风波中浮到了表面，引起了人们对争端解决机制在法理层面的深思，即各国究竟需要一个什么样的争端解决机制。

二、上诉程序

上诉程序主要规定在 DSU 第 17 条和《上诉机构工作程序》。[58]

（一）"常设上诉机构"

"常设上诉机构"条款最多，共 8 款，其内容也不限于"机构"本身。

DSU 规定，DSB 应设立常设上诉机构，由 7 人组成，每个案件由其中 3 人负责审理；上诉机构成员任期 4 年，可连任一次；应为公认权威人士，具备法律、国际贸易和协议相关领域的专长；不隶属于任何政府，应有 WTO 成员的广泛代表性；应随时待命，并且及时了解争端解决活动以及 WTO 的其他活动；不得参与审议可能产生利益冲突的争端。1995 年 2 月 10 日，WTO 刚刚成立，DSB 就通过了专门文件，就成立上诉机构的事项作出了具体安排，包括上诉机构的组成（专长、代表性、独立性和保密、雇佣条件、遴选程序）、内部程序（即工作程序）和行政及法律支持。[59]DSU 和这份文件搭建了上诉机构的框架。这是人类有史以来第一个处理国家之间争端的上诉机构。20 多年来的实践证明，当初的设计是成功的，下文将详述。[60]

当然，当我们用本节一以贯之的"国内民事诉讼程序"以及 DSU 实践的角度来审视这些设计，我们能够发现很多"移植"问题的特殊性。首先是"法官"的代表性。上诉机构成员应该具有广泛代表性，其考虑的因素包括 WTO 成员的地理区域、发展水平和法律制度。其次是"法官"的任期制，即上诉机构成员最长任期 8 年。再次是"法官"的兼职性，即上诉机构成员还可以从事其他工作。最后是"法官"的专业性，即上诉机构成员不必具有法律背景。当我们将以上四点结合起来，闭上眼睛想想，那么我们头脑中呈现的一定不是国内司法制度中的法官！我们只能说，上诉机构是一种独特的创造，而这个制度设计背后的理念却是我们在前文讨论谈判时所常常看到的，即 WTO 争端解决机制，包括上诉机构，仍然不是一个"独立"的国际贸易法院，[61] 即"法官"精通法律和终身全职，行使着国内法院那样"生杀予夺"的裁判权。各国签订了一系列国际贸易协议，需要这样一个机制去保证执行，但是这种现实的需求并不意味着将"主权"拱手相让，各国还要进行一定程度的控制。前文是在讨论"自动通过"专家组报告和决定设立上诉机构时涉及各国这一心理的，而此处的"法官"制度再次印证了这一心理。需要再次提及的是，国内司法制度的早期也许经历过同样的阶段，[62] 而国际法此刻正处于这样的阶段，表明了国际法的初级性。

　　除了"机构"安排之外，这一部分还提到了第三方、审理期限、审理范围、行政和法律支持、人员费用等内容。（1）关于第三方，虽然不能提起上诉，但是可以提交书面陈述和出席听证会。让当事方之外的 WTO 成员参与"诉讼"，这典型反映了 WTO 争端解决机制的"司法民主性"。不仅如此，事实证明，第三方的参与对于上诉机构作出更好的裁决大有裨益，进一步反映了"立法民主性"。[63]（2）关于审理期限，虽然最长不超过 90 天的规定表明了各国对于迅速解决争端的重视，[64] 但是随着案件数量和复杂性的增加，各国也许需要授予上诉机构更大的灵活性。（3）关于审理范围，"限于专家组报告涉及的法律问题（issues of law）和专家组所作的法律解释（legal interpretations）"的明确规定，可以看出上诉审议属于"法律审"。将有限的上诉机构"司法资源"用于法律适用和法律解释问题，解决疑难法律问题，并且确保裁决的协调一致，"法律审"的优越性在后来的案例中得以充分彰显。（4）关于行政和法律支持，文本中的措辞是"如果上诉机构需要"，并且初期的设计只有 3 名法律专业助手。现在看来，谈判者的想法，的确是上诉案件会很少、很简单，完全没有预料到工作量的大幅度增加以及法律助手不可或缺的作用。（5）关于人员费用，是差旅费和生活津贴方面的内容，再次确认了上诉机构成员的兼职性质，也就是平时可以从事其他工作，只有在审理案件时才到日内瓦住几天。当然，由于工作量的增加，名义上的"兼职"变成了事实上的"专职"，则是后话了。

（二）"上诉审议的程序"

"上诉审议的程序"共有四款，简单规定了以下内容：上诉机构的程序应保密，报告应在当事方不在场的情况下作出；上诉机构的个人发表意见应匿名；上诉机构应审理（address）上诉中所提出的每一个事项；上诉机构可以维持、修改或推翻专家组的法律认定和结论。

尽管"保密"和"匿名"之目的很清楚，但是仍然有值得思考的余地。"保密"可以保证公正、独立和高效，但是这与专家组报告的"中期审议"的民主性却形成了鲜明对比，只能理解为必要的代价。"匿名"说明上诉机构成员可以发表不同意见，只是为了保护发表意见的人不署名而已。实践中也确实出现过上诉机构报告中包含对于某个问题"不同意见"（dissenting opinion）或"单独意见"（separate opinion）的情况。[65] 允许"主审法官"将不同意见写入"判决书"，这显然是借鉴了某些国内司法制度的做法，[66] 也是"司法文明"和"司法理性"的标志，而将其成功"移植"进入国际法，还表明了各国对争端解决机制的信心：即使"法官"有不同意见，当事方也要"无条件接受"！

上诉中的每一个事项都必须审理，表明上诉机构不能使用专家组或国内诉讼中常用的"司法节制"（judicial economy）方法，对于上诉中的众多事项，挑出几个关键事项作出裁决以解决争端就万事大吉了。[67] 相反，上诉机构必须对每个问题都给出是与非的结论。这使得上诉机构报告成为最为"讲理"的判决书，同时也成为长篇大论的"论文"。这个问题，在下文即将讨论的上诉机构"工作量"过大等挑战的情况下，显得尤为突出，何去何从，有待各国考量。这个问题与下一个问题，即上诉机构的权限，在"维持"、"修改"和"推翻"之外，是否应该增加"发回重审"，都是争端解决机制改革中值得讨论的问题。此处不便展开讨论，但是可以提出一个总体原则："改革"要统揽全局、综合考虑，不能因噎废食、矫枉过正。本书此处始终围绕"移植"问题的特殊性，特别是"成员少数"的现象，就是要提醒不能简单照搬国内司法制度以至于得不偿失。

（三）"上诉机构报告的通过"

"上诉机构报告的通过"只有一款，即第 14 款，并且只有两句话：上诉机构报告应由 DSB 通过，当事方应无条件接受（unconditionally accepted），除非经 DSB 全体一致决定不通过该报告；该通过程序不影响成员就报告表达意见的权利。关于"反向全体一致"的独创性和价值，前文已有阐述。只是与专家组报告的通过相比，此处强调了"当事方应无条件接受"，也许是因为专家组报告仍有被上诉的可能性。当然，这句话也有强调上诉机构报告的有效性和权威性的含义。实践中，并没有出现所谓"附条件"接受的情况。然而，当事方，特别是败诉方批评上诉机构报告的声音却时有耳闻，以至于酿成了下文将要讨论的上诉机构成员连任风波。从规定上看，当事方是有权对报告"评头论足"的。

在国内民事诉讼法中，以上内容要么不存在，例如"通过"的问题；要么不言而喻，例如"保密"和"无条件接受"。至于就判决书发表意见，则应该属于公民的"言论自由"权利，应该受到宪法的保障。总之，在国内民事诉讼法中，"判决的生效"不是一个需要强调的问题。然而，"报告的通过"对于 WTO 的意义，却是我们极其关注以至于在前文长篇累牍讨论的问题。前文简单讨论过国家的一种心理状态：难道能够"将一个主权国家的行为是否违反了国际条约义务的决定权拱手让给三个未知的专家？"而制定现在的报告通过制度，国家就是在"拱手相让"自己的主权，只不过是多了一道上诉机制的保障。可以想象，国家迈出这一步，将"生杀予夺"的权力让渡给三个未知的专家和七个已知的上诉机构成员，殊为不易，以至于究竟让出了多少权力，专家组和上诉机构的职责和权限的边界在哪里，"主权"国家可能还在犹犹豫豫、察言观色。本书后文所述上诉机构成员连任风波即为一例。

从以上"常设上诉机构"、"上诉审议的程序"和"上诉机构报告的通过"等三个方面内容的介绍中，我们可以看到很多"（二）GATT争端解决机制谈判""讨论"和"初稿"部分的影子，而DSU这三个方面所用标题，恰恰反映了谈判中最为核心的三个问题，即上诉机构、程序和报告通过。从提案到初稿到定稿，这个过程是如何发生的？每一个制度是如何形成的？这样的考证很有意义，特别是"鉴往知来"的价值。但是限于篇幅和目标，此处只能进行一个大致脉络的梳理，以期更好地理解目前的上诉机制。

现在，机构已经设立，程序已经建立，下一步就该看看上诉机制的运行情况了。但是在此之前，我们仍然要简单总结一下"移植问题"特殊性问题。从以上介绍可以看出，WTO上诉程序大体属于"民事上诉程序"，规定了"法官"、"法律审"、"审期"、"二审终审"等重要内容，但是与国内民事上诉程序相比，最多只能算作"简版"。因此，我们下文考察上诉机制的运行情况，就是要看看这种"简版"的程序能否有效运作。

（四）"上诉审议工作程序"

上诉程序的详细安排，体现在明确授权上诉机构制定"工作程序"。在首批上诉机构成员及其秘书处的努力下，第一版工作程序于1996年2月15日开始生效，后来多次修订。[68] 目前的工作程序共32条，分为两部分。第一部分是"成员"，内容为：职责、决策、合作、主席、分庭、分庭首席、行为守则、丧失能力、替换、辞职、过渡期。第二部分是"程序",内容为:总则、文件、单方交流、上诉的启动、上诉方书面陈述、被上诉方书面陈述、多个上诉、修改上诉通知、第三方、转交文件、工作计划、听证会、书面答复、缺席、撤回上诉、禁止性补贴、生效及修改。此外,这个文件将《DSU 行为守则》作为附件,明确要求上诉机构成员遵守"独立"、"公正"、"保密"和"披露"等方面的纪律。这个文件虽然名为"工作程序",但它不仅仅是一个流水账式的工作流程,很多内容是对 DSU 规定的细化和拓展。例如,负责案件审理的上诉机构成员应当尽量达成一致,但在无法达成一致的情况下以多数票表决;所有成员应"集体讨论"案件以"群策群力"并且确保裁决的协调一致;上诉机构成员应保持独立公正(independent and impartial);上诉通知应该包含一些基本内容,例如简要说明专家组报告中的错误之处,而上诉方书面陈述中应该有更为详尽的论证;等等。因此,"工作程序"不仅展现了上诉机构审理案件的操作细节,而且反映了 WTO 特色,即"移植"问题的特殊性。特别是"集体讨论"制度,要求负责案件的成员征求其他成员的意见,并且要求全体成员定期开会讨论政策、做法和程序问题。实践中,每个案件的裁决都会经过全体成员面对面的讨论。[69] 如此合作能够最大限度确保裁决的协调一致(consistency and coherence),[70]这样的效果及其重要性自不待言,也应该属于任何司法制度中上诉机制的基本目标之一,但是这个制度设计的一个附带效果,即裁决是全体上诉机构成员的裁决而不能归咎于某个成员,只有到下文讨论的上诉机构成员连任风波中才会凸显出来。

根据 DSU 第 17 条第 9 款规定,工作程序由上诉机构制定。1996年 2 月 7 日,在上诉机构主席提交 DSB 的文件说明中,提到了文件起草的四项原则:谨慎,即在上诉程序中要保护所有当事方的基本权利;轮值,即轮流负责案件审理;恪守,即严格遵守《行为守则》;清醒，即持续、刻意遵循 DSU 及其他协议的文字和精神，努力维护多边贸易体制。文件还特别解释了合作、轮值、时限和多个上诉等事项。最后，文件认为工作程序应该根据实践情况不断修改完善。[71]

工作程序起草过程中，听取了 WTO 成员意见。[72] 在随后召开的 DSB 会议上（1996 年 2 月 21 日），主席解释说，DSU 规定上诉机构有权制定工作程序，而与 DSB 主席和总干事的协商只是咨询性质的，而不是强制性质的。此后，一些成员就工作程序发表了看法，特别是上诉机构与 WTO 成员沟通不足，集体讨论案件不符合 DSU 所规定的三人合议规定，没有回避可能会出现利益冲突等。此外，印度指出，规则 15 意味着上诉机构可以授权上诉机构成员任期届满后继续审案，可能会出现上诉机构成员超过七人的情况，不符合 DSU 规定。[73] 规则 15 后来果真成为美国攻击上诉机构的一个理由。[74]

第二章

WTO 上诉机制的建立

前文对上诉程序进行了概括的介绍和评论，其中上诉机构成员的产生与构成显然是非常核心的内容。[75]"事在人为"，徒机构不足以自行。"上诉机构"只是 WTO 争端解决机制中的一种结构性安排，实际上是由其组成人员操作的。也就是说，研究上诉机制，必须研究上诉机构的组成人员。

第一节　上诉机构的设立

DSU 规定，上诉机构成员应由 DSB 任命。[76]DSB 由 WTO 全体成员组成，履行 DSU 所规定的职责；[77]它与总理事会相同，但是有自己的主席。[78]关于任命的程序，"一号文件"进行了细化：DSB 的任命决定，可以基于总干事、DSB 主席以及货物贸易、服务贸易、知识产权理事会和总理事会主席经适当协商后所提出的建议；WTO 成员代表团可向总干事提出候选人，且候选人不限于本成员国民。[79]后来发展而成的实际做法是：在某位上诉机构成员任期届满之前几个月，DSB 主席会发布通知，提请 WTO 成员推荐候选人；随即由以上 6 人组成遴选委员会（selection committee），由 DSB 主席担任该委员会主席，组织对候选人的面试，最后就人选提出建议，提请 DSB 会议通过。

一、"一号文件"

早在 1995 年 2 月 10 日，DSB 就批准了一份由 WTO 筹备委员会起草的文件，内容是关于设立上诉机构。[80] 这是 DSB 通过的第一份文件，可以称为"一号文件"。该文件对 DSU 第 17 条中的相关内容进行了细化，分为上诉机构组成、上诉机构内部程序和行政与法律支持三个方面。

关于上诉机构组成，涉及成员专长、代表性平衡、公正性、聘用条件和遴选程序等内容。文件规定，成员的专长应该能够足以解决专家组报告中的法律适用和法律解释问题。尽管资质最重要，但是也应该有广泛代表性，因此地理区域、发展水平和法律体系等因素都应予以考虑，具体平衡方法留待实际磋商和遴选中决定。成员不能隶属于任何政府，但不影响从事由政府资助而严格独立的工作。成员不得有利益冲突，具体由《行为守则》澄清，例如披露相关金融、商业和职业利益。上诉机构审理程序应该保密，具体需要制定保密规则，确保上诉程序中当事方所提供的保密信息不被披露。成员可以有其他兼职。聘用合同应该反映候选人的高级资质，以确保裁决的权威性。为了让成员随时听命，可以采取灵活处理的方法，每月固定费用加上实际工作费用。这种安排对候选人也有吸引力，因为成员可以从事其他工作。DSB 可以对此安排进行审查，并且在第一次部长级会议期间决定是否转为专职。聘用费应该考虑成员的机会成本，因为潜在的利益冲突或不定期前往日内瓦都会影响其他工作。费用还应该考虑成员的职业生涯中断的影响，因为成员的任期较短且不确定，实际收入也不确定。还有，费用应该足以让成员不从事有利益冲突的工作。因此，聘用费可以为每月 7000 瑞士法郎加上完整的每日工作费用、旅费和零用。实际金额可以根据同类服务予以确定。每个成员费用相同，以体现成员地位平等。DSB 任命成员的决定，应该根据总干事、DSB 主席、货物、服务、知识产权理事会和总理事会主席联合提出的建议作出。

上诉机构内部程序应该包括确保轮流和促进沟通等方面的内容。DSB 主席可以就工作程序与成员进行磋商以便向上诉机构提出建议。关于行政与法律支持，支持团队的人数决定于预估的上诉机构工作量，进而决定于专家组案件的数量和上诉的数量。GATT 最后五年，平均每年 5 个案件，也曾经出现过同时有 16 个案件。另外两个因素也可能增加工作量：对服务贸易和知识产权案件的审查，自动通过制度可能会增加上诉吸引力。基于以上考虑，可以设置一个主管，三个有法律训练的专业助手，足够的行政人员。上诉机构及其助手独立于 WTO 秘书处。助手公开招聘，由总干事与 DSB 主席商定。助手由 WTO 聘用，条件类似于同级别的秘书处人员。助手从上诉机构调往 WTO 秘书处，应该公开竞聘，而不是简单的行政调动。上诉机构应该有充足的办公场所。

该文件对上诉机构作出了基本安排，使得 DSU 第 17 条规定可以落到实处。从事后发展看，这个安排是基本合理的，覆盖了上诉机构运行的主要方面，即组成、程序和支持，使得上诉机构运转正常。其中，工作程序的制定和修改基本顺利。然而，遴选成员的困难和工作量的增加，则可能是 WTO 成员始料未及的。[81]

二、上诉机构成员选任

"一号文件"的落实，即遴选上诉机构成员，并非易事，本书后文有比较详细的考察，包括"三次难产"和"连任风波"，以及本人参加竞选的观察与思考。[82]

第二节　上诉机构的组成

打开 WTO 官方网站，历任 WTO 上诉机构成员的简历一览无余。[83]
虽然简历都是自己撰写的，不一定能够反映全面情况，但是简历提
供了一些基本信息，为我们分析上诉机构成员这个群体提供了一定
便利。

一、首任成员

WTO 自 1995 年成立以来，先后共有 27 名上诉机构成员。在前
任成员中，首任 7 名成员是：James Bacchus（美国，1995—2003），
律师，曾任美国国会议员和贸易代表办公室官员；Christopher Beeby
（新西兰，1995—2000），曾任大使、外交部副部长和法律司官员；
Claus-Dieter Ehlermann（德国，1995—2001），法学教授，曾任欧盟
法律总司和竞争总司司长；Said El-Naggar（埃及，1995—2000），经
济学和法学教授，曾在联合国贸发组织（UNCTAD）和世界银行工
作，非政府组织"新公民论坛"（New Civic Forum）创立者；Floren-
tino Feliciano（菲律宾，1995—2001），曾任最高法院法官、律师；
Julio Lacarte-Muró（乌拉圭，1995—2001），曾任大使，参与 GATT
创立与 WTO 成立，DSU 谈判小组主席；Mitsuo Matsushita（松下满雄，
日本，1995—2000），法学教授，政府顾问。

这些文字所描述的人物，应该符合我们对于 DSU 所要求资质的
理解，即上诉机构成员是"在法律、国际贸易和有关协定方面有显著
专长的公认权威"（recognized authority, with demonstrated expertise in

law, international trade and the subject matter of the covered agreements generally)。[84] 当然，这种理解是基于总体印象，觉得这些人都是专家，工作经历丰富，而不是基于对 DSU 字斟句酌的对照，因为尽管"显著专长"和"公认权威"是主观标准，但是同时具备"法律、国际贸易和有关协定方面"的专长却是客观标准，而这些人物的简历不一定经得起这样的推敲。[85]

从这些文字还可以看出 DSB"一号文件"对资质的进一步解释：DSU 所要求的"具有广泛的 WTO 成员代表性"（broadly representative of membership in the WTO）是指应该考虑"不同的地理区域、发展水平和法律体系等因素"（different geographical areas. Levels of developments, and legal systems）。[86] 当然，这也是一种总体印象，感觉他们来自不同地区、不同水平和不同法系国家，而不是较真论证的结果，因为严格说来，地理区域、发展水平和法律体系等术语的含义都是需要具体化的。例如，"法律体系"是指什么？为什么没有最不发达国家成员？

看到这里，我们产生的第一个问题可能就是：在资质与代表性之间如何平衡？这个问题可能是国内、国际机构中所普遍存在的难题，而在国际机构中更为明显。一方面，机构的运作需要高水平的人才；另一方面，机构的"合法性"甚至更好运作的"必要性"则需要吸收不同成员的代表。具体到上诉机构，其成员的素质是至关重要的，因为这事关其裁决的质量和效力，因此要选出"最高资历的人才"（persons of the highest calibre）[87] 和"高度合格的成员"（highly-qualified members）[88]，但是与此同时，成员仅仅来自一个国家、某个地区或单一法系，则是不可思议的，因为这样会让上诉机构失去"公信力"，进而使其形同虚设、无所作为。那么如何平衡？"一号文件"的起草者"知难而退"，将其留给"实际磋商和遴选程序"（the actual consultation and selection procedures）[89]。这种"个案处理"的做法是十分明智的，但是也为我们留下了想象的空间。例如，在上诉机构成员遴选过程中，是否存在以代表性换资质的情况，导致最为优秀的人士没有能够入选？理论上，这完全是可能存在的，只是现实中很难确认而已。进而言之，资质和代表性作为两个并列的必要条件，在平衡的过程中，必然是资质让位于代表性，因为资质是弹性的，而代表性则是刚性的；一个候选人是否属于具有"显著专长的公认权威"，可以是主观的定性判断，"差不多"就行了，而相比之下，"地理区域、发展水平和法律体系"则有客观标准。如此看来，二者平衡的合理结果，应该是具有代表性的合格人士，而不应该使用形容词最高级，将"最高资历的人才"作为平衡的期待。可以想象，在"个案处理"过程中，这样的目标是更加容易实现的。

从实际情况看，纵观上诉机构所有成员的简历，我们的总体印象必定是正面的，觉得这些人的资质和代表性都是合格的。例如，在这份名单中，我们没有看到一位刚刚大学毕业的人，也没有看到两个人来自同一个国家。当然，这样的总体印象并不影响我们下文对资质或代表性问题细致入微的审视和质疑，因为批评和"鸡蛋里挑骨头"恰恰是学术研究的特征，也恰恰是使得某个制度更加完善的力量。

"上诉机构成员是些什么人？"自撰简历是简约的，信息有限；法律要求是冷酷的，不能通融。然而，生活却是丰富多彩的。James Bacchus（Jim）曾经写过一本书，绘声绘色地描写了首任成员们的趣事：具有强烈正义感的"冰激凌大叔"（the Ice Cream Man）Said El-Naggar，温文尔雅的圣公会教徒松下满雄，爱读亚里士多德、昵称是"Toy"的 Florentino Feliciano，青少年时代经历过二战苦难的德国人 Claus-Dieter Ehlermann，总是大谈"新西兰苹果"的"果园主"Christopher Beeby，还有无所不知、绰号"银狐"（the Silver Fox）的 Julio Lacarte-Muró。[90]Jim 将他们称作笑眯眯的"六贤人"（Six Wise Men），因为他们脸上总是挂着大大的微笑。作为作者，他不便将自己列入"贤人"，但他毫无疑问是第 7 位贤人。我有幸多次与他见面：在上诉机构听证会上，在课堂讲座中，在私下晚餐时，在前往会议地点的出租车里。我还有幸拜读了他的文章和著作，并且至今仍在收到他发表在博客、报纸或接受采访的文字。因此，在首任 7 名成员中，我对他最熟悉，并且写过两篇随笔介绍他，认为他有坚定国际法治理念，是"知识、文化、思想、信仰、使命感和执行力"六者皆备的完人。[91] 我们见面时，他也总是笑眯眯的，但是目光中却透着睿智和信念。

作为第一代成员，"七贤人"为上诉机构后来的成功打下了良好的基础。本节随后介绍上诉机构成功秘诀时，会提到"机制"的作用，即一整套机制保证了高质量的上诉机构裁决。然而，讨论机制的作用，绝不意味着忽视人的作用。恰恰相反，如果没有这样一群"贤人"贡献自己的智慧，再好的机制恐怕也不会产生预期的结果。事实上，即使"机制"本身，也包括"软""硬"两个方面："硬机制"是指法律条文规定的程序，例如召开听证会和得到秘书处的专业协助，而"软机制"则是指首任成员所创造的工作文化，例如勤勉、认真、自律、合作等。因此，就"软机制"而言，首任成员就是在"建章立制"、"约定俗成"。

二、后任成员

上诉机构成员任期 4 年，可连任一次。但是为了保证工作的连续性，首任成员中有 3 人的任期为 2 年，经抽签决定。[92] 因此，首任成员的工作陆陆续续为后任成员所取代，具体情况是：美国 2 人：Merit E. Janow（女，2003—2007），Jennifer Hillman（女，2007—2011）；欧洲 1 人：Giorgio Sacerdoti（意大利，2001—2009）；南美洲 1 人：Luiz Olavo Baptista（巴西，2001—2009）；非洲 2 人：Georges Michel Abi-

Saab（埃及，2000—2008），David Unterhalter（南非，2006—2013）；亚洲/澳洲7人：Lilia R. Bautista（女，菲律宾，2007—2011），Arumugamangalam Venkatachalam Ganesan（印度，2000—2008），Seung Wha Chang（张胜和，韩国，2012—2016），Shotaro Oshima（大岛正太郎，日本，2008—2012），John S. Lockhart（澳大利亚，2001—2006），Yasuhei Taniguchi（谷口安平，日本，2000—2007），Yuejiao Zhang（女，张月姣，中国，2008—2016）。最后三位成员的情况是：Thomas R. Graham（美国，2011—2019），Peter Van den Bossche（比利时，2009—2017），Ricardo Ramírez-Hernández（墨西哥，2009—2017），Shree Baboo Chekitan Servansing（毛里求斯，2014—2018），Ujal Singh Bhatia（印度，2011—2019），Hyun Chong Kim（金炫宗，韩国，2016—2020），Hong Zhao（赵宏，女，中国，2016—2020）。

这是一张耐人寻味的统计表！

由于人员众多，出于篇幅的考虑，此处没有介绍资质。从简历看，他们的背景与首任成员差不多，法律与经济，学术与政府，总体印象都是合格人士。然而，细看之下，却发现了比首任成员更为突出的问题。例如，有人没有法律背景，[93]有人没有国际经验。[94]上诉机构的工作是"技术活"，即审查专家组裁决的法律适用和法律解释是否正确，[95]需要"条分缕析"，甚至"吹毛求疵"，很难想象没有经过法律训练的人能够胜任这项工作，何况DSU明确要求上诉机构成员必须是"在法律、（国际贸易和有关协定）方面有显著专长的公认权威"。此外，同一规定还表明，仅仅从事国内法律事务的专家，也不符合要求。前文已经提到首任成员的简历不一定经得起仔细推敲。如果说当年WTO刚刚成立，同时具备这三方面要求的"公认权威"不容易找到，那么后任成员选任标准显然应该更加严格。

再来看代表性。在"地理区域、发展水平和法律体系"等总体印象差不多之下，我们却产生了更多的疑问。例如，几个大洲是如何分配名额的？亚洲 / 澳洲是如何分配名额的？欧洲是如何分配名额的？为什么美国一直有人？

除了资质和代表性之外，我们可能还有更多的发现。为什么有人任期只有一届？[96] 为什么一直都有女性？（当然也可以同样提问：为什么一直都有男性？）[97]

关于这些疑问，坊间有很多传说，主要是各种各样的"政治考虑"。[98] 这些传说完全可能是真实的情况，但是作为学术研究却不足为据，因为学术研究需要找到明确的条文和确凿的证据，以便作出准确的判断。似是而非、口耳相传的小道消息，不可证实，也不可预见，因而不能用作科学的判断。因此，无论是什么样的现实需要和"政治考虑"，DSU 和"一号文件"所规定的资质和代表性要求都是不能罔顾的。例如，某个国家"一直有人"，可能就有违代表性；没有法律和国际背景，可能就不符合资质要求；而性别考量虽然情有可原，但是于法无据。

前文提到，这 20 名后任成员的资质和代表性给人的总体印象是不错的，事实上上诉机构的运转也基本正常。然而，上诉机构实质上是一个"国际司法机构"，法律至上应该是其原则。如此看来，此处提到的诸多疑问，特别是与法律条款的明显不符，就是不容忽视的小事，而是应该严格对待的大事，否则就会出现一个严重的悖论：一群"不合格"的"法官"在依法裁判国家间的纠纷！

第三章

WTO 上诉机制的运作

上诉机制成立以后，审理了大量案件，取得了非凡成就，获得了广泛赞誉。然而，可以想象，如此创新的机制，其运作过程不可能一帆风顺。在上诉机构危机之前，成员遴选和连任，每年都是 DSB 的重要议程，甚至在 2016 年出现了一场风波。后来上诉机构工作量也成为一个问题。

第一节　上诉机制的成就

一、国际法贡献

（一）总体评价

2015 年是 WTO 成立 20 周年。在 WTO 出版的《WTO 二十周年回顾》中，有一个专章介绍争端解决机制，其主要内容有：已经受理了 500 起案件，作出了近 300 份裁决，包括 115 份上诉机构裁决，成为最为高产、最为高效的国际争端解决机制。不仅如此，这些裁决绝大多数得到了执行，即被认定为不符合 WTO 规则的措施得到了纠正。[99] 此外，上诉机制的丰富实践，特别是 20 年来所积累的众多案例，也为其他国际争端解决机制从事条约解释工作提供了很好的借鉴。有研究显示，国际法院、国际海洋法庭、常设仲裁法院、国际投资争端解决中心、欧洲法院和北美自由贸易区争端解决机制等在解释条约时，就经常援用 WTO 上诉机构报告。[100] 因此可以说，上诉机构除了在 WTO 体制内解决成员之间的争端和澄清国际贸易规则方面发挥了重要作用，还提供了一种国际"公共产品"，为国际法的发展作出了重要贡献。

GATT 争端解决谈判的目标，是"改进并加强争端解决的规则和程序"。然而，争端解决机制变得如此"门庭若市"，却是人们始料未及的。[101] 这其中固然有 WTO 的领域比 GATT 更宽，从单纯的货物贸易扩大到了服务贸易和知识产权，以及 WTO 成员更多，从 128 个成员增加到 164 个成员等因素。然而，不可否认的是，争端解决机制的"改进并加强"，特别是本节所重点讨论的裁决报告"自动通过"和上诉机制的建立，增加了各国对这个机制的信心——裁决是可靠、有效的，当然得到信任和使用了。事实证明，DSU 所预期的争端解决机制的整体目标，即为多边贸易体制提供安全性和可预见性，已经得到了充分实现。这一现象给我们的启示是：只要制定好的规则，并且辅之以有效的规则执行机制，包括争端解决机制，各国是愿意"法治"的。换句话说，WTO 在国际法治方面作出了很好的示范。

1.WTO 上诉机制是国内民事诉讼程序的"简化"和"创新"

毋庸置疑，WTO 争端解决机制，包括上诉机制，借鉴了国内民事诉讼程序，例如案件从受理、审理到执行的整个过程，以及"两审终审"的审级制度。这一点是完全可以理解的。谈判人员都是居住在一个个国家的公民，甚至有些人具备法律专业知识和经验，对国内法院审理案件的程序是熟悉的。带着这样的背景讨论国家之间的争端解决程序，必然会时时以国内民事诉讼程序作为参照物，其中，"上诉审议"的提出，就是一个最为典型的例证。

　　然而，最后摆着我们面前的谈判成果 DSU，却是一个简化版的程序，只有 27 条，其中上诉机制只有 1 条 14 款。相比之下，《法国新民事诉讼法典》有 1507 条。法典分为四卷：第一卷共 21 编，是适用于所有法院的规则或法则，内容包括：原则、管辖、起诉、抗辩、证据、诉讼参加、诉讼代理、和解、调解、判决、上诉、再审、执行和司法协助等。第二卷共 8 编，是各类法院适用各自民事诉讼程序的特别规定，内容包括：大审法院的程序、初审法院的程序、商事法院的程序、上诉法院的程序和最高法院的程序。第三卷共 4 编，是适用于某些案件的特别程序，多涉及人身关系，包括宣告失踪、离婚、分居、收养、监护、继承、申请支付令等程序。第四卷是关于仲裁的专门规定。[102] 其中，上诉规定就有 123 条（第 527—639 条），内容包括"普通上诉途径"和"非常上诉途径"。"普通上诉途径"的内容有：缺席判决异议（可受理性条件、效果和诉讼的结果），向上诉法院提出上诉（条件、效果、程序（共同规定：当事人、法官与法院书记员，合议庭实行的程序、第一院长前实行的程序））。"非常上诉途径"的内容有：第三人取消判决的异议（条件、程序、效果），申请再审（适用范围、程序），向最高司法法院提出上诉（条件、效果、程序、判决）。[103]《德国民事诉讼法》则与《法国新民事诉讼法典》不相上下，共有十一编 1109 条，内容为：总则（法院、当事人和诉讼程序），第一审程序（州法院的程序和初级法院的程序），上诉，再审，特殊程序（证书诉讼与诉讼、家庭事件诉讼、督促程序），对判决的强制执行（不包括个人和公司破产），公示催告程序，仲裁程序，欧盟内的司法合作。[104] 其中上诉规定有 66 条（第 511—577 条），分为控诉、上告和抗告。"控诉"的内容为：提出、说明理由和撤回，附带控诉，程序，裁判，缺席程序。"上告"的内容为：提出、理由和撤回，违反法律，附带上告，程序，裁判。"抗告"的内容为：法律性质、种类和合法性，程序和裁判，法律抗告。[105] 综上所述，相比于德国和法国等国内民事诉讼程序，DSU 真是"九牛一毛"！[106] 其中，国内上诉机制中的很多内容，例如"普通上诉途径"和"非常上诉途径"以及"控诉、上告和抗告"之分，"缺席判决"，"第三人取消判决的异议"等，也是 DSU 所"闻所未闻"。

当然，WTO 争端解决机制不仅仅是"简化"。相比于国内民事诉讼程序，它也有创新。例如，作为"法官"的专家组成员由当事方选定；专家组和上诉机构报告需要经过 DSB 开会通过才算生效。特别是专家组报告的中期审议和报告通过的"反向全体一致"。这些创新不仅适应了 WTO 争端解决机制的需要，甚至有些内容（例如中期审议）对国内民事诉讼程序都提供了有益的参考。

现在看来，"简化"和"创新"都是自然的过程。国内社会与国际社会毕竟有很大不同，因此在争端解决程序的"移植"过程中，必然会出现一些特色。这是一个试验的过程，有可能成功，也有可能失败。令人欣慰的是，WTO 争端解决机制获得了极大成功。因此随之而来的一个问题就是：为什么这样一个"简化""创新"版的程序能够顺利运作？

2.WTO 上诉机制的成功秘诀之一是国际社会的"成员少数"特征

凯尔森曾经指出，国际法是一种原始的法律。他说，没有强制的执法机关，法律规范的执行需要"自助"，这正是原始法律秩序的特征。[107] 奥本海没有这么悲观，认为"法律是一个社会内人类行为规则的总体，这些行为规则，依据这个社会的共同同意，应由外力来强制执行"，而国际法是具备这些主要条件的。[108] 李浩培先生则在总结了国际法的"种种特性和问题"，包括没有立法机关、没有强制管辖权的司法机关、没有法律执行机关、国际法规则大多是任意法规则以及国际法的创立、遵守和制裁都以相互为主导原则等之后，仍然认为"国际法是名副其实的法"，因为法不必是"上下位"的，即上位者对

下位者命令遵行的（从属法），也可以是"同位"的，即同位者共同
制定以互相遵守的（同位法）；"这种同位法，只要各国都认为对自己
有拘束力的共同行为规则，这在本质上就是国际法，与国内法的从属
法发生同样的作用。"[109]

本书的考察印证了凯尔森"原始法律"的判断，尽管不仅仅是从
司法"自助"的角度出发的。本书总结的"移植问题"特殊性的第一
个启示就是国际法处于"初级阶段"，因为立法的过程，似乎是全体
成员谈判达成协议，而不是国内立法中那样由专门的立法机关（例如
国会）承担，并且法律的执行更多也是靠"自愿"，直至WTO争端
解决机构"授权报复"恰恰就是凯尔森所说的"自助"，即由胜诉国
家自己执行裁决，而不是像国内司法体制那样有强制执行机关，例如
法院或专门的执行机构。

然而，WTO争端解决机制的成功，特别是上诉机制在其中所起
到的作用，却给我们提供了一个重要的启示（第七个启示），即所谓
的"原始法律"和"初级阶段"并非一定都是贬义！大家相互协商制
定规则，然后自愿履行义务，最后服从一个简单的争端解决机制的裁
决，从而在国际社会建立了一种秩序，也就是"国际法治"，那么何
乐而不为呢？为什么非要像国内那样建立一系列强制制度包括强制
立法和强制执法呢？[110]国内的"强制"，其目的不也是建立一种秩
序，即"法治"吗？[111]而国际与国内的区别，其主要原因，可能是
国内情况更为复杂，由于人数众多而大家都处于"陌生人社会"，什
么人都有，什么情况都可能发生。我们知道，原始的法律也是非常简
单的，常常是一个部落，简单几条不成文规则。[112]只是后来人数越
来越多，并且发生了"无奇不有"的事情才变得越来越复杂，试图将
一切可能性都纳入法律的范围。因此，国内法律的复杂是不得已而为
之。相比之下，国际社会就简单多了，因为只有200来个国家，并且
在众多国际组织的监督和透明度要求下，每个国家的一言一行都大白

于天下，从而营造了一个"熟人社会"。在这种情况下，法律就没有必要这么复杂了。何况国际条约的谈判者并非人类社会早期的部落成员，他们已经具备了成熟的国内法治的经验，是在国内法的基础上设计国际法，理应有更好的效果。

3.WTO 上诉机制是国际法治的良好实践

由于"成员少数"的特征，一套"简化"的国内法就可以适用于国际社会，这显然是一种大而化之的说法，最多是一种基本观点或原则，而如何"简化"，特别是如何"创新"，才能建立一套行之有效的制度，这是需要一点点摸索，甚至一步步"试错"的。幸运的是，WTO 规则及其争端解决机制是一个成功的范例，因为事实证明，WTO 已经在国际贸易领域初步建立了一种"法治"。[113] 不仅如此，从 WTO 的成功之中，我们还发现了国家与个人一样，是喜欢法治的，前提是法治必须满足最为基本的条件，即良好的法律得到良好的执行。在国内法治中，如何制定良好的法律以及如何保证法律的良好执行，已经有了很好的经验。[114] 但是国际法治仍处于初级阶段，无法可依和有法不依的现象比比皆是，而 WTO 的经验，例如"全体一致"的决策机制以及简单有效的争端解决程序，甚至是其教训，例如连任风波，都给国际社会提供了很好的借鉴。在这个意义上，WTO 也是给人类社会贡献了一个"公共产品"。法治是人类社会进步的标志，因为人与人之间交往有规则才表明人类是文明的，而国际法治则应该是人类社会的更高目标，因为这不仅事关世界和平，而且标志着人类社会的更高甚至终极文明——法治如果是国内社会的理想状态，那么也应该是国际社会的理想状态。[115]

前文提到的《WTO 二十周年：成就与挑战》，在总结争端解决机制的时候说道：作为最为繁忙的国际争端解决机制，WTO 争端解决机制仍在发展之中；随着 WTO 成员需求的变化，新的原则和特征都会涌现，但是有一点是肯定的：由于具备强有力的谈判制度的支持和

20年的经验，争端解决机制会继续作出高质量的裁决报告，并且更为重要的是，促进国际贸易争端的解决；这是所有WTO成员及其依赖于WTO规则的商人们的共同期待。[116] 与此同时，上诉机构年度报告在解释了当前遇到的困难后也表示：WTO争端解决机制是最为活跃而高效的国际争端解决机制，而裁决的质量是上诉机构的"商标"，是不可商量的；上诉机构成员将与WTO成员一道，勇于迎接挑战，使得该机制运行更好。[117]

WTO是"成员驱动"的，而世界上主要的国家都是WTO成员。因此，只要各国达成了共识，认为国际法治是国际社会发展方向，WTO提供了很好范例，那么WTO就会得到更多重视，争端解决机制包括上诉机制就能够更好发挥作用，从而为国际社会贡献更多的"公共产品"。如果是这样，国际法治的进程就加速了。

（二）典型案例

以下四个案例，"美国汽油案"和"日本酒精饮料案"是早期建章立制的案例，而"中国出版物和音像制品案"和"美国反倾销和反补贴案"，则在法律解释方面独树一帜。

1."美国汽油案"

1996年初，首任上诉机构成员研究第一起上诉案件"美国汽油案"，他们一定十分清楚，他们是在创造历史，是在为今后的案件审理创设先例，事关上诉机构声誉的优劣，甚至WTO争端解决机制的成败。

这是涉及美国汽油标准的案件，被告美国就专家组裁决提起上诉。上诉机构报告中有这样一句话："不太容易理解专家组报告中的上述推理。在我们看来，这个推理相当模糊。……"凡读过WTO专家组和上诉机构报告的人，都会钦佩其中的推理部分。涉案措施属于事实问题，比较容易查清楚。相关法律就那么几个，当事方也提出来了。然而，该措施为何适用于该法律，却需要充分分析、论证。WTO 裁决的公信力，恰恰在于这个推理部分——只有说得大家心服口服，裁决才能够得到心甘情愿的执行。上诉机构在第一起案件中就强调了推理问题，必定为未来的专家组提了个醒：要有清晰、明确的论证，否则在我这里过不了关。同时也给自己立下了规矩：要重点审查专家组报告中的推理部分。

推理中至关重要的一环，是如何理解法律条文的规定。只有理解准确了，才能判断"该措施为何适用于该法律"，即判断措施与法律的相关性。上诉机构在这个第一案中说："专家组忽视了条约解释的一项基本规则。这项规则在《维也纳条约法公约》有权威、简洁的表述。"他们所说的规则，就是该公约第 31 条所说的"条约应根据条款的通常含义，并结合上下文和宗旨目标进行善意解释"，以及在实践中发展起来的"条约所有条款都是有含义、有效的，不得随意将某些条款解释为多余或无用"。上诉机构说，这个规则，就属于 DSU 第 3 条第 2 款所指的"解释国际公法的习惯规则"，说明 WTO 规则不应被孤立于国际公法之外进行解读。此外，为了明确某些词句的"通常含义"，上诉机构还查找了普通字典的解释。现在的 WTO 裁决中，"通常含义"、"上下文"、"宗旨目标"等术语，已经司空见惯了，而且人们已经习惯性地从查字典开始理解 WTO 某些条款的含义了。看来，上诉机构的做法，也成了"解释国际公法的习惯规则"。

经过认真审查，上诉机构认定专家组对法律的某些理解是错误的，因而修改了专家组报告中的相应部分。上诉机构的职责就是审查专家组报告中的法律问题，即法律适用和法律解释是否正确。按理说，上诉机构作出了这样的裁决，已经万事大吉了。然而，在裁决的最后部分，上诉机构又"多说"了一段话：上诉机构作出这个裁决，并不意味着 WTO 成员不能采取措施控制空气污染和保护环境；事实上，《关贸总协定》第 20 条明确规定各成员可以采取措施保护人类健康及可耗尽自然资源，并且《WTO 协定》还具体要求各成员协调贸易与环境政策；在制订环境政策方面，各成员有很大的自由度，但必须尊重 WTO 的相关规则。上诉机构借澄清自己裁决的机会，至少表达了两个观点。第一，环境保护是人类面临的共同问题，各成员应当采取措施改善环境。第二，相关措施必须符合 WTO 规则。这些话虽然已经超出了本案的范围，却反映了上诉机构对人类环境的关注，以及在遵守 WTO 规则方面的明确立场。

作为被告的美国，尽管其措施被裁决不符合 WTO 规则，但是赞赏上诉机构在解释 GATT 第 20 条的时候，认可了 WTO 成员有权保护环境和自然资源。美国还说，上诉第一案表明，谈判者成立上诉机构的决定是正确的；对于专家组裁决中的严重错误，上诉机构进行了彻底审查和纠正，使得错误不再继续，必将加强 WTO 制度，增加对于争端解决机制质量的信心；上诉机构的条约解释方法是高质量分析和裁决的例证，争端解决就该如此。最后美国表示执行裁决。[118]

2."日本酒精饮料案"

1996 年 10 月 4 日，上诉机构就"日本酒精饮料案"作出裁决。这是上诉机构审理的第二起案件。本案的争议，是 GATT 第 3 条，即"国民待遇"的解释问题。上诉机构经审查后认定，专家组对第 3 条的若干解释是错误的。

国民待遇原则在多边贸易体制中有着举足轻重的地位。上诉机构在裁决中对这一原则的宗旨进行了高屋建瓴的概括。上诉机构说，第 3 条广泛而根本之目标，是防止采取国内税和管理措施时实行保护主义。具体而言，是确保国内措施适用于进口产品或国产产品时，不会对国内生产提供保护。因此，第 3 条要求 WTO 成员为进口产品和国产产品提供平等的竞争条件。WTO 协定起草者们的用意，显然是要求进口产品一旦清关，就应与同类的国产产品一视同仁，否则就会出现对国内生产的间接保护。不仅如此，进口数量所反映的进口产品与国产产品之间税收差异的贸易效果，这一点并不重要，甚至并不存在；第 3 条所保护的期待，并非具体的贸易量，而是进口产品与国产产品之间的平等竞争关系。WTO 成员可以通过国内税收或管理措施实现其国内目标，但不得违反第 3 条或其他 WTO 承诺。

结合本案，上诉机构进一步阐述道，在考虑第 3 条与 WTO 协定的其他规定之间的关系时，第 3 条防止保护主义这一广泛目标必须牢记。尽管保护谈判所达成的关税减让是第 3 条的目标之一，但专家组认为这是"一个主要目标"的说法，不可过分强调。上诉机构认为，第 3 条的总体范围不应限于关税减让；第 3 条所规定的国民待遇义务，是为了普遍禁止使用国内税收和其他管理措施对国内市场提供保护。这一义务显然也延伸到关税减让之外的产品，而这一点在第 3 条的谈判历史中就有所体现。

关于国民待遇原则，上诉机构总结道，WTO 协定是条约，相当于合同。WTO 成员在行使其主权，追求其相应的国家利益时，显然是进行了讨价还价。为了获得利益，必须履行承诺，而其承诺之一就是第 3 条所要求的国民待遇。

本案中，上诉机构还对一个条约解释的理论问题作出了明断。

专家组认为，经由争端解决机构通过的专家组报告，属于"嗣后惯例"（subsequent practice），是 GATT 的组成部分。上诉机构不同意这个观点。上诉机构说，《维也纳条约法公约》提到的解释条约所援用的"嗣后惯例"，一般是指一系列协调、共同和一致性的做法或说法，足以建立理解协定含义的清晰方式。单个行为不足以成为嗣后惯例。上诉机构进一步说，尽管专家组报告是 GATT 缔约方全体所通过的，但通过了报告，并不能说缔约方全体对专报告中的法律推理（legal reasoning）达成了协议。普遍接受的观点是，专家组报告中的结论和建议对争端双方有约束力，但后来的专家组不必在法律上受到先前专家组报告中的细节和推理的约束。上诉机构说，"我们不相信"

缔约方全体在决定通过专家组报告时，将其决定视为相关规定的最终解释；"我们也不相信"这是 GATT 的用意。上诉机构解释说，得出这一结论是有具体理由的，即《WTO 协定》第 9 条第 2 款所规定的"部长会议和总理事会对本协定和多边贸易协定有绝对的解释权"。这一条还规定四分之三多数表决权。这一明确规定说明，解释权并非隐含或随意地存在于别处。

上诉机构还论证道，从历史上看，根据 GATT 第 23 条通过的专家组报告，与缔约方全体根据第 25 条采取的联合行动是不同的。今天，专家组报告的性质，仍然不同于 WTO 部长理事会或总理事会对协定的解释。DSU 第 3 条第 9 款也说明了这一点：本谅解的规定不得影响成员按照 WTO 协定的决策程序寻求对条款进行权威解释的权力。

至此，上诉机构换了角度论证道，《WTO 协定》第 14 条第 1 款关于协定开放供 GATT 缔约方签署的规定，以及附件中将 GATT 纳入 WTO 的规定，将 GATT 的法律历史和经验带入了 WTO 新天地，保证了平稳转型过程中的连续性和一致性。这表明了 GATT 缔约方全体的经验对于 WTO 成员的重要性，并且确认了这些经验对于 WTO 所代表的新贸易体制的相关性。专家组报告是 GATT 的重要组成部分（important part），经常会被后来的专家组参考。这些报告对 WTO 成员形成了合法期待（legitimate expectations），应当在相关案件中予以考虑。然而，它们除了用于解决那个案件的纠纷以外，并非具有约束力（binding）。简而言之，其性质和法律地位并未由于《WTO 协定》的生效而改变。因此，上诉机构不同意专家组报告构成"嗣后惯例"的说法。但上诉机构补充说，它同意专家组的另外一个说法，即未通过的专家组报告没有法律地位，因为没有得到缔约方全体或 WTO 成员的认可；但后来的专家组可能会在这些报告的推理部分找到有用的指南（useful guidance），以审查相关案件。

上诉机构旁征博引，想说明的问题是：从性质上看，专家组报告不属于"嗣后惯例"，对其他成员不具有约束力，但可以给其他成员提供合理期待，并且为后来的专家组提供指导。

在解释国民待遇问题时，上诉机构骄傲地说：我们对第 3 条的解释是忠实于国际公法的习惯解释规则的；WTO 规则是可靠、可以理解和可以执行的，而不是非常僵化或不灵活，没有给合理的判断留有余地，以解决现实世界实际案件中无穷无尽、始终变化的问题；如果牢记这一点，这些规则就会很好地服务于多边贸易体制；唯有如此，我们才能实现 WTO 成员通过建立争端解决机制所希望达到的多边贸易体制的"安全性和可预见性"。上诉机构对于自己解释协定的能力显然非常自信。然而，上诉机构一定会坦率地承认，它自己的解释也并非《维也纳条约法公约》所指的"嗣后惯例"和《WTO 协定》所说的"权威解释"。

3."中国出版物和音像制品案"

本案的一个争议是"中国是否可以直接援用 GATT 第 20 条，以作为其背离加入 WTO 议定书项下的贸易权承诺之抗辩"。

专家组认为，中国援引该项，提出了复杂的法律问题（complex legal issues）：第 20 条提到的"本协定"，指的是 GATT，而不是中国加入 WTO 议定书之类的其他协定，因此就出现了第 20 条是否可以被直接援引，用于涉及议定书贸易权承诺的抗辩的问题。根据美国的提议以及上诉机构先前的一些做法，专家组决定采取一种"回避"的策略，即先假定第 20 条可以援引，然后直接审查（a）项的要求是否得到了满足；如果满足了，则回过头来啃这块硬骨头，而如果没有满足，则没有必要多此一举了。专家组的审查结论是：中国的措施非为保护公共道德所"必需"，因此关于这个"复杂的法律问题"，专家组没有作出裁决。

上诉机构首先对议定书第 5 条第 1 款进行了详细解读，认为"管理贸易的权利"指的是中国将国际商务活动纳入管理的权力，而这个权力不应受到给予贸易权这一义务损害，但中国必须"以符合《WTO协定》的方式"管理贸易。"以符合《WTO协定》的方式"，指的是作为整体的《WTO协定》，包括作为其附件的GATT。抽象地说，"管理的权利"，是WTO成员政府所固有的权力，并非《WTO协定》之类的国际条约所赋予的权利。在贸易方面，《WTO协定》及其附件只是要求成员遵守相关义务。当管理的是贸易时，则议定书第5条第1款所说的"符合《WTO协定》"就是对中国管理权实施的约束，要求管理措施必须符合WTO纪律。

上诉机构进一步分析道：第5条第1款针对从事贸易者（traders）作出了承诺，即给予所有企业进出口货物的权利，但不得影响中国管理贸易（trade）的权利。上诉机构认为，中国关于贸易权，即涉及贸易者的义务，与所有WTO成员承担的管理货物贸易（trade in goods）方面的义务，特别是GATT第11条和第3条是密切交织的。在中国加入WTO文件中，就有成员要求中国对贸易权的限制必须符合这两条的要求。这种联系也反映在第5条第1款的文字中。从整体看，该款显然是关于货物贸易的，因为该款第三句明确提到了"所有这些货物都必须按照GATT第3条给予国民待遇"。此外，在GATT和WTO的先前判例，也认定过对从事贸易主体的限制与GATT的货物贸易方面义务之间的密切关系，即那些并不直接管理货物或货物进口的措施，也被认定为违反了GATT义务。总之，限制贸易者权利的措施，是有可能违反GATT的货物贸易义务的。上诉机构认为，中国管理货物贸易的权力，必须遵守《WTO协定》附件1A，即GATT的义务，而中国援引GATT条款的抗辩权，不应由于起诉方仅仅挑战第5条第1款却没有根据GATT提出挑战而受到影响。正相反，中国是否可以援引GATT第20条抗辩，在具体案件中应决定于不符合贸易权承诺的措施与对货物贸易管理之间的关系。如果这种联系存在，中国就可以援引第 20 条。

　　上诉机构最后说，专家组审查了中国的贸易权承诺与中国对相关产品内容审查机制之间的关系，发现中国的某些规定，特别是《出版管理条例》第 41 条和第 42 条，其所在的法律文件本身就设定了内容审查机制，而对于本身没有审查机制的法律文件，专家组也同意中方提出的观点，即这些文件不是孤立的措施，而属于进口商选择制度的结果，是准备进行内容审查的。上诉机构还注意到，在专家组阶段，有很多证据表明，中国是对相关货物进行广泛内容审查的，而对于中国限制贸易权的规定属于中国对相关货物内容审查机制的一部分，美国也没有提出质疑。不仅如此，美国认为不符合 GATT 第 3 条第 4 款的中国管理相关货物分销的规定，与专家组认定的不符合贸易权承诺中管理这些货物进口的规定，有些就是相同的措施。有鉴于此，上诉机构认定，不符合贸易权承诺的措施，与中国对相关产品贸易的管理，存在着清晰的、客观的联系，因此中方可以援引 GATT 第 20 条。

　　中国的被诉措施虽然是关于贸易权承诺的，即只允许某些企业从事相关货物的进出口，但与中国对相关货物的管理，即对涉案货物的内容审查，是密切相关的。换句话说，限制进出口商，是为了对相关货物进行内容审查，而 GATT 恰恰是关于货物贸易的，中国当然有权援引 GATT 第 20 条进行抗辩。上诉机构通过这种"密切联系"，确认了议定书与 GATT 之间的"间接关系"，专家组遗留的"复杂的法律问题"迎刃而解。

　　4."美国反倾销和反补贴案"

　　本案中，中美双方就"双重救济"是否违反 WTO 规则进行了激烈的辩论，专家组作出了支持美方的裁决。上诉机构全面推翻了专家组裁决。

　　对于本案的一个关键词"双重救济"，涉及案件的"事实"，各方没有争议。中美双方及专家组和上诉机构一致认为，使用非市场经济方法，对某种产品同时征收反补贴税和反倾销税，有可能出现"双重救济"（double remedy）问题。如果部分倾销幅度来自对出口产品的补贴，则根据非市场经济方法计算出来的反倾销税便是既补救了倾销又补救了补贴。从这个角度看，如果同时在这种产品上适用反补贴税，该补贴就可能被"抵消"了两次，即一次是通过反倾销税，另一次是通过反补贴税。

但是专家组认为，双方援用的反补贴协定第19条第4款和第19条第3款适用的对象是反补贴税，而不是反倾销税；进口国只要按照反补贴调查程序认定了补贴的存在并且按照补贴数额征收，就没有违反《补贴与反补贴措施协定》，而没有必要考虑该项补贴是否已经被别的措施抵消的问题。也就是说，反补贴是反补贴，反倾销是反倾销；在反补贴的时候考虑反倾销的问题，于法无据。

上诉机构敏锐地抓住了问题的关键，对第19条第3款进行了详尽的解释。上诉机构认为，该款"适当数额"（appropriate amount）中的"适当"一词，是一个相对概念，是相对于补贴所造成的损害而言的；如果损害不复存在，那么就不能说反补贴税的数额是适当的。也就是说，如果不考虑针对相同产品、抵消相同补贴的反倾销税，反补贴税数额的适当性便无法确定。反补贴税代表了全部补贴数额，而反倾销税至少在一定程度上是根据相同的补贴计算的，并且同时征收以消除对国内产业的相同损害，在这种情况下，反补贴税的数额就不可能是"适当的"。按照非市场经济方法计算出来的倾销幅度，有可能包括了一些属于补贴的组成部分。上诉机构认定：双重救济，即同时征收反补贴税和按照非市场经济方法计算出来的反倾销税，两次抵消相同的补贴，不符合第19条第3款。

通过这样的分析，上诉机构在反补贴和反倾销之间建立起了"桥梁"，使得两个事项联系起来。

5.评论

第一个案例，上诉机构确定了争端解决机制的解释方法，将《维也纳条约法公约》纳入 WTO 体系。第二个案例，上诉机构对"嗣后惯例"进行了充分论证。这两个问题也许比较容易理解，但是第三、四个案例，则是条约解释方法的具体运用，涉及专业词汇和特殊条款太多，而法律条款之间的关系似乎太复杂。但是至少会给我们一个直观印象：上诉机构是在进行充分说理，论证纷繁复杂的法律关系，前者是议定书和 GATT 之间的关系，后者是两个协定之间的关系，而且这两个法律关系应该是非常重要的。充分说理恰恰是上诉机构裁决的特点。DSU 要求专家组必须说明裁决的"基本理由"（basic rationale），[119] 而没有对上诉机构裁决提出这种要求。事实上，上诉机构要想"维持、修改或推翻"专家组裁决，就必须作出更加充分的说理和论证。在此过程中，通过一系列案例，上诉机构丰富和发展了条约解释的内涵。[120]

也正是在这个意义上，上诉机构的工作超出了解决具体争端，通过澄清规则具有了更加广泛的价值。前文提到过国内民事诉讼中上诉机制目的，包括"私人目的"，即在个案中纠正错误；"公共目的"，即维护公众信心、阐明法律和提高一审法院的水准等，[121] 以及具体的"提供释放不满的渠道"、"实现程序制约的原则"、"保障司法公正的实现"和"促进法律适用的统一"等功能，[122] 在 WTO 上诉机制中都有明确的体现。例如，上诉机构一系列"先例"的建立，明显提高了专家组裁决的一致性，因为专家组需要时刻援引"先例"，而上诉机构裁决在统一协议条款解释方面，更是体现了核心价值之一，因为这恰恰是多边贸易体制"安全性和可预见性"的具体表现。由此增加了各国对多边贸易体制的信心，则是不言而喻的，WTO 成立以来不断有国家加入就是强有力的例证。再如有些案件可能是"为了上诉而上诉"，成为有些政府缓解国内矛盾的渠道，使得产业或利益集团的不满能够得到合法释放。换句话说，上诉机制的存在，提供了一种"心理安慰"，让利害关系方觉得自己的"冤屈"经过两次审理就得到了公正对待，不再怪罪于政府。最后，"纠错"作为上诉机制的最初出发点，包括前文涉及的 GATT 谈判中的提案和讨论，在 WTO 中也是最为直接的效果，前文引用的两个案例，就是上诉机构纠正专家组"重大错误"的例子。

总而言之，在上诉机制的运行方面，我们没有发现多少明显的"移植问题"特殊性，国内上诉法院所发挥的作用，在上诉机构这里都可以看到。如果说一定要找到某种"特殊性"，也许可以体现在上诉机构报告的"长篇大论"上，因为报告的一般篇幅都超过 100 页，而这是由于 DSU 中的明确要求，即"上诉机构裁决必须上诉机构应审理上诉中所提出的每一个事项"，[123]WTO 案件更加复杂，以及相比于国内法院判决，上诉机构报告需要更加充分的说理等原因造成的。[124] 当然，运行的效果没有特殊性，又可以说是"移植问题"的最大特殊性，也是给我们最大的启示（第八个启示）：为什么在本书列举的这么多特殊性的情况下，特别是在程序简单、上诉机构成员不是"法官"、WTO 成员"投鼠忌器"心理的情况下，上诉机构仍能像国内法院一样有效运行？前文的"上诉机构"部分提到了"客观"和"主观"因素，然而"成员少数"，"人少好办事"可能仍然是更为根本的原因。当然，这个启示也可以说是"第五个启示"的进一步阐发，即从运行效果的实证角度进行的论证。

二、成功之道

从 DSU、"一号文件"、《上诉审议工作程序》及其《行为守则》[125] 等四份文件中，能够看出上诉机构成员的工作方式，包括"常设上诉机构"、"上诉审议程序"、"上诉机构报告通过"（DSU）；"独立与保密"、"工作待遇"、"行政和法律支持"("一号文件");"职责"、"决策"、"协作"、"主席"、"分庭"、"分庭主席"、"不能胜任"、"替换"、"辞职"、"过渡"、"文件"、"单方交流"、"上诉启动"、"上诉方书状"、"被上诉方书状"、"多方上诉"、"修改上诉通知"、"第三方"、"文件传输"、"工作日程"、"口头听证"、"书面答复"、"缺席"、"上诉撤回"(《上诉审议工作程序》);"独立"、"公正"、"保密"、"披露"(《行为守则》)。将这些关键词串起来,基本上能够描绘出一幅工作场景,与国内法官的工作场景大体相同,尽管有很多细节上的差异。

全面介绍这个工作方式势必要事无巨细、长篇大论。本书此处目的是分析上诉机构的"成功之道",因此会忽略大量细节,而将重点放在探索高质量裁决的"秘诀"。分析的依据,是这些文件的文字规定和本人参与案件审理时的观察。幸运的是,还有一本重要的参考书,即 *History of Law and Lawyers: the Development of the Rule of Law in the Multilateral Trading System*(2015)。[126] 这本书非同小可,汇集了曾经和现在工作在 WTO 的 44 位法律人士的回忆录,包括上诉机构成员、上诉机构秘书处律师和 WTO 秘书处法律处律师。读罢本书,"WTO 争端解决大家庭"(包括上诉机构)就从上述四份文件中枯燥乏味的规定,变成了栩栩如生的图画,让人看到了上诉机构成员的真实生活。这些回忆录不是严格的学术文章,却有着很高的历史价值,因为从中可以看到争端解决机制(包括上诉机构)的过去、现在与未来。

在我看来,上诉机构的成功,得益于主观和客观两个方面。从主观方面看,上诉机构成员是勤勉的"贤人"。前文分析了他们的背景和遴选,结论是"有显著专长的公认权威",尽管不能保证"资质形容词最高级",尽管他们之间也必然有参差不齐的现象。不仅如此,他们应该了解争端解决和 WTO 的最新发展情况,[127] 这意味着每个专家组报告出来,他们都要仔细阅读,为可能的上诉做好准备;他们

是"兼职"，但是要随时待命，秘书处一声令下就要奔赴日内瓦；[128]
每个案件开庭，不管是否自己负责审案，都要前往 WTO 总部，以便
庭前庭后与同事们研究案情，发表意见；对于自己负责的上诉案件，
都要阅读大量的案件资料，开庭时连续两天、三天举行听证会，然后
争取在审期内做出裁决。这是一份辛苦的工作，但是根据我的观察，
他们都十分勤奋认真，一丝不苟。[129]试想一下，在当前上诉案件众
多的情况下，他们每年要阅读多少资料，要多少次从自己的国家飞往
日内瓦，要在时差和旅途劳累中连续工作多少小时！如此繁忙和如此
大的工作强度，在当今国际组织中恐怕绝无仅有！

　　从客观方面看，上诉机构有一套良好的工作机制。首先是专业的
秘书。上诉机构秘书处有近 20 位资深律师提供优质的法律服务，其
中每个案件由两三名秘书负责。秘书的职责，包括准备"争议文件"
（issue paper），即阅读成千上万页的案件原始材料后，将其归纳为双
方争议焦点以及所涉法律条款和相关案例。显然，这为"法官"提供
了很大便利。理论上讲，"法官"看看这些十几页、几十页的文件就
能知道案件大概。秘书参加听证会和会前会后讨论，为"法官"准备
开庭时的问题单和案件裁决的多种选择思路。因此，更进一步讲，在
某些情况下，"法官"只需要在秘书所提供的选项中进行选择就可以
了，而不需要自己煞费苦心。秘书处的职责还包括起草裁决（上诉机
构报告），因此不会出现裁决暴露某些"法官"英文书写水平不良的
状况。由于秘书全程参与案件的审理和讨论，一个合理的推断，是上
诉机构成员只贡献"智慧"，而所有的"技术活"都是秘书干的。这
看上去没有什么不合理的，然而在事实上，人们可能会有产生一个
疑惑：到底谁是"法官"？审理案件是一件"硬碰硬"的工作，谁最
熟悉案情和法律，谁就最有发言权；在证据、案例和规则面前，没有
"权威"，只有"功夫"。秘书们是专职的，专门负责某个案件，甚至
有些律师在这里工作了十几年，对 WTO 法律和案例了如指掌，经验

极其丰富。相比之下，上诉机构成员不过是"新来的"，并且只有不太长的任期。秘书"操控"审判，这不是 WTO 特有的现象。[130] 这个现象无所谓好坏，而是一个必然的现实，只是在 WTO 中可能更为突出而已。设身处地想想，在享受秘书处优质服务的同时，上诉机构成员一定有很大压力。

其次是优秀的律师。由于 WTO 争端解决是代表国家的国际诉讼，原告和被告双方都会派出强大的律师队伍撰写书状和出庭辩论。美国和欧盟一般会使用在自己政府工作的律师，[131] 而其他国家则会聘请华盛顿、布鲁塞尔或日内瓦的资深律师。[132] 律师水平高超，事实描述清晰，法律论证充分，开庭答问准确，是高质量裁决的重要前提。看了双方的书状，听了双方的辩论，感觉"法官"只需要"站在巨人肩膀上"作出某项简单选择或者作出更加高明的决定而已！事实上，有些案件开庭时，台上坐着的"法官"是教授、前官员和前律师，有的刚刚加盟上诉机构，有的专业基础不够扎实，而台下辩论的则是从事这项工作几十年的律师，是"雇佣军"、"职业杀手"，来势汹汹，咄咄逼人，因此"法官"如何提问，如何裁决，一定压力很大。

除了以上两个方面，客观原因还有上诉审议属于"法律审"，[133] 使得上诉机构成员可以将精力集中于少数几个"法律适用"和"法律解释"问题，而不必关心纷繁复杂的事实问题；WTO 争端解决是事实上的"遵循先例"，[134] 众多案例为当前案件的裁决提供了便利和指引，而不会出现前后明显矛盾的裁决；上诉机构全体成员会就每个案件集体会商，[135] 确保了裁决的一致性；还有，第三方的参与，包括提交书状和参加听证会，[136] 为裁决提供了"旁观者清"的思路，以及裁决的公开制度，给裁决书的正确撰写施加了压力。

总而言之，上诉机构的工作专业而辛苦，是主观上的敬业和客观上的机制保证了这个工作的质量，具体体现为一份份高质量的裁决。下文选取"Jim 个案"，从另外一个角度说明"上诉机构成员是勤勉的贤人"这一结论。

三、Jim 个案

"James Bacchus（Jim）的裁决体现了其国际法治理念。"这是一个结论。

这个结论，可以是一个印象，即在阅读了他的著作，听到了他的言谈，研究了他作出的上诉机构报告后所形成的判断。印象是主观的感觉，简单而明确。然而，要想证明这个结论，使之从主观印象成为客观事实，却要做大量复杂细致的工作。从论证方法的角度看，首先需要论证其国际法治的理念，包括什么是国际法治？他理解的国际法治是什么？简而言之，就是他"说"了什么有关国际法治的"话"？其次需要仔细研究他作出的所有裁决，即 1995—2003 年担任上诉机构成员 8 年期间所作出的 27 份上诉机构报告，看看哪些裁决符合"国际法治"原则。简而言之，就是他"做"了什么有关国际法治的"事"。最后，也是最重要的，确定以上二者的因果关系。

（一）分析理论

在这个论证过程中，总结他的理念是最容易的。找出他的所有著作——他的著作并不多，重点是一本文集《贸易与自由》[137] 和一些报刊文章，结合他的日常言谈——我与他的交流也是有限的（主要是几次见面交谈和偶尔互通邮件），[138] 能够轻易证明他主张"国际法治"，即国家之间交往应该"有法可依"且"有法必依"，就像国内法治一样。研究他的裁决辛苦一些，不仅要认真读完这皇皇 11874 页英文，而且要时刻仔细甄别，不仅找出能够体现"国际法治"的内容，而且要时刻小心发现可能存在的反例，即不符合"国际法治"或者可能存在争议的内容。但这是能够实现的，只是多花费一些时间而已。

最难也最不可靠的是因果关系。假定他有"国际法治"理念，裁决也体现了"国际法治"，但是如何证明这些裁决就是在这个理念之下形成的呢？这个证明过程面临的障碍包括：第一，裁决是由三个人组成的"合议庭"与另外四个人协商后作出的；[139] 也就是说，他只是七分之一，如何肯定他的理念主导了裁决，特别是在"合议"和"协商"并不公开的情况下？第二，如何证明他"做"的就是他"说"的，即他裁决的方法就是他宣称的"国际法治"？第三，如何排除他没有受到非"国际法治"想法的影响，使得某些裁决没有那么"国际法治"甚至不符合"国际法治"？这个证明过程既非有现成资料，也非多花点工夫就能够成立的，因为某个理念与某个裁决之间的因果关系可能并不存在。哲学判断"凡事必有原因"的正确性，很容易为自然科学所证实，但是却很难在社会科学和人文科学的个案中得到落实，甚至因而"社会科学"和"人文科学"是否应该被称为"科学"都引起过争论！[140]

"Jim 的裁决体现了其国际法治理念。"坚信这个结论，却遭遇论证的困境，这并非独一无二的现象。其中，研究法官的司法行为，即法官是如何裁判的，成为法学和其他学科的一个重要领域。[141] 法官掌握着"生杀予夺"的大权，那么究竟是什么因素决定了他这样判决而不是那样判决？社会心理学将人置于社会环境之中所形成的分析方法，有很强的说服力。例如，研究司法行为有三个理想模型：法律型、态度型和策略型，即法官的裁判行为主要受到三个因素的影响：一是法律规定：法律规定越明确，法官的自主空间越小；二是思维理念：法官会作出符合自己价值观的判决；三是特殊情景：法官会考虑判决可能对同事、上下级法院和全体社会等所产生的影响。[142]《红楼梦》中的"葫芦僧判断葫芦案"和《威尼斯商人》中的诉讼场景能够形象地说明这三个因素是如何相互作用，以至于"杀人偿命"和"欠债还钱"这两条古老而明确的法律是如何在不同法官的适用下变得鲜活而复杂的！[143] 然而，社会心理学虽然提供了分析的模型，但是其结论却是"一切皆不确定"，每个因素的变化都可能改变结论，因此需要"个案分析"。[144] 也就是说，分析方法很简单，但是具体运用却很复杂，并不是使用某种方法就能够自然得出某种结论，就像数理化那样精确一样。

我们不能简单地说社会科学的分析方法是令人失望的，进而堕入"怀疑论"和"不可知论"的深渊。人类意识到自己的认识存在局限性本身，就是认识过程的一大进步，并且不妨碍自己在局限性的前提下不断扩大认识的边界。也许社会科学的分析方法不能够像自然科学那样精确，无法进行"定量"分析，但是这并不意味着不可以进行一些"定性"分析。例如，上述理想模型告诉我们司法行为的三个主要因素，其中明确提到了"理念"，那么我们不妨将其作为裁决的"必要条件"，结合其他两个因素，对"Jim的裁决体现了其国际法治理念"这一结论进行论证。论证过程也许并不可靠，却是有益的探索。何况这个结论来自我的印象，我坚信它的存在，不会因为不能说清楚而消失，正如"精神"不会因为我们不能证明而不存在一样。理念是行为的必要条件，尽管理念有时候会在其他必要条件的影响下变得隐而不彰或扭曲变形。这就是"Jim的裁决体现了其国际法治理念"这个结论的理论来源。[145]

（二）分析过程

1.国际法治理念

Jim有坚定而明确的国际法治理念，这一点非常清楚。

Jim曾经栩栩如生地描绘了"国际法"（international law）这个概念的诞生过程：格劳秀斯作为诗人、剧作家、神学家、外交家、律师和法学家，作为17世纪欧洲最为博学的人，在狱中仍然阅读大量书籍；家里隔三岔五要送一大箱子新书进去，顺便带一大箱子旧书出来；在两年时间里，狱卒对这进进出出的大箱子习以为常了，而格劳秀斯的妻子发现了这个漏洞；经过一段时间的策划和练习，在一个刮风的三月清晨，格劳秀斯在祈祷了一个小时后，进入书箱，顺便拿了一本《新约》当枕头；他就这样由狱卒抬出了监狱；狱卒还开玩笑说今天的书特别沉呢！格劳秀斯逃到了法国，写作了著名的《战争与和平法》，提出了"国际法"的概念，从而被称为"国际法之父"（the father of international law）。Jim 评价说，格劳秀斯逃往自由，也带来了自由的理念：自由决定于法治（rule of law），而在这个没有约束的世界上，对法治的希望则决定于某种可以真正称作"国际法"的东西。Jim 说，WTO 对贸易争端具有"强制管辖权"——只要起诉就受理，对裁决具有"强制执行力"——不执行就授权报复，因此 WTO 规则是真正的法律，而不是"软法"（soft law）。他对 WTO 的成就是颇为满意的。他认为 WTO 对建立一种"国际法治"（international rule of law）起到了示范作用。

　　Jim 说，他坚信贸易乃通往自由之路。他论证说，贸易能够给人们提供更多的选择，而自由恰恰就是选择的问题，因此贸易与自由的关系是：更多贸易等于更多选择等于更多自由。他还论证说，思想自由是自由的核心，更自由的贸易能够带来更自由的思想，而更自由的思想则能够带来更多的自由。Jim 认为，WTO 恰恰是一个推动更加自由贸易的组织。它有三项主要原则：削减关税——各国都要承诺降低关税，最惠国待遇——对来自不同国家的产品一视同仁，国民待遇——对国内国外产品一视同仁。这些原则为产品的自由流动创造了机制性的条件。Jim 还说，以 WTO 为代表的国际法治建设，仿佛一场浩浩荡荡的国际大游行，终点线是自由，而他以能参加这场游行而感到骄傲。他遗憾地回忆起小时候在得克萨斯州参加童子军游行时，由于阑尾炎发作而被抬下来的情形。他说，他要尽力完成今天这场国际大游行，除非再次被担架抬下来！[146]

因此，在 Jim 看来，"国际法治"不是什么新鲜概念，只是将法治的理念应用于国家之间的交往而已，即要有规则，要按规则办事。在这方面，WTO 就是一个典范，因为 WTO 在国际贸易领域建立了规则，包括上述三项原则，并且有"强制管辖权"和"强制执行力"，是名副其实的法律。不仅如此，他还决心为国际法治事业奋斗终生，不仅认为作为第一代上诉机构成员具有奠定良好基础的神圣使命，[147] 而且在离任后继续呼吁国际法治的建设，包括建议在气候变化领域建立多边规则，[148] 为建立国际投资多边框架而努力，[149] 提醒人们警惕美国新政府的贸易政策对世界贸易体制的负面影响，[150] 以及为英国脱欧设计其 WTO 地位问题等。[151]WTO 成立 20 周年之际，他专门撰文，回顾了早期案例中 WTO 法与国际公法之间关系的确立过程，认为全球很多领域都需要建立有效的、可执行的规则，从气候和可持续发展到贸易与投资；世界需要法治，人类自由需要法治；WTO 证明贸易领域可以实现国际法治，因此其他领域也可以实现国际法治。[152]

在与他的交往中，我也能够明确感受到他的国际法治理念。我第一次在上诉机构出庭，恰恰就是他担任首席。[153] 那也是我第一次与他相识。他很严厉，不仅问题一个接着一个穷追不舍，还敲着桌子点名训斥某个国家的代表，让他们不要交头接耳，说这里是法庭，而不是咖啡厅！后来我多次出庭，每次都规规矩矩、全神贯注，即使他没有坐在台上也这样，就是第一次养成了好规矩！在这方面，他确实为开庭创造了好风气。多年以后，有一次在北京谈及此事，他笑着承认自己是很严厉，因为他要告诉参加听证会的人员，这是严肃的法院开庭，而不是参加晚会；他坚持到点就开庭，而不管是不是有些人没有到场；他还曾经训得某位律师当场掉眼泪！一次在北京乘坐出租车，他上车就系上安全带，并且借题发挥道：加入 WTO 就像系安全带，有安全带装备以及有关交通法规包括处罚规则。

本书曾提到，总结他的国际法治理念很容易，简单列举他的著述和言行就可以实现。[154] 然而，需要说明的是，并非所有人都会有这样的理念。也就是说，很容易发现他的理念，并不意味着这种理念稀松平常。相反，这种理念弥足珍贵。没有这种理念，很难想象能够作出维护和推动国际法治的裁决。不仅如此，Jim 甚至说，作为 WTO 这个世界贸易组织上诉机构的成员，自己在国际法前沿拥有一个前排座位，而国际法的真正前沿并非法律的前沿，而是超越法律之人类道德的前沿，是我们对人类责任的前沿。[155]

2. 裁决与因果关系："日本酒精饮料案"

我翻阅了他作出的所有上诉机构报告，其中 10 份报告他是首席，17 份报告他是成员。我知道他任职期间参与了另外 33 份报告的讨论。[156] 我还熟悉其余所有 66 份报告的实质内容，即使用条约解释方法对专家组裁决中的法律适用和法律解释问题进行审查，从而作出维持、修改或推翻的结论。[157] 然而，对所有这些报告，甚至是他负责的 27 份报告进行详细研究，不仅本书此处篇幅不能允许，而且不一定很有必要。如果报告实质内容差不多，那么就可以采取抽样定性的方法进行实证分析。因此，本书此处选取了他负责的第一个案件，即"日本酒精饮料案"，试图使用前文提到的司法行为理想模型，论证在与"法律"和"情景"等因素的相互作用下，理念与裁决如何具有因果关系。[158]

这个案件原告是美国、欧共体和加拿大，被告是日本，涉案措施是日本酒税法。原告认为，根据日本酒税法的规定，伏特加、威士忌、白兰地和朗姆酒等进口酒的税率高于日本国产的清酒，违反了《关税与贸易总协定》（GATT）第 3 条"国民待遇"原则。专家组支持了原告的主张。因此，1996 年 8 月 8 日，日本提起上诉，认为专家组报告中的一些法律解释是错误的。这是 WTO 上诉机构受理的第二个案件，[159]Jim 和另外两位上诉机构成员组成"合议庭"审理此案。

经过开庭审理，9月25日上诉机构作出裁决，认定专家组裁决中的某些法律解释是错误的，但是肯定了专家组裁决的整体结论，即日本酒税法违反了国民待遇原则。[160]

为什么某些法律解释错误而整体结论正确？上诉机构有精辟的分析和充分的论证。这是本案的实体部分，上诉机构就是据此进行判决的。然而，说明这个过程如何体现了"国际法治"理念，却是比较困难的，因为上诉机构报告的相关部分是具体、技术性的法律分析，除了得出一般结论，即依靠详尽法律分析进行裁判本身就是"法治"理念的体现，除此之外很难再说些什么。幸运的是，裁决有三个问题的一般性描述，能够比较明确地看到"国际法治"理念，并且提供了三要素分析的机会。

（1）条约解释

上诉机构的职责是审查专家组裁决中的法律适用和法律解释是否正确，而"条约解释"部分所要解决的，是上诉机构的审查方法，也就是上诉机构用什么方法判断专家组裁决是否正确。方法是前提，而对于方法的理解，不仅能够影响审查的结果，而且能够反映审查者的理念。

关于"条约解释"，上诉机构说：

> DSU第3条第2款要求上诉机构根据国际公法的习惯解释规则澄清GATT1994和其他WTO协定。因此，在"美国精炼和普通汽油标准案"（"美国汽油案"）中，我们强调有必要参考《维也纳公约》第31条第1款第（1）项所提到的条约解释基本规则。在那个案件中，我们强调这条一般解释规则"已经成为习惯或一般国际法规则"。有关解释之补充途径的《维也纳公约》第32条无疑具有相同地位。

第 31 条和第 32 条与本案上诉高度相关，其条款为：……（省略）。

　　《维也纳公约》第 31 条规定，条约的用词是解释的基础：
"解释应该首先依据条约文本。"应该根据上下文确定条约
规定的通常含义。确定含义时还应该考虑宗旨与目的。源自
第 31 条一般解释规则的一项根本解释原则是有效解释原则。
在"美国精炼和普通汽油标准案"中，我们提到："《维也纳
公约》一般解释规则的一项必然结果是解释应该赋予条约所
有条款以含义和效果。解释者不能随意将条约的整个条款或
段落解读为多余或无用。"

在以上几段引文中，我们首先看到的是《维也纳公约》，即《维
也纳条约法公约》（*Vienna Convention on the Law of Treaties*）。也就是
说，上诉机构声称，要按照该公约所提供的方法解释条约。按照国际
公约所提供的方法进行工作，这可能是最为明确无误的国际法治理念
了。从理论上说，上诉机构可以援用某些权威法学家的理论解释条
约，也可以凭借自己的权威地位解释条约，但是上诉机构却选择了国
际规则作为依据。然而，除了理念，还有什么因素让上诉机构作出这
种选择呢？

引文提到了"美国汽油案"。这是 WTO 受理的第一个上诉案件，
也是在"日本酒精饮料案"之前几个月刚刚裁决的案件。[161] 在那个
案件中，上诉机构第一次明确了《维也纳公约》作为条约解释的方
法。[162]Jim 肯定参加过这个案件的讨论——"集体讨论案件"不仅是
上诉程序所明文要求的，[163] 不仅引文中使用了"我们"（we）一词，
而且其回忆录也确认了这一点。[164] 因此，在第二个以及之后的案件
中使用《维也纳公约》，既是工作的连续性，也是路径的依赖性。此
处我们发现了"理念"之外的因素，即前案的影响和工作的惯性。当

然，这样说 Jim 合议庭，并不是贬低其在该案中的贡献。相反，该案不仅确认了《维也纳公约》的地位，而且将其从第31条扩展到第32条，还从《维也纳公约》推出了"有效解释"原则。从此以后，所有专家组和上诉合议庭都开始使用这些条约解释方法了。[165]

（2）嗣后惯例

本案遇到的一个具体问题，是 GATT 时期所通过的专家组报告的地位。[166] 专家组认为，这些报告属于《维也纳公约》第 31 条第 3 款 b 项提到的"嗣后惯例"（subsequent practice），应该在解释条约是予以考虑。但是上诉机构不同意这种理解。

上诉机构查找了"嗣后惯例"的权威定义，考虑了 GATT 缔约方全体通过专家组报告这一行为的性质，对照了《WTO 协定》和 DSU 中关于条款权威解释的规定，[167] 认为 GATT 专家组报告除了解决当事方之间争端外别无约束力，不属于"嗣后惯例"。然而，上诉机构在此话锋一转道：专家组报告是 GATT 全部内容的组成部分，随后的专家组经常予以参考，在 WTO 成员间产生了合法期待，可以在相关案件中予以考虑。

上诉机构的分析过程，处处引用 GATT 或 WTO 条款，显示了扎实的规则意识。此处我们看到了"理念"与"规则"之间的联系：理念是无形的，但是在规则这里却现出了"原形"，因为恪守规则本身就是法治理念的应有之义。然而，上诉机构所用的那个转折，却是颇为耐人寻味的。"无约束力"、"合法期待"和"予以考虑"，三者之间有何区别？如何协调？例如，在某个案件中，有当事方援引了一个先例，声称两案情况相同，应该同判，那么上诉机构该如何处理？上诉机构不会依据那个先例进行判决，但是在分析过程中会考虑先例中的情形并将其与本案进行对照。那么，这与"遵循先例"有何区别？上诉机构的"转折"明确了先例的性质，即对后案没有约束力，但是实际分析中可以考虑。甚至可以简单地说：名义上没有约束力，事实上有约束力！WTO 后来的争端解决实践，证明了这种"事实上的遵循先例"制度。[168] 如此名实之分给我们"三因素"分析的启示是："同案同判"是法治的理想，而"遵循先例"是不可或缺的路径；然而，从规则角度看，WTO 的确没有"遵循先例"的制度，因此，对名和实进行区分就不失为一种务实的解决办法。此处，我们甚至可以说，"理念"超越了"法律"，与条约解释部分"理念"与"情景"的一致性大异其趣。

（3）国民待遇

如果说"条约解释"和"嗣后惯例"属于程序事项，则"国民待遇"则是实体内容了，因为本案所要解决的，就是日本酒税法是否不符合规则的问题。因此，这个问题给我们提供了在个案中考察国际法治理念的机会。

如前文所述，上诉机构报告的相关部分是具体、技术性的法律分析，但是关于 WTO 规则和"国民待遇"原则，上诉机构有一些一般性的陈述：

> 《WTO 协定》是一项条约——相当于国际合同。显然，WTO 成员在行使主权和追求国家利益的过程中进行了讨价还价，即为了得到作为 WTO 成员的利益，他们同意根据其在《WTO 协定》项下所作承诺行使主权，而其中一项承诺就是 GATT1994 第 3 条 "在国内税收和规制方面的国民待遇"。

> 第 3 条的相关内容为……（省略）。

> 第 3 条广泛而根本之目的是防止国内税收和规制适用过程中的保护主义。……WTO 成员可以通过国内税收或规制

措施实现去国内目标，但是却不得违反第 3 条或在《WTO
协定》中所做承诺。

第 3 条的广泛目的是防止保护主义，这一点在考虑第 3
条和《WTO 协定》其他条款之间的关系是应该牢记。……
第 3 条的国民待遇义务，总体上是禁止使用国内税收和其他
国内管制措施为国内生产提供保护。

在以上几段引文中，我们首先看到的是前文提及的 Jim 著作中
对 WTO 的基本理解，甚至具体到对"三项主要原则"之一"国民待
遇"原则的理解以及伴随这些原则的自由贸易和国际法治的理念。本
案涉及的日本酒税法，如果真的对国产酒和进口酒征收了不同税且税
率前低后高，则恐怕很难过了主张自由贸易、反对保护主义的 Jim 这
一关，尽管裁决仍然要以充分的条约解释为依据！除此之外，以上引
文还强调了行使国家主权与履行国际义务之间的关系，结论是国际义
务必须遵守，而国际义务恰恰是行使主权的结果！"条约必须遵守"，
没有什么能比这句话更能够表现国际法治精神了。在谈判过程中，
WTO 成员为了获得利益而作出了一些承诺，包括对国内外产品一视
同仁的"国民待遇"原则，那么这项承诺就必须体现在自己的法律和
政策中，而不能采取明显或变相的保护主义措施。在这里，"三因素"
似乎实现了高度统一：第 3 条文字清晰，上诉机构理念明确，且不存
在可能造成干扰的"情景"因素，例如相反的先例，不利的国际影响
等。169

值得提及的是，正如 Jim 所说，"国民待遇"是 WTO 最为基本
的几项原则之一，也是比较容易引起争端的条款，很多案件都涉及这
个内容。在我看来，这个原则是在国家之间确立了"待人如己"的交
往原则，即将人类交往的底线伦理延伸到国际层面，170 且以法律规
则的形式呈现出来。因此，这个规则的确立，其意义远远超出了"讨

价还价"的实用主义，而具有"世界主义"的理想色彩。[171]Jim 在其著作中，曾经明确表达了这种理念，例如前文所提到的"国际法的真正前沿并非法律的前沿，而是超越法律之人类道德的前沿，是我们对人类责任的前沿"。

（三）结论

阐述 Jim 的国际法治理念很容易，发现案例中的国际法治理念及其与"法律"和"情景"的相互作用也不难，但是论证二者之间的因果关系，从理论上说，很难，也不一定可靠。事实上，本书此处结合"日本酒精饮料案"所进行的分析就未必充分。然而，通过"条约解释"、"嗣后惯例"和"国民待遇"等三个部分的介绍，应该能够让人清晰地感觉到这种因果关系的存在，尽管"感觉"与论证有天壤之别。

但是，对于作为社会科学的法学来说，也许能够有"感觉"这样的定性研究就已经足够了，未必要像自然科学那样精确定量。能够说明一位国际法官有国际法治的理念，并且其裁决也体现了与这种理念的一致性，而没有出现明显不一致的情况，那么作为法学研究，其目的也许就达到了，即论证了理念作为必要条件对于裁决的重要性。这样的实证研究，其意义在于昭示国际法治理念对于国际法治建设的贡献。

第二节　上诉机制的挑战

一、遴选与连任

"一号文件"就上诉机构成员组成等作出了基本规定，但是成员遴选的难度，恐怕远远超出了 WTO 成员的预期。打开 DSB 会议记录，每年议程中都多次提及成员遴选问题。也就是说，这几乎成为

DSB 常规工作，每年都涉及遴选问题。其中，1995 年遴选七位首任成员、1999—2000 年和 2007 年分别出现四个空缺，更加集中反映了遴选中存在的问题。此外，与遴选相伴的是连任问题，每年也会涉及，而 2016 年爆发的连任危机，则使得上诉机构成员任期等制度性问题显得更加突出。

（一）三次难产

1.1995 年：首次遴选与艰难选择

1995 年 2 月 10 日举行的第一次 DSB 会议，就有"上诉机构"这项议程。[172] 主席说，WTO"筹委会"（Preparatory Committee）已经通过了"一号文件"，因此建议制订以下时间表：3 月 24 日前各成员提出人选，WTO 总干事、DSB 主席以及总理事会、货物贸易理事会、服务贸易理事会和知识产权理事会主席等 6 人进行审查并在 5 月中旬之前向 DSB 提出建议。也就是说，主席预期，上诉机构组成，大约需要 6 周时间。会上，美国表示，时间表可能需要灵活一点，以便最为优秀的人选能够产生。此外，美国还表示，人选的法律背景与直接参与 GATT 工作和谈判同等重要；上诉机构助手独立于 WTO 秘书处，因此秘书处不应该介入助手的面试和挑选；应该在国际报纸杂志上发布招聘广告，确保合格人士出现；助手不应该在 WTO 成员政府中保留职位或者从政府"借调"。新西兰表示，为了履行法律职能，GATT 法方面的法律经验是重要的。欧盟表示，法律经验和国际贸易领域方面的经验需要达成一种平衡。欧盟还表示，提出人选的时间表比较合适，不应该时间过长，以免出现人选过多难以招架的情况。加拿大表示，时间表也许需要灵活性，但是考虑到上诉机构组成后还有制订工作程序等工作要做，因此也不宜过长。印度也表示支持背景多元化和主席时间表。主席最后解释说，时间表的提出，主要是基于尽快成立上诉机构的共识。显然，WTO 成员并不清楚上诉机构及其助手职位是否有吸引力，不知道会是门庭若市还是门庭冷落。因此，6 周只是大致时间表。但是恐怕每人能够预料到，这项工作一直拖到年底才完成，用了 10 个月时间。

在 3 月 29 日会议上，主席汇报说，提出人选的时间已经延长到复活节（4 月 16 日），并且"六人小组"（Group of Six）将与成员举行广泛磋商以便提出候选人名单。他还指出，大家一致认为，WTO 成员政府不是支持候选人，而只是提出"建议"（suggestions），使得遴选的标准仅仅为个人和职业水准。[173] 也就是说，WTO 成员提出的候选人，可以不限于"自己人"。在 4 月 10 日会议上，欧盟说提出人选即将到期，询问期限是否保持不变以及磋商何时举行。主席答复说，磋商将按计划举行，并且 4 月 25 日会议上将提交所有候选人名单。[174]

果然，在 4 月 25 日会议上，主席提交了一份名单。[175] 主席解释说，名单上只有姓名和国别，但是国别并非表明该候选人来自该国。候选人简历即将提供，用于与成员的协商。他对名单按时提交表示满意，希望其他程序也能尽快完成。他强调说，遴选并非选举（selection was not a election），应该找到最优秀的人才。他提议 WTO 成员仔细研究候选人的情况，并就哪些人，特别是自己所提名单之外的人能够胜任提出意见，以便"六人小组"在 5 月底会议上提出人选。随后，巴西、日本、挪威、欧盟、印度、墨西哥和乌拉圭等发言，内容涉及对报名踊跃表示满意、秘书处人选的确定、欧盟人选（13 人）如何理解、成员代表性、"六人小组"协商程序和首次遴选的先例效果等方面。有趣的是，摩洛哥说，一个月前就提出了候选人，但是名单上漏掉了！[176] 人选众多，上诉机构很有吸引力，WTO 成员应该松了一口气。与此同时，对于"蛋糕"如何分配，各人心里显然都打起了"小九九"。DSU 和"一号文件"对于上诉机构成员的专业资质和代表性等内容已有规定，但是最终落实，从 32 人中选出 7 人，绝对不是一件容易事。

在 5 月 31 日会议上，主席汇报了与成员协商的情况。5 月 3—12 日，共有 54 个成员向"六人委员会"（Committee of Six）提交了意见，包括发达国家和发展中国家，并且来自广泛的地区，表明各成员最为关注的是这些专业人士的素质。协商表明，上诉机构成员必须在法律、国际贸易和 WTO 相关事项方面都有专长。对于主要从事法律实务者，具备学术、公法和仲裁的经历最好。候选人应该能够撰写法律意见。代表性是指地区及发达国家与发展中国家的平衡；积极参与贸易的国家，包括大国和小国；不同法律体系，因为上诉机构的可靠性和权威性应该能够被所有成员所接受。委员会将与候选人见面，争取 6 月提出名单。[177] 然而，在 6 月 19 日会议上，主席宣布未能作出决定。主席没有解释理由，但是从随后众多成员（18 个）的发言和不满中，能够推断出一些内情。阿根廷表示，政治原因而非务实原因，将有损于上诉机构的可靠性。欧盟表示失望与惊讶，认为委员会在决策过程中不应该引入新的标准。瑞士则指出上诉机构是争端解决机制基石，其独立性和公正性至关重要，而这方面出现错误，WTO 大厦就会坍塌。更多成员强调了"代表性"问题。[178] 由此可见，成员遴选开始复杂化，新标准出现，各方利益难以平衡。

在 9 月 27 日会议上，主席汇报说，"遴选委员会"仍在努力工作。[179] 在 10 月 11 日会议上，主席说与提出候选人的 23 个成员进行了沟通，希望在 10 月底或 11 月 1 日前作出决定。瑞士指出，能够令所有成员都满意的完美方案显然并不存在，每个成员都有落选风险，但是如果背离遴选标准，将对争端解决机制的运转造成不利影响。主席回应说，问题主要在于优秀候选人太多，但是委员会一定坚持 DSU 和"一号文件"所规定的标准。[180]

终于，在 11 月 29 日会议上，主席宣布人选产生。主席回顾了遴选的过程，指出这是仅有的一次遴选 7 名成员的情形，因为根据

DSU"交错任期"规定，[181] 不会出现所有成员同时替换的情况。他还提出，今后遴选同样应该按照 DSU 和"一号文件"标准进行，但是这次上诉机构成员的组成，并不意味着一直如此，不能由此推断出任何权利；地区或国别分配，并不表示未来的情形。最后，主席强调，上诉机构成员应该密切合作，确保政策连续性，并且按照 DSU 规定，不能在上诉中增加或减少 WTO 成员的权利义务。[182] 主席这番讲话含蓄抽象，高度概括了遴选过程中的沟沟坎坎，而随后众多成员（20个）的发言就更加直截了当，涉及标准难以协调、工作比预期困难、有些成员享有特权以及国别配额或地区分配等方面，褒贬不一，喜忧参半。其中，加拿大表达了矛盾的心态，即一方面对自己国家的候选人没有胜出表示失望，另一方面则对其推荐的非加拿大籍候选人入选而感到高兴。主席对"遴选委员会"成员的具体努力表示感谢，也对 WTO 成员的理解配合表示赞赏。[183]

第一块蛋糕就这样分完了，但是分配过程中所出现的问题，一直伴随着随后的遴选。公平分配是人类社会的一项难题，一直是哲学和政治学研究的重要课题。[184] 具体到上诉机构成员遴选，164 个成员，7 个职位，不可能有万能的公平分配规则，只能是个案处理，并且逐渐形成一些惯例。惯例是潜规则，大家心照不宣，也无可奈何。例如，从后来情况看，美国和欧盟是有"法定"席位的，剩下 5 个名额在亚洲、非洲和南美洲之间分配，一般是"3+1+1"结构。实践在一点点澄清和塑造 DSU 和"一号文件"中的遴选标准。

2.1999—2000 年：交错任期与成员变故

在 1999 年 9 月 22 日和 24 日会议上，DSB 主席汇报说，DSU 规定上诉机构成员任期 4 年，可连任一次。1995 年，经过漫长而艰难的程序，首批成员产生。DSU 进一步规定，首批成员中的三人任期为两年。1997 年 6 月 25 日，这三位成员，即 Claus-Dieter Ehlermann、Florentino Feliciano 和 Julio Lacarte-Muró 开始 4 年连任并将于

2001 年 12 月到期，而另外 4 位成员，即 James Bacchus、Christopher Beeby、Said El-Naggar 和松下满雄首届任期将于 1999 年 12 月 11 日届满，其中后两位出于个人原因而不再寻求连任。[185] 因此，DSB 应该尽快决定两件事情：2 位成员连任和 2 个空缺补足。强调说，上诉机构工作非常重要，目前正在审理 5 个案件，还有 21 个案件在专家组阶段。在审期严格的情况下，上诉机构工作负担很重。如果出现"最坏情况"（worst-case scenario），那么就只有 3 名成员审理日益增加的案件。主席汇报说，在与 WTO 成员协商中，有些成员同意批准连任，有些成员则认为这 2 个职位应该向任何申请人开放，包括首届任期届满者，还有些成员认为应该增加上诉机构人数。[186] 交错任期的制度安排加上 2 位成员主动放弃连任，使得上诉机构出现了可能只有 3 个人的情况，这恐怕也是人们始料未及的。不仅如此，连任和遴选同时出现，也让人思考二者的实质性区别，而将连任职位开放，显然就是连任和遴选采用相同程序。此外，增加人数，估计也不仅仅是因为工作量太大，而是缓解"僧多粥少"的矛盾。总之，在非同寻常情况出现的时候，一些固有问题就会借机重现。

在 10 月 27 日和 11 月 3 日会议上，主席重申了事情的紧迫性，同时强调了上诉机构的重要性。1996 年，上诉机构审理了第一个案件，即"美国汽油案"。上诉机构已经作出了 22 个裁决，并且上诉案件逐年增加，目前正在审理 3 个案件。短短 3 年半时间，上诉机构就为自己和整个争端解决机制建立了令人艳羡的声誉。很多国际法专家认为，上诉机构已经迅速成长为最为重要而高产的国际法庭。主席建议迅速解决连任和遴选的问题，并且根据《上诉机构工作程序》第 15 条，建议将两位放弃连任成员的任期届满任期延长到 2000 年 3 月底，避免出现空当。随后，有些 WTO 成员发表了意见。澳大利亚指出，根据 DSU 规定，连任并非自动续任；两位成员应该延期到所有案件审理完毕，而不是到一个固定日期。印度表示，由上诉机构成员表达连任意愿，这有违其尊严和职责。印度建议将任期改为固定的 5 年或 6 年，这样就不会出现连任的麻烦。[187] 从后来出现的连任危机情况看，[188] 印度的建议不失为解决连任问题的根本性方案。仅仅因为需要上诉机构"表态"，就让印度感到有点"不对劲"，那么后来美国借连任大动干戈，就让更多成员认识到改革的必要性了，以至于欧盟等成员正式提出了一届长任期的提案。[189] 本次会议批准了连任、延期和启动遴选的建议。

在 2000 年 1 月 27 日会议上，主席就提交候选人期限问题作了说明。[190] 在 3 月 20 日会议上，主席通报，Christopher Beeby 病逝，但出于对他的尊重，本次会议不讨论填补空缺问题。关于遴选的困难，主席提醒说，这不应该成为"政治式的竞选"。[191] 终于，在 2000 年 4 月 7 日会议上，主席宣布 Georges Abi-Saab 和 A.V.Ganesan 两位新成员产生，同时启动病逝成员所留空缺的遴选。[192] 在 5 月 25 日会议上，最后一位成员谷口安平胜出。[193] 上诉机构成员在任期间病逝，实在是极端事件，DSB 适时解决了空缺补足问题。但是另外一位日本籍成员的接任，难免让人生疑。也就是说，除了美国和欧盟一直有人外，日本也一直有人。难怪澳大利亚在会上表示，不希望上诉机构成员的国别或地区席位被固化。

3.2007 年：程序合并与政治顾虑

到了 2007 年，上诉机构再次面临 4 个空缺问题。在 4 月 24 日会议上，DSB 主席说，12 月 10 日 Merit Janow 第一届任期届满（后来她没有寻求连任），谷口安平也将于同日到期，而到 2008 年 5 月 31 日，Georges Abi-Saab 和 A.V.Ganesan 也会任期届满。也就是说，2000 年选定的 3 个人也该轮换了。主席说会与 WTO 成员协商，特别想看看大家是否愿意用一个程序选 4 个人。[194] 两个月后，在 6 月 20 日会议上，主席论证了"一选四"方案的可行性。主席说，在 2003 年遴选时，就曾使用过"一选四"的方法，使用一个程序决定了分别于

2003 年 12 月和 2004 年 5 月到期或第一届任期届满的 4 个成员。[195] 主席还总结了长期以来形成的遴选"六要素"：WTO 成员在规定时间内提出候选人，DSB 作出任命决定，决定来自遴选委员会的建议，委员会要会见候选人并与听取 WTO 成员意见，委员会的建议要反映 DSU 所规定的成员条件，最后任命决定掌握在 WTO 成员手中。[196]

"一选四"方案获得批准，遴选进展顺利。7 个 WTO 成员提出了 9 个候选人，其中 4 人胜出，计划提交 11 月 19 日会议通过。但是节外生枝，中国台北不同意将此列入会议日程，原因是担心中国籍候选人不能保持独立公正。后经 DSB 主席和 WTO 总干事等多方工作，中国台北表示同意。因此，在 11 月 27 日会议上，主席回顾了遴选的过程，建议批准 4 个人选，[197] 同时特别强调上诉机构成员应该保持独立公正。[198] 这显然是回应中国台北的疑虑。事实上，DSB 主席在向中国台北做工作的时候，就曾许诺在会议上强调 WTO 规则和程序适用于所有成员。中国台北重申了自己的关注，并且特别强调上诉机构成员不应从其所在国家政府接受指示，裁决也不得反映其国家的政治观点、价值或立场。

（二）连任风波

正当上诉机构"志得意满"，觉得自己"功勋卓著"，并且满世界嚷嚷"太忙太累"的时候，却发生了一件专门针对他们的事件。

2016 年 5 月 31 日，上诉机构一位成员的第一个四年任期届满，该到连任的时候了。从过去情况看，连任都是"自动的"，除非有主动宣布不连任的情况。[199] 然而，5 月 12 日，美国宣布反对该成员连任，[200] 并且在 5 月 23 日的 DSB 例会上详细阐述了其理由。[201] 美国称，该成员没有能够履行上诉机构成员的职责，而这将有害于 WTO 成员对争端解决机制的信任和支持。具体而言，美国认为，DSU 所规定的上诉机构的职责是审理就专家组裁决提起的上诉，以确保争端的积极解决（positive solution），[202] 但是不能增加或减少（add to or diminish）成员的权利和义务。[203] 然而，在以下四个案件中，该上诉机构成员的做法存在很大问题。（1）"阿根廷金融服务案"。在这个巴拿马和阿根廷的纠纷中，上诉机构报告三分之二的内容属于"附带意见"（obiter dicta）。[204] 上诉机构并非学术机构，可以探讨成员所感兴趣的抽象问题。事实上，多年以前，上诉机构自己也表示，其职责并非在解决争端的职责之外"造法"（make law），也就是不能将上诉当作撰写论文的场合。（2）"印度农产品案"。在这个案件中，美国是起诉方并且胜诉，但是上诉机构报告长篇累牍讨论抽象问题，甚至"关注"并没有上诉的事项。在听证会上，上诉机构花费了很长时间讨论一个根本没有上诉的事项。上诉机构的职责不是进行抽象讨论，或者转移上诉事项，将资源用于并未上诉且无助于解决争端的事情。（3）"美国反补贴措施案（中国）"。在这个案件中，美国是被诉方。上诉机构报告驳回了一方的上诉，但是随后推翻了专家组裁决，根据完全是自己创造的观点和方法认定违反协议的存在。上诉机构应该考虑当事方提交的证据和观点并且作出客观评估，而不应该代替当事方行事或者成为单独的调查官或检察官。（4）"美国反补贴和反倾销案（中国）"。在这个案件中，美国是被诉方。上诉机构采取了非常错误的做法，即审查一个 WTO 成员的国内法，将争端解决机制变成了判断何为符合国内法的机制。美国称，上诉机构的这些做法超越了权限，值得所有 WTO 成员关注，而美国也一直在 DSB 会议和案件听证会上表达这些意见。美国认为，上诉机构成员的连任并非"自动"，WTO 成员有权反对某位成员连任。此外，美国还就已经听到的不同意见进行了反驳，例如如何认定"集体决策"的报告与某个成员相关，为何将集体报告归咎于某个成员，为何反对连任不会影响上诉机构的独立公正（independence and impartiality），等等。美国甚至提出，上诉机构工作量过大，部分原因就来自这些不必要的内容。

此举一出，举世哗然！在这次会议上，其他WTO成员纷纷发言，对此表示关注，主要观点包括：连任不应该是讨论上诉机构报告的场合，因为DSU提供了其他机会；将裁决与连任挂钩损害了WTO成员对上诉机构的信心，创下了危险的先例，对上诉机构的独立公正产生了影响。还有成员建议修改任期制度。[205] 会议之前，现任其他六位成员致函DSB主席，对美国将案件裁决归咎于某个具体成员的准确性表示质疑，并且对由此危及独立公正性表示关注。[206] 会议之后，仍然健在的所有13名前任成员也致函DSB主席，强调了裁决是集体决策的结果，不应该归咎于某位成员；将连任与裁决挂钩，就影响了独立公正性。这些前任成员还指出，对裁决不满可以援用《WTO协定》相关条款，要求作出权威的条约解释。[207] 最后，这些成员还建议废除连任制度而代之以一届较长任期。[208]

一位法官由于其裁决而不能连任，引起轩然大波，甚至所有现任和前任法官都联名发表"公开信"表示"抗议"，这个事件，为世界法制史所未见！这仿佛一场地震，产生了很大的破坏性，也引起了人们的深思。

首先，WTO成员似乎是"有权"反对连任的，因为DSU第17条第2款明确规定：上诉机构成员任期4年，可连任一次（may be reappointed once），而DSB的决策机制是"全体一致"。[209] 也就是说，只要有一个成员反对，上诉机构成员就不得连任。这是DSU制度设计，是由全体WTO成员经谈判达成的协议。那么，连任风波显然促使WTO成员重新评估这个制度设计，并且在评估中大家可以像当年谈判那样，各抒己见，最后形成一致意见。

其次，美国此举是否妥当，特别是其反对理由能否成立，是值得讨论的。讨论的结果，也许有利于制度设计的完善，例如在保留连任制度的情况下，如何界定连任的条件，如何设计连任的程序，特别是与首次选任有何区别。此处应该深入思考的一个原则是：WTO成员究竟需要一个怎样的上诉机制？是一个"成员控制"的机制还是"独立公正"的机制？换句话说，WTO 成员究竟是否需要一个名副其实的"法院"？

最后，是本书此处一以贯之的国内民事诉讼视角的启示。前面提到，这个事件为世界法制史所未见，似乎国内民事诉讼程序不能提供多少经验和教训。然而，回顾法院和法官制度的历史，人类社会一开始就存在着法官的定纷止争大权与人民的适当有效控制之间的张力，以至于早期的制度设计甚至包括"司法决斗"，即当事人不服判决，可以与法官决斗。[210] 后来人类文明进步了，设立了上诉制度，并且从开始的下级法院主审法官出庭"受审"改进到只审判决不审人。[211] 现代的法院和法官制度以及司法理念，则是更多强调其独立公正性，包括法官终身制的制度设计，同时设计了适当的制约法官的制度。[212] 然而，上诉机构成员的连任风波，却让我们感到时光倒流，仿佛回到了人类社会发展早期的某个阶段，也就是"当事人"可以控制法官的"饭碗"！对此，我们不得不再次感叹国际法的"初级阶段"特征！本书多次总结"移植问题"的特殊性，特别是强调了国际社会的特殊性不一定适合国内司法制度照搬照抄，而是需要"简化"和"创新"，但是连任风波的启示（第十个启示），却是让我们确认了"移植问题"的共同性。也就是说，有些制度属于基本的司法原则，例如法官的独立公正性，应该是国内、国际共同的，甚至是不可妥协的。如果国际法是"法"，而不仅仅是国际政治的工具，那么争端解决机制及其独立公正性就是不可或缺的。前任上诉机构成员将其比喻成不可跨越的"卢比孔河"[213]，而用我们中国的典故，则是不能跨越的"雷池"。[214]

可以说，连任风波是上诉机构成立以来所遇到的最为严峻的一次考验。[215]

二、工作量

2013 年 5 月，上诉机构发布了一份报告，题目是《上诉机构的
工作量》。

该报告历数上诉案件的数量和复杂性。（1）专家组报告的篇幅增
加。专家组报告已经增加到平均 364 页，并且涉及两三个起诉方和若
干第三方，因此书面和口头陈述及其附件都增加了数倍（附件从当初
的 62 份，增加到目前的 552 份）。同时，专家组阶段提出的主张已经
高达两位数（从当初的 8 个增加到目前的 13 个，增长了 160%），并
且要求作出初步裁决已成常态。专家组工作量的增加，导致上诉机构
及其秘书处工作量的相应增加，因为准备可能作出的上诉，需要通读
所有资料。（2）涉及原审程序或执行程序范围的上诉案件增加（从当
初的 20 个案件中只有 4 个，增加到现在的 20 个案件中有 10 个）。尽
管上诉机构只审查法律问题，但是事实问题的复杂性会影响到上诉机
构的工作。首先，为了审查专家组将法律适用于事实的情况，上诉机
构必须熟悉专家组的记录。其次，DSU 第 11 条要求专家组客观审查
有关事项，包括客观审查事实。因此，上诉机构也需要确定专家组是
否对有关事实进行了客观审查。此外，直接涉及第 11 条和程序性问
题的上诉案件也增加了。（3）案例的积累导致了提交上诉机构的书面
陈述篇幅增加（平均达到 450 页）。WTO 成员会援引先例论证自己
的观点，而为了确保裁决的一致性，专家组和上诉机构也需要仔细研
究先例。以上因素结合在一起，导致上诉机构报告的篇幅增加到平均
210 页。（4）在多个上诉短时间内同时提出的情况下，工作量问题更
加严重。总之，近些年来，案件数量多、案情复杂，上诉机构已经感
到不堪重负。[216]

尽管上诉机制的主要目的之一是纠错，但是上诉案件过多，似乎
是国内民事诉讼中的常见现象，并且司法改革的目标之一，就是设法

减少上诉案件的数量。[217] 事实上，从前文 GATT 谈判历史的考证中，我们也看到了最初的想法，即上诉只用于"极端"、"罕见"的情况。现在上诉机构"生意兴隆"固然是好事，反映了各国的信任，[218] 但是工作量过大的问题必须解决，否则势必出现两个后果：审理期限延长，裁决质量下降。事实上，第一个后果已经显现，现在的上诉机构审期已经普遍超过法定的 90 天。[219] 至于第二个后果，则是所有人都不希望看到的。

在这方面，WTO 秘书处想方设法给上诉机构增加助手，最多时已有近 20 名法律专业人员。上诉机构自己也挖空心思改进程序，例如要求当事方缩减书面和口头陈述的篇幅，常规程序的标准化等。但是更为根本性的改变，应该来自 WTO 成员，例如有人提出将上诉机构成员的数量从 7 名增加到 9 名。事情是死的，人是活的。当初预计上诉案件不多，所以只规定了 7 名，而现在随着情况的发展，案件大幅度增加，并且增加本身并不一定是坏事，为什么不可以增加"法官"人数呢？如果担心出现未来案件减少而出现冗员的情况，那么设计一种能增能减的机制也未尝不可。此外，当初设计了"法官"兼职，事实上工作量之大已经使之成为专职，那么现在为什么不可以"名正言顺"改为专职，常驻日内瓦，"全心全意"做好案件审理工作呢？最后值得提及的是，国内司法改革中采用的减少上诉的做法，例如对上诉进行预先审查，有些案件不得上诉，则需要慎用。姑且不论如何判断是否允许上诉，技术上难度很大，就是不允许上诉本身，"主权"国家也很难接受。这恐怕也属于"移植问题"的特殊性，其启示（第九个启示）是国家与个人就是不一样，权利平等的意识更强，不能像无数个人那样"任人宰割"。前文讨论 GATT 谈判时，就曾经涉及过这个问题，特别是加拿大提出的"上诉机构有权决定是否审理"。之所以这个想法后来销声匿迹，DSU 中规定的是"自动上诉"制度，也就是"谁想上诉就上诉"的制度，其原因恐怕也正在于此。

关于工作量的问题，WTO 总干事曾经称之为"紧急情况"
（emergency situation），[220] 即迫切需要解决的问题。但是现在看来，
比工作量问题更加"紧急"的，是上诉机构成员连任问题。

三、其他问题

可想而知，作为一种新生事物，上诉机制运行 25 年的过程中，难
免会出现各种各样的问题。遴选和连任以及工作量等问题比较关键，
成为上诉机构遇到的制度性挑战。但是其他问题也值得提及，能够真实
反映上诉机制的运行状况。以下基本按照时间顺序梳理一下这些问题。

（一）法庭之友

"法庭之友"（amicus curiae）是英美法上的概念，指案件当事人
之外而向法庭提交意见的人。[221]WTO 争端解决中也出现了这个问题，
即 WTO 成员之外的组织或个人向专家组或上诉机构提交书面意见。
在"美国虾案"中，上诉机构认为专家组有权接受"法庭之友"意见
并且自己也有权接受作为当事方所提交文件之附件的"法庭之友"意
见。在"美国铅铋钢 II 案"中，上诉机构认为自己有权接受这种意见，
而在"欧共体石棉案"中，上诉机构更是专门为此制定了一个程序。
此事引起了很大争议，焦点是上诉机构是否有权对 DSU 作如此解释，
以及是否有权接受"法庭之友"意见。

在"美国虾案"中，上诉机构认为根据 DSU 第 13 条规定，专家
组有权接受"法庭之友"意见。不仅如此，上诉机构还认为，对于当
事方在上诉程序中作为书面材料附件而提交的"法庭之友"意见，上
诉机构自己也有权考虑。[222]1998 年 11 月 6 日，在通过上诉机构报告
的 DSB 会议上，WTO 成员就此纷纷发表意见。本案原告印度、马来
西亚、巴基斯坦和泰国等认为，上诉机构对第 13 条解释是错误的，

因为该条只是授权专家组可以寻求专家意见，而不是授权专家组可以接受 WTO 成员之外的意见；上诉机构自己接受"法庭之友"意见，则更是没有法律依据的，因为第 13 条只是关于专家组的授权，而不是上诉机构的授权。本案被告美国则认为，上诉机构的做法是正确的。欧盟等案件第三方则没有就此表态。[223] 在 DSB 会议上，常常出现败诉方不满专家组和上诉机构裁决的情况，其实是将案件审理过程中的观点，在 DSB 会议上再次表达一下。然而，"法庭之友"意见，却不是一个单纯的条约解释问题，而是事关上诉机构是否明显对第 13 条进行了扩大解释，以及是否给自己授权的问题。事实表明，这个问题引发了广泛的争论。

在"美国铅铋钢 II 案"中，上诉机构进一步认为，自己有权接受"法庭之友"意见。[224] 如果说专家组接受这种意见和上诉机构接受作为当事方文件之附件的这种意见，WTO 成员的态度有所不同，那么上诉机构直接接受这种意见，则除了美国之外，所有成员都表示关注了。2000 年 6 月 7 日，在通过上诉机构报告的 DSB 会议上，欧共体认为上诉机构表述不清，即一方面说其他人没有法律权利提交意见，自己也没有法律权力接受意见，但是另一方面又说自己可以这样做。加拿大认为这不属于 DSU 第 17 条第 9 款所授权上诉机构所制定的"工作程序"事项，WTO 成员应该对此进行澄清；上诉机构应该明确说明不能考虑这种意见中的事实问题，因为上诉机构只能审理法律问题。阿根廷则认为上诉机构超越了权限。只有美国认为，上诉机构让受影响者提交意见，将使得 WTO 更加开放，赢得公众对于争端解决机制的信心。美国还说，上诉机构接受意见，是建立在专家组接受意见基础之上的；既然专家组可以正常使用，那么上诉机构也一样。[225] 还有成员询问，上诉机构是否按照第 17 条第 9 款的规定，征求了 DSB 主席和 WTO 总干事意见。在 6 月 19 日会议上，DSB 主席答复说没有，因为上诉机构并非制定工作程序，而是在个案中决定是否接受"法庭之友"意见。[226]

对于 WTO 成员的关注，上诉机构显然没当回事，甚至"得寸进尺"，以至于时隔几个月后，在"欧共体石棉案"中专门制定了一个程序，公开征集"法庭之友"意见！11 月 9 日，上诉机构将此程序通报给 DSB 主席。[227] 在 11 月 17 日 DSB 会议上，WTO 成员初步表达了意见，并且表示将在随后召开的总理事会会议上详细阐述。[228]

2000 年 11 月 22 日会议，是总理事会专门为此召开的特会，因为 WTO 成员认为此事事关重大。埃及等 28 个成员发言，会议记录长达 30 页。除了美国之外，所有成员都对上诉机构的做法表示反对或关注。主席将大家意见总结为以下 6 个方面：其一，争端解决机制非常重要，有必要保证其可信度。其二，DSU 中的权利和义务属于 WTO 成员，多数成员认为 DSU 对此没有规定，因此不应接受"法庭之友"意见；有些成员认为在某些案件中可以使用；只有一个成员（美国）认为可以使用。其三，大多数成员认为"美国虾案"不应用于未来专家组和上诉机构接受意见的依据；只有一个成员（美国）认为没问题。其四，多数成员认为这是一个实质问题而不是程序问题。其五，秘书处将程序公布在网站上，有成员认为构成了邀请，并且只在 NGOs 网站公布，构成了歧视。其六，很多成员认为，此事并非透明度问题，而是事关谁能参与争端解决的法律问题。最后，主席得出了两点结论：大多数成员都认为有必要就此澄清规则；上诉机构应该极为谨慎（exercise extreme caution）。[229] 11 月 24 日，总理事会主席会见上诉机构主席，转达了这两点结论。[230]

本案中，上诉机构继续按原定程序接受"法庭之友"意见。2001 年 3 月 12 日公布的裁决中介绍了这些意见的处理情况。[231] 然而，在后来的案件中，上诉机构再也没有主动要求提供意见，并且对于"不请自来"的意见，也大多不予考虑，此事争议从此平息。[232]

回顾这场风波，至少可以得到两点启示。第一点是狭义的法律意义上的，即 DSU 第 13 条如何理解以及上诉机构是否有权。严格地说，第 13 条只是规定专家组可以寻求专家意见，不应该解释为允许任何人主动向专家组提交意见；扩大解释确实会带来问题，包括"外人"享受超出 WTO 成员的权利。无论如何，第 13 条不能成为上诉机构的权力来源，因为这条明确只适用于专家组。至于上诉机构是否有权，除了缺乏 DSU 法律依据之外，还存在"事实"与"法律"的现实问题。也就是说，上诉机构必须区分这些意见中，哪些是事实问题，从而将其排除，因为上诉机构只有权审理法律问题。此外，有些成员在会议上提出的问题有道理：如果说专家组需要广为收集事实，那么上诉机构则没有必要广为征求关于法律解释的意见，因为他们都是"权威人士"，应该熟知法律。不仅如此，"广发英雄帖"，也增加了案件审理的工作量，不利于按时审结案件。总之，在规则没有非常明确的情况下，DSB 主席向上诉机构主席的建议是有道理的，即上诉机构应该极为谨慎。

第二点是广义的体制意义上的，即上诉机构与 WTO 成员的一场博弈。上诉机构认为自己有权接受"法庭之友"意见，引起了 WTO 成员的担忧，认为上诉机构扩大了 DSU 范围，涉及了本来应该由 WTO 成员决定的事项，进而"增加或减少了成员的权利义务"。换句话说，WTO 成员发现，上诉机构超越了自己的权限范围，此风绝不可长。更为重要的是，WTO 成员通过召开总理事会特别会议，明确表达态度，使得上诉机构意识到问题的严重性，从而谨慎行事，为"司法权"与"立法权"冲突的顺利解决提供了范例，甚至可以为本书后文所述上诉机构危机中所谓"越权"问题的解决提供借鉴。[233]

（二）兼职与专职

根据"一号文件"规定，上诉机构成员是兼职的，"随叫随到"，但是可以从事其他不相冲突的工作。但是该文件也预留了改变的空间，要求 DSB 持续关注此事，最迟在第一届部长级会议（1996 年 12

月）上决定是否改为专职。[234]

事实上，到了 2001 年 3 月 12 日会议上，DSB 才开始讨论这个问题。在这次会议上，主席表示，根据上诉机构秘书处统计，上诉机构成员工作已经接近于专职：按照每天 8 小时，每年 12 个月共 220 个工作日计算，4 位成员的工作时间都超额了，从 104% 到 117% 不等。因此，DSB 应该讨论是否从现有的兼职条件，即聘用费、差旅费、零用费和通信费总和，改变为专职条件，即提供工资和退休金。他知道，还有其他办法解决这个问题，包括扩大上诉机构规模，但是秘书处的研究表明，扩大涉及修改 DSU，而 DSU 第 17 条第 8 款并不限制全职。[235] 此事需要由履行部长级会议职责的总理事会决定，并且要听取"预算、财务和行政委员会"（Committee on Budget, Finance and Administration，预算委员会）的意见。专职或扩大不一定由预算方面的考虑决定，但是根据秘书处所做的十年模拟计算，从现有的兼职薪酬方案改为工资加退休金方案，成本不会增加，甚至有所节余，但是扩大则会增加费用。主席最后说，提供这些背景信息，是为了让 WTO 成员更好考虑这个问题。[236]

三个月后，在 6 月 20 日会议上，主席宣布，根据前段时间的非正式磋商，WTO 成员无法就此达成一致意见。随后一些成员发表了看法，体现了 WTO 成员的顾虑所在。加拿大表示，现有薪酬安排不一定不能吸引最好的候选人，而退休金测算应该考虑未来上诉机构成员年轻化问题，也就是成本有可能增加，因此改为专职的理由以及要求常驻日内瓦等对争端解决机制根本性质的影响，需要进一步讨论。日本认为，改为专职可能会对上诉机构成员的决定产生实质性影响，而增加人数是更好的办法。欧共体认为此事对于争端解决机制运行至关重要，初步赞成改为专职。智利指出，现在上诉案件日益增加，上诉机构裁决都是超过 90 日作出，而不是 DSU 所要求的 60 日，因此费用也在增加；这不仅涉及 WTO 预算，而且影响弱小贫穷国家参与。

美国认为，此事并非紧急事项，WTO 成员可以继续讨论，但是不支持退休金安排，因为上诉机构成员仅仅工作 4 年，最多 8 年。[237]

上诉机构成员是兼职的，现在看来匪夷所思，因为上诉机构工作量很大，上诉机构成员都是满负荷工作。然而，正如这次会议上所涉及的，目前的状况是 DSU 起草者所没有预料到的。本书前文曾经谈到，上诉机构设立之后，案件多不多，职位有没有吸引力，都是未知数。[238]"一号文件"预留空间是明智的，但是实际情况更为复杂，以至于在上诉机构明显超负荷运转的情况下，WTO 成员仍然无法就改为专职的问题达成协议。从成员们的关注看，上诉机构运行 6 年，不断有优秀人才加入上诉机构，说明没有什么问题。然而，工作量不断增加，超期裁决问题已经显现，最终酝酿成上诉机构危机的原因之一，[239] 这同样是 WTO 成员始料未及的。当然，兼职改专职，并不能解决工作量问题，因为就是 7 个人，在兼职状态下已经是满负荷工作了，改为专职也不会改变。根本解决办法，当然是增加上诉机构成员和秘书处人员数量，此是后话。[240] 在这两次 DSB 会议上讨论兼职或专职问题，WTO 成员考虑更多的显然是钱的问题。少花钱多办事；有人愿意干，说明职位有吸引力。于是此事不了了之。

（三）病逝与辞职

人生无常。上诉机构成员也是人，生老病死乃常态。2000 年 3 月和 2006 年 1 月，Christopher Beeby 和 John Lockhart 分别在第二届任期刚开始的时候病逝。[241]2008 年 11 月，Luiz Olavo Baptista 在第二届任期快结束的时候，由于健康原因辞职。[242] 此外，2012 年 1 月，Shotaro Oshima 第一届任期行将结束的时候，由于"个人原因"（personal reasons）辞职。[243] 按照《上诉机构工作程序》第 14 条规定，辞职于 90 日后生效。病逝和辞职所留下的剩余任期，将由新成员承担。为此，DSB 需要专门开始遴选新成员的程序。[244]

最后一位辞职的是金炫宗。2016 年 11 月，他在上诉机构危机开始呈现的复杂情况下当选，但在任职不到一年后辞职，立即生效。此举让 WTO 非常被动，并且随着危机的加深，他所留下的空缺再也没有人续任。[245]

第四章

WTO 上诉机制的改进

上诉机制的改进，甚至在 WTO 成立之初就是一项议题，以至于在后来的多哈回合 DSU 改革谈判中，一直有所涉及。但是改革谈判是制度化的安排，与后来发生的危机完全不同，甚至内容都没有多少重合。DSU 谈判一直没有形成最终成果，但是《上诉机构工作程序》却经过了三次修改，以适应案件审理的实际需要。

第一节　争端解决程序改革谈判 [246]

一、谈判背景

汇集乌拉圭回合谈判成果的《法律文本：乌拉圭回合多边谈判结果》(*The Legal Texts: the Results of the Uruguay Round of Multilateral Trade Negotiations*，以下简称《法律文本》) 中，就有一份文件，名为《关于实施与审议〈关于争端解决规则与程序的谅解〉的决定》》(*the Ministerial Decision on the Application and Review of the Understanding on the Rules and Procedures Governing the Settlement of Disputes*)。该决定指出：在 WTO 成立后 4 年内，即 1999 年 1 月 1 日以前，应完

成对争端解决规则和程序的全面审议，并在完成审议后的第一次部长会议上就是否继续、修改或终止此类争端解决的规则和程序作出决定。[247] 也就是说，WTO 成立之初，就有计划对 DSU 运行情况进行审查。这种考虑显然是周到的。这是一套全新的争端解决机制，其中不乏创新的程序，应该"试运行"一段时间，以便不断完善修改。

看似理所应当的审查，落实过程并不简单，以至于工作没有能够按期完成。[248] 到了 2001 年新回合启动，DSU 改革谈判成为一项单独的议程，目标是"改进和澄清"（improvements and clarifications）争端解决程序。[249] 但是这项工作与整体新回合谈判一样，举步维艰，进展缓慢。2008 年开始，谈判主要集中到以下 12 个方面：第三方权利、专家组组成、发回重审、协商解决、严格保密信息、顺序、后报复、透明度和"法庭之友"陈述、时间表、发展中国家利益、灵活性和成员控制、有效执行。[250] 其中涉及上诉程序的"改进并澄清"，主要有以下三个：中期审议、完成分析和发回重审。中期审议基本上是将专家组阶段的"中期审议"制度引入上诉机制，完成分析是解决事实不足的情况下上诉机构应该如何处理，而发回重审是在"维持"、"修改"和"推翻"之外增加一项权力。这三个问题以及其他建议的用意很清楚，就是使得程序更加清晰，机制更有效率，决策更加民主。例如，实践中，上诉机构如果推翻了专家组裁决，但是专家组报告所提供的事实又不足以让其另外作出裁决，就只有搁置不管，因为上诉机构只能审理法律问题，而不能解决事实问题。这就仿佛留下了一个"烂尾楼"，由于没有结论而令当事方无所适从。这个问题怎么办，DSU 显然应当写清楚。目前的提案有授权上诉机构查明事实的，也有要求上诉机构说明究竟需要哪些事实才能完成分析的，而"发回重审"——一个典型的国内民事诉讼中的程序，即将案件退回给专家组，也是提案之一。除了以上三个主要问题，还有一个所谓的"成员控制"（member control）问题，例如当事方有权协商一致要求删除报告的部分内容，特别是其中的认定和结论部分。

二、上诉机制

尽管 DSU 改革谈判没有达成协议，但是 WTO 成员所提出的各种各样方案却是有意义的，反映了争端解决机制运行过程中所出现的问题，需要进行"改进和澄清"。以下主要是涉及上诉机制的讨论。[251]

（一）常设上诉机构

1.修改上诉机构成员数量

欧盟提案指出，鉴于上诉机构工作负担和实践，可考虑将上诉机构成员转为全职工作，并建议修改第 17 条第 1 款，规定上诉机构至少由 7 人组成。总理事会可不定期调整人数。[252] 泰国提出并于 2003 年 1 月修正的提案指出，由于在多个案件中上诉机构报告散发超时，因此建议上诉机构应由 9 人组成，且 DSB 可根据情况调整人数。[253] 日本提案则建议不在 DSU 中规定上诉机构具体人数，而留待总理事会根据需要决定和调整。[254]

2.调整任职期限

第 17 条第 2 款规定：DSB 应任命在上诉机构任职的人员，任期 4 年，每人可连任一次。为了提高上诉机构成员的独立性，印度等建议：上诉机构成员任期为 6 年，不可连任。[255] 欧盟提案中表示支持印度等将上诉机构成员任期固定为 6 年的建议。[256]

（二）上诉阶段的第三方权利

第 12 条第 4 款规定：只有争端各方，而非第三方可对专家组报告进行上诉；按照第 10 条第 2 款已通知 DSB 其对该事项有实质利益的第三方，可向上诉机构提出书面陈述，并被给予听取其意见的机会。

（1）明确第三方的权利

由于认为第 12 条第 4 款对第三方的权利界定不尽明确，非洲集团提案要求修改为：争端各方可对专家组报告进行上诉；专家组程序中的第三方，如其请求，应享有参加程序和被上诉机构给予听取其意见及向上诉机构提出书面陈述的机会。其书面陈述应同时给予争端各方并反映在上诉机构报告中。[257]

印度等也就此提出案文，建议相对简洁：按照第 10 条第 2 款已通知 DSB 其对该事项有实质利益的第三方应被上诉机构给予听取其意见及向上诉机构提出书面陈述的机会；这些陈述应反映在上诉机构报告中。[258]

（2）新第三方的参与

根据第 17 条第 4 款，只有专家组阶段的第三方才有权利在上诉阶段继续作为第三方参与。哥斯达黎加提出并于 2003 年 3 月修改的提案要求扩大成员作为第三方参与的机会，建议增加：未按照第 10 条第 2 款通知 DSB 其对该事项有实质利益而此后在上诉通知提出后 10 天内，向上诉机构和 DSB 通知其实质利益的成员，可向上诉机构提出书面陈述，并被给予听取其意见的机会；上诉机构在其调查结果中应尽量解决第三方表达的与上诉事项有关的论据和主张。[259]

在 2004 年后的谈判中，虽然印度、非洲集团、哥斯达黎加等不再继续要求就以上问题进行谈判，但 G7 提案重新激活了这两个问题。G7（阿根廷、巴西、加拿大、印度、墨西哥、新西兰和挪威）建议将第 17 条第 4 款修改为：（a）只有争端各方，而非第三方，可对专家组报告进行上诉；任何第三方均有向上诉机构提出书面陈述并被给予听取其意见的机会；（b）任何其他成员，只要在上诉通知散发 5 天内将其如此行事的兴趣通知上诉机构、DSB 和争端各方，即可参加上诉机构审查程序；此成员应有向上诉机构提出书面陈述并被给予听取其意见的机会。[260]

(三) 提高上诉通知的确定性

DSU 第 17 条仅规定上诉程序自一争端方正式提出上诉通知开始，未明确上诉通知应达到的要求。相对照，第 6 条第 2 款就对专家组请求的内容要求作出规定。

为提高上诉通知确定性，便利上诉机构审查，2003 年 2 月印度等建议明确上诉通知的标准，提案为：启动上诉程序的上诉通知应当足够清楚地确认专家组报告涉及的法律问题和专家组所作的法律解释，以使其他争端方和第三方理解上诉针对的问题。[261]2004 年后谈判中，由于提案方不再推动，谈判未再涉及此问题。不过，2005 年 1 月修改后的《上诉审议工作程序》新增的对上诉通知的要求已解决了此问题。[262]

(四) 增设中期审议阶段与延长上诉程序时限

DSU 第 17 条第 5 款明确要求上诉程序决不能超过 90 天。实践中，案件在经过上诉机构审议后，上诉机构直接作出最终报告，由于第 17 条未如同第 15 条那样规定有中期审议阶段，争端各方对上诉机构报告在最终散发前无审查评论机会。

出于提高上诉机构报告质量、增加当事方达成协议的机会、增强成员控制力等考虑，美国和智利联合提案建议在上诉程序中仿照专家组阶段增设中期审议阶段，并为此将上诉程序期限延长 30 天，将第 17 条第 5 款修改为：(a) 诉讼程序自一争端方正式通知其上诉决定之日起至上诉机构散发其报告之日止，通常不得超过 90 天。在确定其时间表时，上诉机构应在必要时考虑第 4.9 条规定。当上诉机构认为不能在 90 天内提交报告时，应书面通知 DSB 迟延的原因及提交报告的估计期限。但该诉讼程序决不能超过 120 天。（b）在考虑书面辩驳和口头辩论后，上诉机构应向争端各方提交一份中期报告，既包括描述部分也包括上诉机构的调查结果和结论。在上诉机构设定的期限内，一方可提出书面请求，请上诉机构在最终报告散发各成员之前，审议中期报告中的具体方面。应一方请求，上诉机构应就书面意见中所确认的问题，与各方再次召开会议。如在征求意见期间未收到任何一方的意见，中期报告应被视为最终报告，并迅速散发各成员。最终报告中的调查结果应包括在中期审议阶段对论据的讨论情况。[263]

在 2004 年后的谈判中，美国和智利在 2005 年 10 月、2007 年 5 月的联合提案中均继续要求增设上诉中期审议阶段。[264]

（五）中止上诉审查程序

为加强当事方对于上诉程序控制力，参照专家组阶段的中止程序，美国和智利建议在第 17 条第 5 款中增加争端双方可合议中止上诉审查程序的规定，作为其修改建议中的第 17 条第 5 款（c）项：如争端各方同意，上诉机构应中止其工作。在此种中止情况下，第 17 条第 5 款、第 20 条与第 21 条第 4 款规定的时限相应延长。[265]2004 年后的谈判中，美国智利在 2005 年 10 月、2007 年 5 月提案中仍包括了增加中止上诉审查程序的建议。[266]

（六）保密与上诉机构成员意见具名

DSU 第 17 条第 11 款规定：上诉机构报告中由任职于上诉机构的个人发表的意见应匿名。据此，成员无从知晓哪个上诉机构成员的具体意见以及其分歧等。即使在个别案件中上诉机构报告就某个问题说明存在不同意见，也不指出具体成员。

对此，LDC（最不发达国家）集团建议修改第 17 条第 11 款：在报告中，每一上诉机构成员应对问题给出单独的书面意见并作出裁定，在上诉机构成员一致情况下可给出联合意见。占多数的裁定应为上诉机构的决定。[267] 非洲集团提案也涉及此问题：每一上诉机构成员应就哪一当事方在争端中占优给出推理充分及单独的书面意见。在两个或以上上诉机构成员一致情况下，他们可出具联合意见。占多数的意见应为上诉机构的决定。[268]

（七）发回补充审查权

DSU 第 17 条第 6 款规定：上诉应限于专家组报告涉及的法律问题和专家组所作的法律解释。第 17 条第 12 款规定：上诉机构应在上诉程序中处理依照第 6 款提出的每一问题。

据此，上诉机构无权对事实问题进行审查，而应依赖于专家组作出的事实认定。实践中，在某些案件中出现专家组报告未包含足够事实认定导致上诉机构无法作出法律结论的情况，对这些案件快速解决产生不利影响。

1. 欧盟提案

欧盟建议修改第 17 条第 12 款，增加如下规定：在专家组报告未含有足够事实以使上诉机构解决争端情况下，上诉机构应在上诉报告中详细解释此种具体事实认定的不足，以便一争端方可请求将这些问题发回原专家组。上诉机构应阐明必要的法律裁定或其他指导，以便于专家组履行其职权。争端方可在上诉机构报告通过后 10 天内要求发回原专家组。上诉机构应就专家组完成工作的时间作出建议。为此，欧盟同时建议专门增加题为"发回重审权"（Remand Authority）的第 17 条之二，就重审如何进行作出具体规定：（1）在上诉机构报告通过后，如有发回重审请求提出，则 DSB 应在 5 天内设立专家组，由原专家组成员组成。（2）重审专家组应当根据上诉机构所给出的指导进行审查。（3）重审专家组应在上诉机构规定的时间内向成员散发报告。如不能如期散发，则应书面通知 DSB 并说明原因，但无论

如何从重审专家组设立到向成员散发不得超过六个月。（4）重审
专家组报告在散发后，争端方即可要求 DSB 通过，除非一方提出
上诉，否则 DSB 应通过。（5）对重审专家组报告的上诉根据第 17
条进行。[269]

2.G7 提案

G7 建议修改第 17 条第 12 款，增加如下规定：（1）如上诉机构
认定专家组报告未能提供充分事实基础以使其完成关于某些问题的分
析，上诉机构应在报告中给出完成有关这个问题的分析所需裁定类型
的详细描述。（2）在前述情况下，争端一方可根据第 17 条之二的规
定，要求将一个或以上这些问题提交原专家组。（3）本款及第 17 条
之二的规定不影响专家组和上诉机构报告的通过及 DSB 建议和裁决
的执行。对于发回补充审查程序，G7 建议：（1）争端方应在上诉机
构报告通过后 30 天内向 DSB 提出设立专家组来审查上诉机构认定存
在事实不足不能完成分析的任何问题。（2）该请求应以书面方式提出，
并指出寻求解决的具体问题以及上诉机构报告的具体段落。（3）DSB
应以一次会议设立专家组，除非协商一致同意不设立。（4）重审专家
组应尽可能由原专家组成员组成。（5）重审专家组仅审查争端方在书
面请求文件中指出的、上诉机构认定存在事实不足不能完成分析的问
题。（6）重审专家组应根据上诉机构报告提供的指导，作出可协助
DSB 提出建议和裁决的调查结果和建议。（7）重审专家组应在事项
提交其后 90 天内散发报告。重审专家组经与争端方磋商，可修改或
简化其工作程序。（8）如一争端方就重审专家组报告提出上诉，上诉
程序及上诉报告的通过适用第 17 条及第 17 条之二程序。[270]

经过继续讨论，G7 在 2008 年 4 月以非正式文件的方式提出新修
改版本的发回重审案文，规定：（1）如上诉机构认定专家组报告未能
提供充分无争议的事实或者事实裁定以使其完成关于某些问题的分
析，上诉机构应在报告中给出完成有关这个问题的分析所需裁定 [的

类型]的详细描述,以便解决争议。(2)尽管有关问题可被提交至(专家组),(为使争端得到迅速而有效地解决,)上诉机构应(依据第 19条)作出(适当充分而准确的)认定和建议。(3)本款及第 17 条之二的规定不影响专家组和上诉机构报告的通过及 DSB 建议和裁决的执行。

(八)上诉机构报告内容及通过

1.上诉机构报告的内容

第 17 条第 13 款规定:上诉机构可维持、修改或撤销专家组的法律调查结果和结论。

参照第 12 条第 7 款关于专家组报告包括内容的规定,同时为加强当事方对于上诉程序控制力,美国和智利 2003 年 3 月提出建议修改第 17 条第 13 款,增加上诉机构应当在其报告中包括有关规定的适用性和其所作任何裁定和建议所包含的基本理由,上诉机构报告不得包括争端各方一致要求不包括的裁定或基本理由。[271]

2004 年后的谈判中,美国和智利在 2005 年 10 月、2007 年 5 月提案中仍继续包含修改第 17 条第 13 款的建议,案文相对更加完善,规定如争端各方未能形成双方满意的解决办法,上诉机构应以书面报告形式向 DSB 提交调查结果。在此种情况下,上诉机构报告应列出有关规定的适用性和其所作任何裁定和建议所包含的基本理由。上诉机构可维持、修改或撤销专家组的法律调查结果和结论。上诉机构不得在其向成员散发的报告中包括争端各方同意不应包含的任何裁定、任何裁定及其基本理由或某一裁定所包含的某一基本理由(如一裁定包含一项以上基本理由)。如争端各方找到解决问题的办法,上诉机构报告应只限于对案件的简要描述,并报告已达成解决办法,专家组报告应无效并不具法律效力。如争端各方就上诉达成解决办法,(a)上诉机构报告应只限于对案件的简要描述,并报告就上诉已达成解决办法，及（b）如争端一方要求，DSB 应在上诉机构报告散发后 21 天内通过专家组报告，除非 DSB 协商一致同意不通过报告。[272]

2. 上诉机构报告的通过

第 17 条第 14 款规定：上诉机构报告应由 DSB 通过，争端各方应无条件接受，除非在报告散发各成员后 30 天内，DSB 经协商一致决定不通过该报告。此通过程序不损害各成员就上诉机构报告发表意见的权利。

本着增强成员对争端解决程序控制力的目的，美国和智利提出建议修改第 17 条第 14 款，增加如下规定：DSB 可协商一致同意决定不通过上诉机构报告中的某项裁定或某项裁定所包括的基本理由。争端一方无须接受 DSB 未通过的任何裁定或基本理由。同时，美国智利还就如何要求 DSB 部分通过报告提出程序建议：建议 DSB 不应通过专家组报告或上诉机构报告中的一项裁定或一项裁定所包括的基本理由的成员，应在召开考虑此报告的 DSB 会议通知散发后三天内（如第三天为 WTO 非工作日，则为第三天之后的第一个 WTO 工作日）向 DSB 提出书面建议。该成员应在建议中指明该项裁定或该项裁定所包括的基本理由，并简要说明要求 DSB 不通过的原因。在 2004 年后的谈判中，美国仍继续不停推动其提案，并于在 2005 年 10 月、2007 年 5 月两次提出修改案文。2007 年提案仍建议修改第 17 条第 14 款，规定：DSB 应当通过上诉机构报告，除非在上诉机构报告散发给成员 30 天内，DSB 经协商一致决定不通过该报告。DSB 可协商一致决定不通过报告中的一项裁定或一项裁定包含的基本理由。[273]

第二节　工作程序

DSU 谈判无果而终，但是工作程序修改却正常进行。1997 年 2

月初，上诉机构就提出第一任主席任期应该为两年，因此建议修改规则 5（2），即在原来的主席任期为一年的规则基础上，增加"第一任主席任期为两年"。[274]DSB 会议顺利批准了这一修改。相关文件没有说明原因，但是上诉机构成立伊始，诸事需要安顿，主席任期延长一点应在情理之中。2001 年 7 月，上诉机构再次提出修改主席任期的问题，最终将规则 5（2）修改为主席可连任一次，即后任主席也可以任期两年。[275]此后，更为实质性的修改共有三次，分别为 2003 年、2005 年和 2010 年。

一、第一次修改

2002 年 12 月 17 日，上诉机构修改澄清第三方参与上诉听证会的事项。[276]工作程序规定，在当事方上诉通知提交后 25 日内没有提交书面陈述的第三方，不能参加上诉听证会。实践中，很多 WTO 成员表示，不提交书面陈述也应该可以参加听证会。上诉机构也认为应该采用更加灵活的办法。为此，规则 1、24 和 27 作出了相应修改。修改后的规则 1 对"第三方"的定义，包括提交书面陈述的第三方和出席听证会的第三方（不论是否发言）；规则 24 增加两个内容，即鼓励第三方提交书面陈述以便上诉机构充分考虑其立场以及其他参加方提前了解其立场；如果出席听证会或发言，应该提前告知秘书处；规则 27 也对出席听证会和发言进行了相应安排。修改后的工作程序于 2003 年 5 月 1 日开始实施。

上诉机构没有详细解释修改的原因。像在专家组程序中一样，[277]第三方参与显然有利于上诉案件的审理。相比于当事方和上诉机构成员，第三方处于更加超脱的地位，甚至更加放松的心情，能够提出大开脑洞的想法。因此，应该鼓励第三方积极参与案件审理。相应地，第三方参与门槛就应该降低。在 DSB 会议上，WTO 成员对上诉机构的方案表示支持。[278]

特别值得一提的是，在工作程序第一次修改过程中，出现了上诉机构与WTO成员之间的紧张关系。上诉机构致函DSB主席时，只是说要修改相关程序，但是没有说明如何修改以及为何修改。WTO成员认为，工作程序修改事关重大，应该与WTO成员商量进行。后来DSB主席专门与成员举行非正式磋商，并且若干成员在DSB会议上发表意见。最后，在工作程序修改说明中，上诉机构表示认真考虑了各方意见。不仅如此，经过这次事件，DSB专门作出了一项决定，即《DSB主席与WTO成员之间关于上诉机构工作程序修改协商的补充程序》（*Additional Procedures for Consultations between the Chairperson of the DSB and WTO Members in Relation to Amenments to the Working Procedures for Appellate Review*），明确要求DSB主席听取WTO成员意见并转达给上诉机构。[279]

二、第二次修改

2004年4月8日，上诉机构提出修改工作程序。[280]上诉机构指出，工作程序运转顺利有效，但是8年来的实践表明，也存在一些漏洞，有必要改进，具体在以下4个方面需要修改：上诉通知，修改文字错误的三日期限，听证会，60日和90日发布报告的时限。

关于上诉通知，目前规则需要澄清，明确上诉通知的充分性和修改方式。此外，目前规则对上诉方和其他上诉方的待遇不对称，特别是第一个上诉要提交上诉通知，而随后的上诉方没有这种要求，而只是在15日内，即上诉方提交书面陈述后5日内提交陈述。因此，规则20（2）增加了一些内容，明确了上诉通知的内容，要求指明专家组报告中法律适用和法律解释方面的错误，错误所针对的协议条款，专家组报告中的错误段落清单，但是上诉方在上诉过程中也可以提及其他段落。规则 1、21 和 23 增加了一些内容，要求其他上诉方提交内容大致相同的上诉通知。增加了 23 之二，对上诉通知修改作出了详细规定。关于修改文字错误的三日期限，目前规则允许 WTO 成员在提交书面陈述三日内修改"笔误"（clerical errors），但是实践中发现"笔误"一词不够清晰，而且期限也应该灵活一些。因此，规则 18（5）修改为：上诉方可以修改文件中的笔误，包括打印错误，语法错误，文字或数字的顺序错误；时限为不迟于上诉通知提交后 30 日。关于听证会，目前规则要求在上诉通知提交后 30 日内举行，但是实践中常常是 40—45 日内举行。因此，规则 27（1）进行了相应修改。修改后的工作程序于 2005 年 1 月 1 日开始实施。

60 日和 90 日发布报告的时限，这是 DSU 第 17 条第 5 款的明确规定。上诉机构称，过去 8 年一直努力恪守时限，只有 4 个案件例外，但是在上诉时间跨越某些节假日，特别是出现多个同时上诉的情况下，满足时限要求就特别困难。上诉机构认为，WTO 成员也有一定困难，因此建议排除两个时间段，即 8 月第一个星期一开始和 12 月第三个星期一开始的三周不计入 90 日时限。但是在听取了 WTO 成员意见后，上诉机构决定不再提出修改建议，而将这个问题留给 WTO 成员自己通过 DSU 修改或者 DSB 会议决定等方式解决。[281]

上诉机构称，为了帮助 WTO 成员考虑这个问题，有必要详细介绍一下近年来所出现的情况。关于跨越 8 月和 12 月 /1 月的上诉案件出现了很多困难，主要是通过以下四种方式解决的。延长 60 日上诉期限，撤回并重新提交上诉通知，改变上诉工作程序，延长公布上诉机构报告的 90 日期限。其一，延长 60 日上诉期限。DSU 第 16 条第 4 款规定，上诉应该在专家组报告公布后 60 日内提出。但是在三个案件中，DSB 同意延长专家组报告通过或上诉的时间，因为一般 8 月没有 DSB 例会。在 7 月份 DSB 例会中，欧盟作为三个案件的原告，提出将考虑专家组报告的日期延展到 9 月初。其他成员表示同意，因此这三个报告的上诉期就超过了 60 日。其二，撤回并重新提交上诉通知。在三个案件中，上诉方由于涉及假期的日程安排问题，撤回原上诉通知，后来提交新的上诉通知。在其中两个案件中，上诉方加快提交了书面陈述以便上诉能够及时完成而不受假期影响。其三，改变上诉工作程序。经常出现当事方由于假期而要求上诉机构改变工作程序的情况。例如，由于圣诞 / 新年，当事方双方要求修改提交书面陈述的时间；双方要求推迟听证会日期，而其中一方要求进一步推迟，因为由于复活节而耽误了几个工作日；由于圣诞 / 新年，被上诉方和第三方要求延期提交书面陈述；当事方双方要求将听证会日期从 8 月提前到 7 月，但是上诉机构由于准备工作无法完成而没有批准。其四，延长公布上诉机构报告的 90 日期限。在 4 个超期案件中，有 3 个是部分因为圣诞 / 新年。上诉机构指出，期限问题并非个别现象，在已经审结的 63 个案件中，有 13 个出现过这个问题，约占 20%。上诉机构认为应该从制度上解决，而不是留待上诉机构和当事方进行各种各样的临时安排。

上诉机构没有说明 WTO 成员为什么不同意修改时限，但是从 DSB 会议发言可以看出，很多成员认为 60 日或 90 日是 DSU 载明的"法定"时限，延长涉及 DSU 修改，而不能提供修改工作程序的方式解决。[282] 事实证明，这个问题没有得到及时解决，成为上诉机构危机的原因之一。[283]

3. 第三次修改

2009 年 12 月 16 日，上诉机构再次提出修改工作程序，包括以下三个方面：上诉方书面陈述与上诉通知同时提交，提交电子版文件，合并审理高度相同和时间相近的案件。[284]

关于同时提交，主要是为了节省时间。上诉机构称，目前规则是上诉通知提交后 7 日内提交书面陈述，但是 7 日时间可以取消以节省 90 日的审期。上诉机构解释说，这样不会增加上诉方负担，因为上诉通知提交之前，当事方已经有很长时间阅读分析专家组报告。专家组报告是在向 WTO 成员公开前就交给当事方了，同时翻译成官方语言。据统计，这个时间段大约是 51 日。不仅如此，当事方还会更早收到中期报告，看到专家组的分析和认定。据统计，这个时间段大约是 44 日。DSU 第 16 条第 1 款规定，报告公布后 20 日才能提交 DSB 通过，而实践中当事方大多等到 60 日上诉时限的后半段才提出上诉。据统计，报告公布到上诉提出的时间段大约是 43 日。因此，当事方有数周甚至数月时间准备上诉。据统计，专家组报告发给当事方到上诉通知提出，平均为 92.8 日，而从中期报告起算则为 139 日。上诉机构澄清，上诉通知仍有必要，因为能够启动上诉，划定上诉界限，并且是向所有 WTO 成员进行的通报。最后，规则 21（1）进行了修改。关于电子版文件，是回应技术发展和 WTO 成员做法的进展。上诉机构发现，国内司法系统和其他国际组织已经开始电子提交文件。上诉机构建议通过电子邮件或光盘形式提交电子版，但是并非替代纸质版。也就是说，在纸质版之外，还可以提交电子版。最后，规则 18（1）增加了相应内容。修改后的工作程序于 2010 年 9 月 15 日开始实施。

关于合并审理，实践中已经出现。对于相同人员组成的不同专家组，如果措施、主张和理由，专家组分析和结论等内容基本相同，并且专家组报告发布时间允许，则上诉机构就会合并审理。这显然是有效利用资源的方法。因此，上诉机构建议在规则 16（1）增加相应内容。鉴于很多 WTO 成员倾向于维持现状，上诉机构同意不予修改，但是仍然坚持认为明确合并标准等制度化安排，有利于合并审理工作的透明度和可预见性。[285] 从 DSB 会议发言可以看出，很多成员认为现有的个案处理方法比较合适，没有必要专门修改工作程序，并且上诉机构的修改方案，赋予了上诉机构过大权力，可以不经当事方同意就合并审理。[286]

第五章

WTO 上诉机制的危机

2015 年底，两位 WTO 上诉机构成员顺利连任，但是连任与独立性的关系问题初见端倪。在 2016 年一位成员遴选迟迟不定的情况下，另一位成员的连任问题突如其来，引发了人们对独立性问题的强烈关注。进入 2017 年，借一位成员突然辞职之机，美国开始向上诉机构发难，明目张胆阻挠成员遴选和连任，导致其成员在 2018 年只有四人，在 2019 年只有三人，并且在年底只有一人，上诉机构彻底停止运作。因此，上诉机构的最后五年，是盛极而衰的过程，其主要原因是美国阻挠，而美国阻挠的主要原因则在于新任美国贸易代表对上诉机构的敌视。

第一节　上诉机制危机的过程

2015 年 11 月 25 日，DSB 召开例会。根据 DSU 第 2 条规定，DSB 的职责是"成立专家组、通过专家组和上诉机构报告、监督裁决和建议的执行以及授权中止适用协定项下的减让和其他义务"。[287]可以看出，DSB 是争端解决的"最高权力机构"：经过 DSB 批准，具体案件专家组才能成立，专家组和上诉机构报告才能从"报告"（reports）升为"裁决"（rulings）。不仅如此，DSB 还能授权胜诉成员"中止减让"（suspension of concessions），即实施贸易报复。

这次例会与此前的会议一样，其议程主要是一些案件的进展情况。例如，巴西要求成立专家组审理其与印尼的一个争端，而印尼表示反对，其他成员也发表了意见，结果专家组未能成立；菲律宾就其与泰国一个案件的执行情况发表了意见；美国认为中国仍然没有完全执行一个案件的裁决；欧盟和日本以及其他成员就美国一个案件中的新情况表示关注；DSB 主席提醒中国汇报一个案件的执行情况。此外，在"监督实施 DSB 所通过的建议"项下，美国和欧盟汇报了相关案件的执行进展。[288]

DSB 例会每月召开，议程由 WTO 成员或者 DSB 主席提出。WTO 所有 164 个成员都有权参加会议发表意见。也就是说，DSB 由 WTO 全体成员组成，[289] 主席是某个成员的大使，任期一年。当然，除了具体案件，DSB 还有"管理（DSU）规则与程序"的一般职责。[290]DSU 核心内容是如何解决具体争端，例如如何磋商、成立专家组、审理、上诉和执行等，但是也有关于争端解决机制的作用、专家组和上诉机构如何产生等一般规定。甚至可以笼统地说：凡是与争端解决有关的事项，都可以成为 DSB 例会的议题。因此，这次例会的最后两项议程分别是"上诉机构成员连任"和"争端解决工作量"，就不足为奇了。

关于"上诉机构成员连任"，DSB 主席、挪威大使 Harald Neple 先生汇报两位上诉机构成员的情况。Ujal Singh Bhatia（印度籍）和 Thomas Graham（美国籍）第一届任期将于 2015 年 12 月 10 日届满，主席建议 DSB 批准连任。随后美国等成员代表纷纷发言，对两位上诉机构成员表示祝贺。根据 DSU 规定，WTO 上诉机构由七人组成，每人任期四年，可连任一次。[291] 本次 DSB 例会组成的时候，WTO 已经成立 20 周年，上诉机构成员已经换了好几拨。[292] 除了少数例外，每个成员都是连任两届，共八年。[293] 因此，DSB 例会批准连任，与会者纷纷表示祝贺，这种场景已经司空见惯。对于 WTO 成员和上诉机构成员而言，这不过是走过场而已。见议程顺利进行，主席顺便说道：还有两位上诉机构成员的事情需要大家提前考虑：张月姣（中国籍）两届任期将于 2016 年 5 月 31 日届满，需要增补新成员；Seung Wha Chang（张胜和，韩国籍）第一届任期同日届满，需要考虑其连任问题。关于"争端解决工作量"问题，主席汇报了正在进行的案件情况。上诉机构人手有限，出现了案件积压和延期等情况，这几年一直是讨论焦点。根据 WTO 总干事的建议，从这次 DSB 例会开始，"争端解决工作量"就一直是会议议题；主席汇报案件量情况，便于 WTO 成员合理安排诉讼，并且提醒大家积极解决工作量问题。[294] 当然，连任与工作量，显然是两个问题，主席和会议代表都没有说到二者之间有什么联系。

案件、连任和工作量，这些议题都是老生常谈。因此，这是一次名副其实的"例会"，例行公事而已。

一、"埋伏笔"

尽管连任是例行公事，但主席还是介绍了连任的程序以及值得关注的问题。主席首先声明：连任并非自动，而是需要 DSB 正式考虑并做出决定。的确，DSU 第 17 条第 2 款规定，上诉机构成员"可（may）连任一次"，而非"必须（must）连任一次"。根据主席的介绍，连任一般要走以下四个步骤：本人表示愿意连任，主席与成员进行非正式协商，主席安排专门会议让连任者与成员见面，DSB 会议批准连任。

关于第一、第二个步骤，主席没有多说什么，只是确认了有关情况。但是对于第三个步骤，主席进行了详细介绍。主席说：在会议当天，两位连任者分别与 28 个成员进行了会谈。会议伊始，主席就提出了六个要求：会议目的并非重复最初任命那样的广泛面试；只有大使或代办才能提问；每个成员限提两个问题；不得涉及正在磋商以及专家组或上诉机构正在审理争端中的法律问题，也不得涉及连任者所审理案件中的法律问题。主席解释说：上诉机构成员受到《行为守则》的约束，必须保持独立公正性、避免利益冲突和保守秘密，[295] 因此上诉机构成员可以在任何时间拒绝回答任何问题。最后，主席汇报说：会议上，一些成员提出以下四个问题：连任意向及其作为上诉机构成员的收获；上诉机构工作量问题及其解决办法，上诉机构成员之间的合作，如何使得上诉程序更加有效。

这四个问题，显然都是不痛不痒的问题，但是主席详细说明和反复强调这些内容，显然是可以理解的。"连任"并非"遴选"，当然不能按照上诉机构成员遴选的标准进行。遴选程序非常严格，下文有详细介绍。此外，更为重要的是，连任程序不能影响上诉机构成员的独立性。上诉机构成员是"法官"，要就 WTO 成员之间的争端作出裁决，因此连任会议不能成为 WTO 成员对上诉机构成员施加压力的机会。关于以上两点，出席 DSB 会议的代表没有异议。但是代表们的发言，却反映了人们对连任的一些想法：第一，WTO 没有正式的连任程序规则，对于连任的条件和流程等，没有明确规定；第二，不能连任应该限于个人意愿、健康状况、行为不当、成员提出替代人选和成员反对等少数情形；第三，关于连任会议的必要性，代表们都认为有必要与上诉机构成员沟通和交流，但是有代表提出，交流可以采取其他场合与方式，不应该与连任挂钩。

这个时候，恐怕没有人想到半年以后，会有人借连任向上诉机构成员发难。美国代表估计也没有想过，因为在 DSB 例会上，美国代表只是泛泛表示：连任会议对于 WTO 成员认真考虑有关问题是有用的，以前的上诉机构成员也愿意在连任会议上与 WTO 成员见面。

二、"七选一"

完成了两位上诉机构成员连任工作，DSB 开始着手张月姣的替补和张胜和的连任。在 2016 年 1 月 25 日会议上，主席提出了五点建议：启动遴选程序以替补张月姣职位；根据遴选程序规定成立遴选委员会，成员由 WTO 总干事和总理事会、货物贸易理事会、服务贸易理事会、知识产权理事会以及 DSB 主席等六人组成，DSB 主席担任委员会主席；[296]WTO 成员应在 3 月 15 日下午 6 点前提出候选人；委员会于 4—5 月开展工作，5 月 12 日前提出人选，以便 5 月 23 日例会作出决定；DSB 主席就张胜和连任问题进行协商（张胜和已经表示愿意连任）。[297]

似乎一切都在按部就班地进行着。在 3 月 23 日例会上，主席汇报了遴选进展情况：日本、尼泊尔、中国、澳大利亚、马来西亚和土耳其等六个成员已经提出了七名候选人（中国两名，我很荣幸是其中之一），但是货物贸易理事会主席、澳大利亚大使宣布退出遴选委员会，因为候选人中有本国人。此时的 DSB 主席已经换成南非大使 Xavier Carim；他同时担任遴选委员会主席。[298] 在 4 月 22 日例会上，主席汇报说：4 月 7 日和 8 日，遴选委员会面试了七位候选人，随后委员会开始与 WTO 成员协商；委员会还专门留出一天时间听取 WTO 成员的倾向性意见。[299] 可以看出，为了提出人选，遴选委员会需要最大限度听取 WTO 成员意见。最后人选需要 DSB 会议通过，但是"上会"只是走走形式而已，所有协调工作事先已经完成了，不会有成员在会上发表不同意见。

WTO 上诉机构成员遴选，也许是例行公事的一件工作。然而，对于候选人来说，却是决定人生的一场大考。作为中国政府推荐的候选人，我投入了大量时间准备，参加了在 WTO 总部的面试，并且在日内瓦常住二十多天，拜访了几十个代表团和大使。拜访每个代表团，都是一场送上门的非正式面试，意在让 WTO 成员了解和支持我这个人。关于参选过程的一些思考，包括候选人的产生，遴选委员会的组成和决策，详见本书后记附三。在遴选委员会面试中，我见到了前任 DSB 主席、现任总理事会主席 Harald Neple 和现任 DSB 主席 Xavier Carim。

作为候选人，我当然格外关注遴选的进展。可以想象，"七选一"不是件容易的事情，并且选择标准绝对不会仅仅是"资质"高下，而是可能有更多"平衡"的考虑。[300] 然而，出人意料的是，在 5 月 23 日如期召开的例会上，主席宣布：委员会单独会见了 50 个代表团以听取意见，并且收到了 23 个代表团书面意见，但是仍然无法确定人选！看来，这次遴选比想象得更加困难。一些代表说：7 个候选人都是合格的；遴选标准只应该是"资质"，此外的标准都不合适。不仅如此，还有代表提出了遴选与工作量问题的关联，因为上诉机构工作量很大，空缺需要及时替补。[301] 但是恐怕没有人想到，这个人选要到 11 月 23 日才能确定，并且其间发生了一件前所未有的事件。

三、张胜和 [302]

（一）美国反对连任

关于张胜和的连任风波，本书已有介绍。[303] 为了叙述的连贯性，此处简单涉及，并且补充一些资料。

张胜和连任，是遵循前两位成员的四个步骤。在 5 月 23 日例会上，主席汇报：第一至三个步骤，即本人愿意、主席与成员非正式协商以及连任者与成员见面都如期实施，其中 5 月 10 日张胜和与成员见面，有 28 个成员参加，部分成员向他提出了问题。然而，第二天，即 5 月 11 日，美国通知主席，不支持张胜和连任！因此，主席宣布：连任事项不能按计划在本次会议上作出决定。他还指出：如果这种情况不能改变，成员不能就此达成协议，那么张胜和的任期将于 5 月 31 日结束！

在这次例会上，美国详细说明了反对连任的理由。美国称，该成员没有能够履行上诉机构成员的职责，而这将有害于 WTO 成员对争端解决机制的信任和支持（详见本书第 80 页）。美国认为，上诉机构成员的连任并非"自动"，WTO 成员有权反对某位成员连任。此外，美国还就已经听到的不同意见进行了反驳，例如如何认定"集体决策"的报告与某个成员相关，为何将集体报告归咎于某个成员，为何反对连任不会影响上诉机构的独立公正性，等等。美国甚至提出，上诉机构工作量过大，部分原因就来自这些不必要的内容。[304]

（二）成员严重关切

可以想象美国此举会引起怎样的轰动！美国代表发言后，共有 30 个代表发表措辞激烈的讲话（参见本书第 82 页）。等到"群情激昂"的发言结束，主席总结说：大家提出了深刻的问题，需要进一步考虑；WTO 成员显然遇到了复杂而困难的情形（complex and difficult situation），他会与大家继续协商。一个月后，在 6 月 22 日例会上，主席汇报说：他与 14 个成员会面，提出了两个问题：如何在上诉机构工作量日益增加的情况下尽快解决填补上诉机构成员空缺以及是否需要修改连任办法，遴选与连任可否同时进行。主席希望进一步听取大家的意见。

韩国首先代表 15 个成员发表长篇讲话：坚决支持以规则为导向的多边贸易体制，对阻挠连任的行为表示严重关注；争端解决是多边贸易体制的支柱之一，而上诉机构独立公正对于争端解决机制正常运转和信用至关重要；尽管成员有权反对连任，但其提出的理由损害了规则为基础的 WTO 体制的基本前提，即成员信任；将上诉机构成员连任与其具体裁决相关联，等于干涉该成员审案，损害了独立公正性；单独批评某个成员是不公正的，因为裁决是上诉机构集体作出的；这种做法开创了危险先例，不应该再次发生。这个集体声明还对上诉机构成员空缺拖延的状况表示关注，愿意积极寻求解决问题的办法。最后，声明表达了对上诉机构的信任和信心。

意犹未尽，韩国代表又单独发表了一番感想，表示非常关注体量大而有影响的 WTO 成员将自己观点强加于整个体制及其所采取的方式，认为有意见应该采取真诚协商的方式，并且重要成员更应该树立好榜样，行为应该负责任、有建设性，而为了解决问题却制造更加严重的体制性问题，这不是负责任的办法。随后，对于美国所提出的四个案例，韩国逐一批驳，认为美国所指责的问题并不存在。另外 17 个代表也发表了看法，一致反对美国的做法。

面对大家的批评，美国则不慌不忙地辩解：多年以来，美国一直对于争端解决机制的运作，特别是上诉机构的司法化做法（adjudicative approach）表示关注；六位前任美国贸易代表最近发表的公开信就证明了这一点。[305] 美国还说：美国已经详细解释了反对的原因；如果在遴选新上诉机构成员的过程中，有候选人声称会如此裁决案件，那么大多数 WTO 成员都不会表示支持；同理，不适合新任，也不适合连任。

此时，人们的关注焦点仍然是张胜和连任问题，希望美国不要反对，而美国则明确表示其立场坚定，不会改变。此时可能没有人注意到，美国的发言已经从对张胜和一个人的不满扩大到"上诉机构的司法化做法"这样一个普遍问题。也就是说，美国对 WTO 争端解决机制，特别是上诉机构的不满由来已久，并且不仅限于张胜和以及几个具体案件。这样的泛化，也许预示着美国正在酝酿着什么，只是随着事态的发展，大家才能一点点看清楚。

（三）结果相互妥协

美国"冒天下之大不韪"，一家独挡上诉机构成员连任，其他成员"群情激奋"，"同仇敌忾"。如此冲突的局面，这在 WTO 历史上还是第一遭。DSB 怎么办？

在 7 月 21 日例会上，主席说：经过与成员的协商，他提出两项建议：召开专门会议（Dedicated Sessions）讨论上诉机构成员连任规则问题。关于专门会议，主席澄清说：这个会议专门讨论连任问题，特别是确保上诉机构独立公正性，而不讨论 DSU 改革谈判中的事项。[306] 关于遴选方案，主席提出的方案是：对于未能连任而留下的空缺，开始遴选程序；成员可提出候选人，时限为 9 月 14 日下午 6 点；如果张月姣空缺的候选人愿意参加张胜和空缺的遴选，有关 WTO 成员可以向遴选委员会提出，但是这些候选人并不再次参加面试；2016 遴选委员会承担此项工作；遴选委员会开始工作，包括面试新候选人，听取成员意见，时间为 10 月期间，以便 11 月例会作出决定。

主席说了，这两项建议是与成员协商的成果。事实上，两项建议顺利获得通过，没有人表示反对。然而，对于局外人来说，第一次看到这些建议，难免浮想联翩。首先，将个人连任与连任所引发的体制性问题分开考虑，实在聪明，非此无法走出困境。其次，张胜和不能连任，令人无奈，美国还是厉害。最后，两个空缺一起考虑，其中的技术性安排，颇为有趣。然而，如此巧妙的安排是如何达成一致的？韩国为什么同意？美国作出了什么让步？其他成员是怎么想的？随着事态发展，这些问题会一步步呈现答案。

在这次会议上，韩国代表发言，认为维护上诉机构的长期可信度和独立性是基本原则，但是也考虑到替补空缺的实际需要；韩国不反对启动张胜和空缺的遴选程序，并且支持召开专门会议讨论连任问题。美国代表发言，感谢主席在填补空缺方面所做的工作，期待着遴选尽快结束。美国代表还说：遴选程序很关键，能够确保高质量的上诉机构裁决，增强 WTO 成员对于争端解决机制的信心；美国还期待着就如何实现这一目标及司法化做法如何得当等问题与 WTO 成员交流。这些发言，似乎表明韩国"顾全大局"，没有因为自己国家的上诉机构成员受阻而不依不饶，而美国则话里有话，预示着"发难"刚刚是开始。

在 9 月 5 日例会上，主席说还没有收到新的候选人提名，又重复了一遍上次会议所说的大致时间安排。[307] 在 9 月 26 日例会上，主席汇报了进展：对于张胜和的空缺，已经有 7 名候选人，其中 5 名来自张月姣的空缺 [澳大利亚、中国（两名）、日本和尼泊尔，而马来西亚和土耳其没有提名]，两名来自中国台北和韩国；遴选委员会将开展面试等工作。[308] 在 10 月 26 日例会上，主席汇报说遴选程序一切正常。[309] 最终，在 11 月 23 日例会上，主席在简单回顾了两个遴选程序之后，宣布推荐两个人：赵宏（中国籍）和金炫宗（韩国籍）。随后，与会代表纷纷表示祝贺，认为他们将对多边贸易体制作出贡献。韩国称：金炫宗是一位合格人士，相信他的专业、经验、合作精神和深思熟虑将对上诉机构作出贡献，以应对快速变化的全球贸易环境所带来的挑战。中国称：DSB 作出了正确选择，相信赵宏会以独立、公正和专业的方式恪尽职守，出色地服务于上诉机构。美国表示：非常关键的一点是上诉机构履行 DSU 所赋予的重要职责，即审查专家组报告中的法律问题。美国还感谢提出候选人的所有成员，这些多元、合格的候选人表明，WTO 成员以及这些人士愿意加强争端解决机制。[310]

作为候选人之一，我当然非常关注遴选的进展情况，但是最终"人事安排"是遴选委员会与有关成员内部酝酿勾兑的结果，我不可能知道这两个人选究竟是怎么产生的。然而，这并不妨碍我们做一些合理的推论。如前所述，遴选是非常复杂的过程，其间又发生了前所未有的连任风波，因此两个人选的确定来之不易，一定综合平衡了诸多因素。在所有九名候选人的资质都得到公认的情况下，为什么中国人能够入选？这一定与中国的地位以及决心和努力相关。在我和赵宏之间，为什么是这样的选择？我作为当事人不便多言。至于为什么是韩国人，不仅不言自明，甚至让人恍然大悟！也许在张胜和连任受阻的情况下，韩国"顾全大局"，是因为早在7月韩国已与其他成员，特别是美国之间达成了默契。在WTO这样一个外交和国际场合，这显然不失为一种恰当的安排，只是从严格的遴选角度看，其他人都是"陪绑"了。从张胜和角度看，自己被牺牲，则是大势使然，不能怪自己政府无情。[311]

一场危机就这样化解了，大家都松了一口气。剩下来的事情，就是认真开好"专门会议"，讨论这场危机所引发的体制性问题，通过制订连任规则，明确连任条件，保证上诉机构的独立公正性，以免这样的事件再次发生。

四、"二合一"

圣诞节前，在12月16日例会上，主席宣布：上诉机构成员 Ricardo Ramirez Hernandez（墨西哥籍）任期将于2017年6月30日届满，Peter Van den Bossche（比利时籍）任期将于12月11日届满，因此2017年DSB将遴选两位上诉机构成员。主席建议：鉴于年底将召开部长级会议，[312] 各代表团工作繁忙，为了提高效率，可以两个遴选一并进行，6月底之前完成工作，只是一个人选于7月1日提出，另一个人选于12月12日提出。主席建议各成员提前考虑候选人。[313] 这个建议也许并非与成员协商的结果，而是主席乐观、循例的想法。不知道费了九牛二虎之力才平息的遴选和连任风波，为什么没有让主席变得小心谨慎。至少我们是感到心有余悸的。遴选加上连任，整整花了半年时间，而且美国反对连任，创下了极端的先例。谁能保证这次遴选不会再出"幺蛾子"？在这种情况下，也许还是小心为好，循规蹈矩，不要节外生枝。

也许是听到了什么风声，在 2017 年 1 月 25 日例会上，主席的口吻变了。他说：关于遴选两位成员，有两个方案；第一个方案是"各选各"，第二个方案是"二合一"。他还特别说明："二合一"曾有先例。与上次会议不同的是，他没有提出倾向性意见，而是说要听取大家的想法。[314]

果不其然，在 2 月 20 日例会上，主席汇报说：有些成员支持"二合一"，但是有一个成员认为应该先选第一个，何时开始选第二个再说。[315] 后来我们知道，这个成员就是美国。在 3 月 21 日例会上，主席说仍然没有达成协议。成员们纷纷表示遗憾和担忧，有些说会影响上诉机构的工作，有些说会影响自己提出候选人。这次会议还选举产生了新的 DSB 主席、日本大使 Junichi Ihara（井原纯一）。原主席感谢各成员的配合，说自己学到了很多东西，例如案件执行中复杂的法律问题，DSU 的力量以及可以进一步加强的地方，DSB 面临的遴选上诉机构成员等方面的挑战。新主席说当前最为迫切的任务是选出两位上诉机构成员。[316]

在 4 月 19 日例会上，主席仍然汇报说没有达成协议，一些成员表示不解。[317] 但是到了 5 月 22 日会议上，情况渐渐明朗起来：欧盟坚持"二合一"，而美国坚持"各选各"。欧盟说，根据先例，两个成员的遴选程序应该在 2 月份就开始了。但是美国表示：美国政治领导层正在交接，新的贸易代表刚刚任命，因此美国现在还不能同意 12 月才到期的第二个成员的遴选，但是美国同意第一个成员的遴选。[318] 美国所说的领导层交接，当然是指特朗普政府已经于 2017 年初上台，而新的贸易代表，则是指 Robert Lighthizer（Bob）。[319] 新旧政府更迭，主管人员替换，对有关工作产生一定影响，这是可以理解的。也就是说，美国的说法有一定道理：先选一个，到时间再选另一个。相比之下，欧盟坚持"二合一"，当时却有些令人费解。欧盟担心什么呢？与此同时，墨西哥等成员提交联合提案，督促 DSB 立即开始第一个成员遴选程序。[320] 美国新政府上台对上诉机构成员遴选的影响，当时估计没有人能够想象到！

在 6 月 19 日例会上，欧盟和美国又重复了上次例会的说法。不仅如此，欧盟还指出，时至今日，12 月到期的第二个成员遴选也该开始了，因此没有任何理由将两个程序分开！其他成员纷纷发言，认为应该立即开始遴选程序。墨西哥等成员则表示了深深的忧虑，指出目前上诉机构成员只有 6 名了；尽管历史上也出现过只有 5 名成员的情况，但是这种情况可能会变得常态化，应当引起 WTO 成员的重视。[321] 在 7 月 20 日例会上，事情仍然没有任何进展。[322]

由于"各选各"还是"二合一"的分歧，导致遴选不能正常开始，看上去匪夷所思。这纯粹是程序上的小事，大可不必固执己见。其他成员纷纷表示自己的灵活性，也就是怎么都行，但是必须立马开始遴选工作。然而，从随后事态发展看，事情没有那么简单。欧美之争大有文章！如果说美国在 5 月份的发言还有点道理，那么 7 月份仍然反对"二合一"，就不好理解了，因为第二个遴选确实也应该开始了。

五、金炫宗

正当遴选工作陷入僵局，WTO 成员一筹莫展的时候，8 月 1 日，金炫宗宣布辞职！

金炫宗。是的，就是替换张胜和的那个韩国人。

此时我们也许才想到应该仔细研究一下金炫宗的情况。从 WTO 网站公布的简历看，他是一位非常资深的专业人士。他本硕博都毕业于哥伦比亚大学，2004—2007 年担任韩国贸易部长，2007—2009 年担任韩国驻联合国大使，2008 年被选为联合国经社理事会副主席，

1999—2003 年在 WTO 上诉机构秘书处和法律司工作，还曾经在一家大公司负责专利和反垄断诉讼。当选上诉机构成员的时候，他是韩国外国语大学教授。[323] 事实上，在参加张胜和空缺竞选的七个人中，金炫宗应该是最突出的一个。[324] 此时我们难免想到：2016 年韩国推出金炫宗，看来是志在必得。也就是说，尽管韩国可能与其他成员达成了默契，对张胜和不能连任不再纠缠，但是韩国所提出的候选人，却是无可挑剔的。

然而，他是在那种特殊情况下当选的，并且任职才几个月时间，为什么会突然辞职？他给上诉机构主席的辞职信没有说明原因。[325] 在 8 月 31 日例会上，主席说他已经被任命为韩国贸易部长。韩国代表说原因是韩国新政府成立这样一个未曾预见的情况（unforeseen development）。[326] 原来，这段时间，朴槿惠总统突然下台，5 月份文在寅当选总统，7 月份美国突然提出修改美韩自由贸易协定，而金炫宗恰恰是 2007 年原协定的首席谈判代表。显然，金炫宗成为美韩谈判的不二人选。[327]

对于韩国来说，金炫宗这样一个人才，当然应该发挥更大作用。事实上，在 DSB 会议上，其他 WTO 成员也没有责怪韩国。然而，此事给 WTO 所造成的被动是显而易见的。辞职立即生效，让 WTO 成员措手不及。按照 WTO 规定，辞职一般应该提前 90 天提出，[328] 给替补提供一个过渡期。现在立即生效，怎么办？不仅如此，在两位成员遴选还没有头绪的情况下，第三位成员遴选无异于雪上加霜，使得问题更加复杂化。与会代表纷纷发言，献计献策。巴西代表指出：希望 DSB 不要从"危机"（a situation of crises）变成"重大危机"（situation of major crisis）。

美国发表了一番耐人寻味的讲话。美国说：金炫宗辞职带来了体制性问题：他正在审理一个案件，这个案件应该如何处理？美国接着说：不仅如此，任期已经结束的 Ramirez 先生仍在负责两个案件；上诉机构主席致函 DSB 主席，说根据《上诉审议工作程序》第 15 条，上诉机构已经授权此人完成两个案件的相关工作；然而，根据 DSU 第 17 条第 2 款，只有 DSB 才有权任命和重新任命上诉机构成员。美国澄清道：作为这两个案件的当事方，美国同意 Ramirez 先生完成相关工作，但是上诉机构成员任期届满是否可以继续审案，应该由 DSB 作出决定；美国意愿与主席和其他成员继续讨论这个问题（"Rule 15 问题"）。

美国发言后，一些成员发表了意见，认为所谓体制性问题不应该与遴选挂钩。但是美国称：美国已经多次提出这个问题，而在这个问题不讨论的情况下就开始替补空缺的工作，这一点值得 DSB 紧急关注。至此，我们发现问题可能变得更加复杂了，因为 DSB 所面临的困难，不仅仅是如何解决金炫宗突然辞职及其负责的案件如何处理等具体问题，而且还要讨论谁有权决定任期届满成员继续审案这个体制性问题。从美国态度看，体制性问题不讨论，就不应该解决具体问题。

六、"六宗罪"

表面看来，所谓"体制性问题"不难解决，不过是上诉机构还是 DSB 有权决定的问题，只要 DSB 会议讨论一下作出决定就可以了。然而，事态发展远远不是这么简单。不仅如此，此事演变成上诉机构系列问题中的"第一宗罪"。

在 9 月 29 日 DSB 例会上，主席汇报说：9 月 19 日，他召开了非正式会议，美国对其观点进行了详细说明，33 个代表发言；有些代表建议美国提出具体建议，很多代表不同意将体制性问题与遴选挂钩，有些代表愿意讨论体制性问题。在例会上，美国明确表示：在被替换者仍然审理案件的情况下，美国不予考虑开始遴选程序；DSB 应该首先采取适当行动。[329] 在 10 月 23 日 DSB 例会上，美国重复了自己的观点。一些代表强调了争端解决机制的重要性。例如，巴西认为，过去 20 年，争端解决机制对国际贸易法和国际公法作出了重大贡献，上诉案件的数量（150 个）几乎相当于国际法院 70 年审理案件的总量。另外一些代表对"Rule 15 问题"提出了不同理解。[330] 在 11 月 22 日 DSB 例会上，更多代表联合建议立即开始遴选程序，因为情况变得日益严重。[331] 在 2018 年 1 月 22 日例会上，主席提到上诉机构就"Rule 15 问题"提交了一份报告，美国认为这份报告反映了更多问题。[332] 在 2 月 28 日例会上，在 63 个成员联合要求开始遴选程序的情况下，美国仍然一意孤行，并且从六个方面批驳了上诉机构所提交的报告。主席总结说：情况正在变得更加复杂；关于"Rule 15 问题"，成员们认为需要美国进一步澄清其立场，即究竟需要解决什么问题，这样才能决定是否讨论这个问题。主席还表示，他的主席任期即将结束。[333] 在 3 月 27 日例会上，主席表示很遗憾没有能够在遴选方面取得进展，但是"大象"显然比"Rule 15 问题"要大！新任主席、泰国大使 Sunanta Kangvalkulkij 女士表示很荣幸在这个前所未有的挑战时期与各成员合作。[334]4 月 27 日仍然没有任何进展。[335] 在 5 月 28 日例会上，中国代表对美国提出所谓"Rule 15 问题"的动机表示怀疑。[336]

从 2017 年 8 月例会上美国提出"Rule 15 问题"以来，已经过去了 9 个月，遴选工作没有任何进展。目前的情况是：关于"Rule 15 问题"，即上诉机构还是 DSB 有权决定任期届满成员继续案件审理工作，WTO 成员有不同理解，并且 DSB 未能就此进行讨论并作出决议，而上诉机构只剩下 4 个人。因此，当主席提出其中一位成员 Shree Baboo Chekitan Servansing（毛里求斯籍）第一届任期将于 9 月 30 日届满，可以开始连任程序的时候，现场只有南非代表非洲集团发言，希望 WTO 成员善意（in good faith）行事。此人能顺利连任吗？悬！

在 6 月 22 日例会上，当美国抛出"DSU 17.5 问题"，指责上诉机构在大量案件中超期裁决的时候，代表们虽然说了一些不同看法，但是每个人心中的疑惑可能都得到了确认：美国这是在找碴儿，"醉翁之意不在酒"。[337] 随后，美国又在 8 月 27 日例会上提出了"DSU17.6 问题"，指责上诉机构审查专家组报告中的事实问题；[338] 在 10 月 29 日例会上指责上诉机构报告中充斥着"咨询意见"；[339] 在 12 月 18 日例会上指责上诉机构要求"遵循先例"；[340] 加上美国贸易政策报告中所指责上诉机构"越权审判问题"，[341] 共同构成美国指责上诉机构的"六宗罪"。这些"罪名"可以分为一个"实质问题"和五个"程序"问题，即"越权裁判"及"超期审案"、"超期服役"、"咨询意见"、"事实法律"和"遵循先例"。"越权裁判"，即在一系列案件中，专家组和上诉机构在补贴、反倾销税、反补贴税、TBT 协定的标准和保障措施等方面超越了其法定权限，给 WTO 成员增加或减少了权利义务；"超期审案"，即上诉机构没有遵守 90 日审期的规定；"超期服役"，即离任成员继续审案；"咨询意见"，即上诉机构发表无关争议解决的咨询意见；"事实法律"，即上诉机构审查事实及重新审查成员国内法；"遵循先例"，即上诉机构主张其裁决构成先例。美国的意思是：这些问题不解决，就不同意上诉机构成员遴选。[342]

七、"谋杀案"

美国所指控的上诉机构"六宗罪"能否成立是一个问题，而以此阻挠上诉机构成员遴选则是另一个问题。前者也许可以讨论，甚至对 WTO 争端解决机制的改进有所帮助，但是后者显然属于恶意，是不能原谅的。

在此期间，所有 WTO 成员都认为不能将这些问题与遴选程序挂钩。有些成员直截了当批评美国蓄意破坏上诉机构，有些成员指责美国将 WTO 变成其 "人质"，[343] 有些成员建议 DSB 就 "Rule 15 问题" 作出决议，[344] 更多成员联合要求立即开始遴选程序。[345] 但是这一切都不能改变美国的决心。不仅如此，早在 8 月例会上，美国就已经明确反对 Servansing 先生连任，[346]WTO 成员的最后一线希望破灭。

在 2019 年 1 月 28 日例会上，欧盟提请 WTO 成员关注 13 个成员向总理事会提交的两份文件，一份对美国所关注的 5 个问题（"越权裁判"除外）逐个提出了解决方案，另一份文件则就确保上诉机构成员独立性问题提出了方案。[347] 美国老调重弹，认为其关注的问题没有得到解决；上诉机构滥用权力，损害了争端解决机制的正当性和所有 WTO 成员的利益；WTO 规则应该得到争端解决机制的遵循。在随后例会上，不管其他成员说什么，美国只是一味重复这几句话。4 月 17 日，日本和加拿大也就这些问题提出了方案，[348] 但是在 4 月 26 日例会上，美国仍然重复了这几句话，[349] 而对于如何解决这些问题只字不提。

在 2019 年 4 月 11 日特会上，[350]DSB 主席换成了新西兰大使 David Walker。离任主席表示，在她任期内，DSB 批准成立了 33 个案件专家组，表明了 WTO 成员对争端解决机制的日益依赖和对多边贸易体制的信任，但是 WTO 上诉机构和争端解决机制面临前所未有的挑战，将对 WTO 产生深远影响。[351]

此时，上诉机构成员只有 3 名，遴选工作陷于停顿。因此，上诉机构将于年底停止工作，因为按照 DSU 规定，每个案件应该由 3 个人组成合议庭审理，而年底上诉机构成员只剩下 1 名。[352] 事实上，早在 2018 年初，WTO 争端解决机制的合法性就受到了挑战，因为 DSU 规定上诉机构由 7 名成员组成，人员不足就不能在合作、代表性和轮流审案等方面满足要求，[353] 而上诉机构 "不合法"，专家组审案也是有问题的，因为 WTO 争端解决机制是 "二审终审" 的制度设计，即专家组属于 "一审法院"，而上诉机构属于 "二审法院"；没有

"二审法院"，很难说"一审法院"是合法的。

至此我们如梦初醒：过去几年，WTO 上诉机构正在一点点走向"死亡"，而"凶手"就是美国！对于美国的所作所为，其他成员从惊讶、批评、斗争到失望，至此才明白这不过是一场有计划的"谋杀"！我们好幼稚！我们好天真！

那么，美国为什么要这么做？美国究竟想干什么？

第二节　上诉机制危机的原因

WTO 上诉机构危机来自美国阻挠上诉机构成员的遴选。然而，美国提出的理由是什么？能否站得住脚？真实原因又是什么？美国的理由，前文已经有所涉及，[354] 此处进行全面介绍。

一、理由

美国驻 WTO 大使曾表示，美国对 WTO 争端解决机制的关注明确载于《2018 年贸易政策规划及 2017 年贸易协议年度报告》（*2018 Trade Policy Agenda and 2017 Annual Report of the President of the United States on the Trade Agreements Program*）第 22—28 页中，并且戏称"第 22—28 页"已经成为日内瓦流行的美国关注的代名词。[355] 该文件是 2018 年 3 月美国总统根据法律规定向国会提交的年度报告，全面总结了 2017 年美国在贸易协议谈判和实施，贸易执法措施，在制造业与贸易、保护知识产权、促进数字贸易和电子商务、贸易与环境、贸易与劳工、中小企业和经合组织等方面的活动，WTO 的各项活动，以及贸易政策发展等方面的举措，还有 2018 年的计划。[356] 对争端解决机制的关注，大致可以分为实质和程序两个方面。

在实质方面，主要是所谓的专家组和上诉机构增加或减少 WTO 协定的权利义务问题，可以简称为"越权裁判"（overreaching）问题。文件列举了一系列案件，认为专家组和上诉机构在补贴、反倾销税、反补贴税、TBT 协定的标准和保障措施等方面超越了其法定权限，对 WTO 成员增加或减少了权利义务。例如，上诉机构的解释严重限制了 WTO 成员抵制国有企业所提供的干扰贸易的补贴的能力，对市场导向行为者的利益构成了威胁；上诉机构对 TBT 协定中非歧视义务的解释要求审查源于国别的与差别待遇无关的因素，使得国内外产品的同等待遇却因市场影响的差异而被认定为歧视进口产品，而 TBT 协定文本或谈判历史都不能表明 WTO 成员曾经谈判或者同意这样的做法；在"美国海外销售公司案"中，专家组和上诉机构的解释导致一项结果，即 WTO 规则没有公平对待（全世界和本国）不同的税收制度，而没有考虑 WTO 成员已经达成谅解，认为一国没有必要对国外收入征税，并且没有证据表明美国海外销售公司扰乱了贸易或比其他国家的本国税收制度更具扰乱性；上诉机构对 GATT 第 19 条和《保障措施协定》的解释没有文本依据，而是按照自己设定的标准解读文本，严重影响了 WTO 成员使用保障措施的能力；在"美国抵消法案"中，上诉机构事实上创造了一种新的禁止性补贴，而 WTO 协定并未限制成员如何使用基于反倾销税和反补贴税所建立的基金以帮助受到损害的产业。

在程序方面，该文件则选取了以下 5 个问题。（1）无视 90 日上诉审期。2011 年之前，上诉机构基本遵守 90 日审期的规定，只是在必要时经当事方同意延长期限。然而，上诉机构后来改变了做法，不再与当事方协商，而只是向争端解决机构通报。近年来，上诉机构也不再遵守一般应在 60 日内提交报告的规定，不向当事方和争端解决机构通报延期所需时间。（2）离任成员继续审案。上诉机构任期结束后继续审理现有案件，其决定权在争端解决机构，而不在上诉机构本身。2017 年之前，上诉机构偶尔自己作出决定，并且延长时间相对较短。但是 2017 年开始进行无限期延长，甚至适用于某成员任期结束前尚未开始审理的案件。（3）发表无关争议解决的咨询意见。上诉机构经常发表并非解决争端所必需的意见，导致了审期延误。例如，在某个极端案例中，上诉机构报告三分之二长达 46 页的分析都是咨询性质的（obiter dicta）；上诉机构推翻了专家组裁决，认定专家组的所有裁决都是无效的，但是转而长篇解释 GATS 的若干规定。这些解释无益于解决争端，而是对一个无效专家组裁决的审查。（4）审查事实及重新审查成员国内法。上诉机构经常根据不同的法律标准对专家组报告中的事实进行审查，并且对 WTO 成员国内法进行解释。上诉机构将国内措施的含义作为法律问题进行审查，而不承认其属于不应受制于上诉审查的事实问题。不仅如此，上诉机构在审查国内措施的时候，还不采纳专家组的事实认定。（5）主张其裁决构成先例。上诉机构认为，除非有强有力的理由（cogent reasons），专家组应该遵循其裁决。尽管上诉机构裁决能够对 WTO 协定进行有价值的澄清，但是裁决本身并非成员所同意的文本，也不能替代谈判所达成的文本。上诉机构主张其裁决构成先例，就是认为专家组可以不予承担客观审查案情的责任而只是遵循先前裁决。[355]

二、剖析

正如美国在该文件中所说，这些理由过去多年都曾在 WTO 提出过，现在不过是将其汇总并加以强调而已。不仅如此，在这份文件和在 DSB 会议上的相应发言中，美国还经常援引其他成员的相同观点，声称这些问题是成员普遍关注的问题。然而，美国也提到，事实上也有很多成员不同意美国的观点，甚至在 DSB 会议上与美国展开了辩论。[358] 此外，也有成员就美国关注的问题提出了解决方案。[359]

从美国的关注和其他成员的态度看，分析美国提出的这些理由，大致可以从三个方面进行：问题是否属实，问题是否严重，问题是否有解。对于这些问题的法律分析，本书将专门论述，[360] 此处仅作一较为宽泛的介绍。

（一）实质问题

对于实质方面的"越权裁判"问题，理想的方法，是对美国提到的每个案例的专家组和上诉机构报告进行详细研究，特别是当事方和第三方在相关问题上的观点，专家组和上诉机构的分析，报告在DSB 会议上通过时 WTO 成员的发言，甚至是随后学者们对案件的评价。鉴于美国提到了很多案件，这个工作量已经不小，但这只是基础工作，最多属于"文献综述"。在此基础上，应该对是否"越权裁判"作出判断。

然而，此处却有一个理论和实践的困境。从理论上看，DSU 说争端解决机制的功能在于"维护"（preserve）WTO 成员在协定中的权利义务，"澄清"（clarify）现有规定，但不得"增加或减少"协定中的权利义务。[361] 这三个词之间的界限是什么？"维护"可以说是目的，即通过裁决案件维护成员的权利义务；"澄清"可以说是手段，即对引起争议的条款进行解释；"增加或减少"则可以说是结果，即从消极、负面的角度设置一个标准。将这三个词结合在一起，争端解决机制功能的完整表达应该是：通过澄清协定中的规定，维护成员的权利义务，但不得增加或减少成员的权利义务。在理论上，"澄清"就是赋予某个规定以协定文本所没有载明的含义，或者在不同规定之间建立某种联系（或者确定没有联系）。也就是说，"澄清"的结果，从形式上就是对协定条款的增加或减少，那么如何判定是否"增加或减少"了权利义务，以及是否"维护"了权利义务？实践中，专家组和上诉机构总是根据"国际公法的习惯解释规则"，[362] 甚至是格式化、教条化地使用《维也纳条约法公约》第 31 条所规定的"通常含义"（特别是字典含义）、"上下文"和"宗旨和目的"相结合的方法，对争议条款作出解释。具体到个案，说一些裁决是"澄清"，另一些裁决是"增加或减少"，必定是非常困难的。

鉴于案例研究的工作量以及理论和实践的困境，要对美国在每个案件中所提出的关注进行——辩驳，得出令人信服的结论，证明所谓"越权裁判"并非属实，绝非易事。但这并不妨碍就某些案件进行初步分析，以便对这个问题形成大致的看法。在众多案件中，本人有幸亲自参与过两个案件处理，可以结合亲身经历谈谈看法。

在对补贴案件的关注中，美国提到了"美国反倾销和反补贴案"。这是 2008 年中国起诉美国对来自中国的 4 种产品同时征收反倾销和反补贴税的案件。经过两年多审理，WTO 上诉机构认定美国的措施不符合 WTO 相关规定，美国随后修改了相关做法。[363] 对于本案争议的两个焦点，即《补贴与反补贴措施协定》第 1 条"公共机构"（public body）一词的含义和"双重救济"（double remedy，即在同时征收反倾销和反补贴税情况下所出现的重复征收情况）是否违反第 19 条第 3 款，上诉机构都作出了令人信服的解释。其中，对于"公共机构"，上诉机构从严格的字词含义出发，认为判断的标准是该机构是否履行政府职能，而不仅仅是该机构是否为政府所拥有，而对于"双重救济"，上诉机构则紧扣"适当金额"（appropriate amounts）一词的目的，认为对于来自非市场经济成员的产品同时征税而不考虑重复征收的情形，不符合协定的规定。[364] 在本人看来，上诉机构的解释是严谨的，澄清了 WTO 成员的权利义务，不存在"越权裁判"的情形。

在对保障措施案件的关注中，美国提到了其作为被诉方的两个案件。[365] 美国提到的自由贸易协定成员的产品排除和"未预见发展"（unforeseen developments）的判断标准等问题，在后来中国作为起诉

方的"美国钢铁保障措施案"中都有涉及。这是 2002 年中国与另外
7 个成员联合起诉美国限制 10 种钢材进口的案件，也是中国第一次
参与 WTO 争端解决，被称为"中国入世第一案"。该案经过近两年
的审理，专家组和上诉机构一致认定美国措施不符合 GATT 第 19 条
和《保障措施协定》，而美国也随即宣布撤销限制措施。[366] 在本人看
来，上诉机构的解释是严谨的，在产品排除问题上符合《保障措施协
定》相关条款的本意，并且使得"未预见发展"的要求具有可操作性，
澄清了 WTO 成员的权利义务，不存在"越权裁判"的情形。

　　以上是对"问题是否属实"作出的判断。可以想象，美国不会认
同这个判断。退一步讲，即使问题属实，那么"问题是否严重"？一
种判断方法，是看其他成员作何反应，是否也像美国那样关注。对于
某些问题，正如美国提供的资料所显示的，其他成员也发表过看法，
但是关注程度显然不如美国，甚至不同意美国观点。[367] 再退一步讲，
如果上诉机构在某些案件的裁决中"一错再错"、"知错不改"，"增加
或减少"了成员的权利义务，那么为什么美国从来没有援引 WTO 协
定中的权威解释条款，纠正上诉机构的做法？[368] 最后，既然美国一
再指责上诉机构"越权裁判"，但是美国为什么没有提出解决问题的
办法？例如修改 DSU 或者设立某种机制以制约"越权裁判"行为？
相反，美国只是反反复复在 DSB 会议上发表意见，并且多数情况都
是自己败诉的案件，令人不禁对美国意见的可信度产生怀疑。批准裁
决报告的 DSB 会议的确是当事方和其他成员发表看法的场所和机会，
但是败诉方表示不满，只是不得不表达的政治姿态而已，具体理由已
经在案件审理过程中以专业律师的标准表达过，受到过对方的质疑，
并且最终得到专家组和上诉机构详细的分析和裁判。美国只是提出关
注，而没有提出解决问题的办法，没有回答"问题是否有解"，以至
于人们有理由从头怀疑"问题是否属实"和"问题是否严重"。

（二）程序问题

严格说来，程序问题还可以进一步细分为纯粹程序问题和涉及实质的程序问题；审期和离任成员审案问题属于前者，问题属实，而咨询意见、审查事实（及审查国内法）和遵循先例则属于后者，因为问题是否属实需要进行实质判断。

DSU 规定上诉机构审案期限为 60 日，最长不超过 90 日，而现实中的确出现了超期审案问题。[369] 这并不是什么大不了的问题，也不难解决。在本人看来，通过 DSB 决议或者 DSU 修改，对上诉机构提出明确要求，例如必须与当事方协商和必须经 DSB 同意才能延期，问题就解决了。当然，这只是个案解决的方法，而要从体制上解决问题，则必须研究延期的原因并从制度上作出安排。众所周知，随着案件数量和复杂程度的增加，上诉机构及其秘书处人手不够，捉襟见肘，这是不能按时审结案件的主要原因，[370] 而解决这个问题，显然只有增加编制，或者采用更加灵活的用人机制。[371]

上诉机构成员任期 4 年并可连任一次。任期届满而案件没有审结，这是非常可能并经常出现的问题，[372] 上诉机构已经预见并且在《上诉审议工作程序》第 15 条规定了过渡期处理办法，即经上诉机构授权并向 DSB 通报。[373] 美国认为"决定权在争端解决机构，而不在上诉机构本身"。即使决定权在 DSB，也不是难事，上会讨论批准就是了。如果美国认为这种现象应该规范，不能让任期届满太长时间的人士审理案件，那么只需要在制度上细化就可以了，例如规定预期不能在任期届满后多长时间内审结的案件，就不应分配给该成员。

所谓咨询意见，是指裁决报告中与解决争端没有直接关系的内容。[374] 当然，是否为咨询意见，是否与争议相关，这需要个案分析。根据本人的实务和阅读经验，上诉机构报告中有些内容的确并非解决争端所需，但是不一定能说没有必要，因为这些部分常常能够帮助WTO 成员进一步或更加全面理解裁决，对自己的权利义务更加明确。

事实上，"咨询意见"在国内法院判决中普遍存在，就恰恰证明了其存在的合理性。如果想对这个问题进行规范，那么可以像国内法那样，明确哪些部分是没有约束力的咨询意见。

上诉只审查法律问题，这是 DSU 明确规定。[375] 然而在实践中，"法律"和"事实"问题常常需要界定，并且有时候难以区别。具体到美国所关注的问题，即专家组对国内法含义的界定，是"事实"还是"法律"，这是比较复杂的问题，甚至可能需要个案解决。对于 WTO 案件而言，成员国内法常常是被诉措施，而国内法某些条款的含义，这显然属于"事实问题"，需要专家组查明。那么，专家组的解释是否就是纯粹的事实认定？当事方能否上诉？上诉机构能否审查？是否存在"对事实问题的认定属于法律问题"这样的悖论？这些问题看似复杂，但并非不能讨论清楚，并且结合个案灵活处理。

随便翻开一份裁决，当事方、第三方、专家组和上诉机构援引先例的情况比比皆是，甚至每份裁决前面都有一个案例表，尽管上诉机构曾经明确说其裁决只约束本案。[376] 的确，WTO 没有普通法中"遵循先例"制度，不存在专家组必须遵守上诉机构裁决的规定，但是先例能够提供指导，这是共识，连美国也承认"上诉机构裁决能够对 WTO 协定进行有价值的澄清"。那么，"有价值的澄清"与"遵循先例"的界限是什么？上诉机构在美国所指责的那个案件中说"除非有强有力的理由，司法机关应该在随后的案件中以相同的方式解决相同的法律问题"，[377] 这样说何错之有？"同案同判"应该是一项基本的司法原则，而先例在此过程中显然起到了关键作用，不管在法理上先例是否有约束力。事实上，尽管上诉机构在该案中是批评专家组背离上诉机构在先前案件中对相同法律问题的解释，[378] 但是上诉机构的说法显然是更具普遍性的，也就是说，上诉机构自己也应该"遵循先例"，甚至专家组之间也应该"遵循先例"，而不仅仅是要求专家组遵守上诉机构的裁决，因此与美国所指责的影响专家组客观审查案情没有关系。如果美国认为上诉机构的做法不妥，那么就应该拿出可以操作的替代方案，为案件审理提供具体的指导。

综上所述，相对于实质问题"越权裁判"，程序问题相对简单：审期和离任成员审案问题事实清楚，并不严重，不难解决，而咨询意见需要个案澄清并且可以作出制度安排，审查事实和遵循先例问题则需要进一步澄清并且提出具有操作性的方案。对于这些问题，其他成员并没有像美国那样反应强烈，[379] 而美国也没有提出改革方案。[380] 对于这些并非不能解决的问题，甚至清晰简单的问题，美国却揪住不放，大动干戈，不禁让人对其动机表示怀疑。

美国振振有词地指责争端解决机制的这些实质和程序问题，并且表示在这些问题得到解决之前，不支持启动上诉机构成员的遴选程序，[381] 事实上釜底抽薪，将上诉机构和争端解决机制置于死地。人们不禁要问，即使这些问题确实存在、非常严重并可以解决，那么这些问题已经严重到足以摧毁整个上诉机构吗？如本节开头所提出的，上诉机制的建立是GATT"乌拉圭回合"谈判中"改进并加强争端解决的规则和程序"的主要成果，并且在实际运作中成绩卓著，得到了所有成员的肯定；美国也在很多案件中胜诉，在DSB会议等场合赞扬上诉机构的裁决。[382] 因此，美国的做法着实令人费解。

三、Bob

2017年9月，美国贸易代表（United States Trade Representative, USTR）Robert Lighthizer（Bob）在一次演讲中表达了以下想法：GATT时期的专家组审案模式很好；专家组作出裁决，然后双方进行谈判。[383] 此话一语道破天机！美国是要多边贸易体制回到GATT时期的争端解决模式，即只有专家组"一审"，没有上诉机制，并且是否执行裁决的权力最终留在各成员手中，不是由上诉机构作出具有强制执行力的裁决。Bob 为什么这么想？他一个人就能够"杀死"上诉机构吗？

（一）Bob 其人

"经验丰富的贸易谈判专家和诉讼律师……""特朗普总统要他担任 USTR 时……是律所合伙人，已经从事国际贸易法业务 30 多年。……保护美国产业免受不公平贸易做法（unfair trade practices）的损害。""……曾经担任里根总统的副 USTR。""在担任副 USTR 之前……是美国参议院财政委员会主席 Bob Dole 办公室主任……""……在乔治城大学获得学士学位并在乔治城法学中心获得法学学位。""……是俄亥俄州阿什塔布拉人……"

这是 Bob 在官网上的介绍。[384] 这种介绍一般是自己写的，目的性很强，常常是官样文章，不可能从中了解一个人的所有情况和想法。然而，短短几段文字，却也透露了一些重要信息。例如，他是个"内行"，熟知国际贸易法；他一直在致力于"保护"美国产业；他有政府工作经验，甚至负责过贸易谈判；他是个"法律人"；他是俄亥俄州人。然而，他为什么对上诉机构非欲除之而后快呢？显然，官网信息远远不够，需要借助更多的资料。

2007 年，当 Bob 还是一位律师的时候，曾经与一位贸易专家进行过三轮书面辩论，辩题为"WTO 争端解决制度是否公平？"Bob 是反方。他开门见山，认为 WTO 争端解决制度脱轨了，正在威胁整个 WTO 的合法性；WTO 法官们认为自己的任务并非仅仅实施谈判者及其所达成协议的意图，而是推动世界贸易的引擎，这必将带来灾难。随后，他举例论证了这一判断：贸易救济是最好的例子，可以采取措施打击倾销、补贴和损害性进口增长，是美国这样的开放经济体支持贸易的基本条件；然而，WTO 法官们不是恪守职责，而是对贸易救济措施展开了全面攻击，实质上为 WTO 协议撰写了新的条款；在贸易救济之外的领域，WTO 法官们也就很多主权行为作出裁决，从美国税收政策、拨款政策、环保措施到公共道德，不一而足。他认为，这威胁到了整个制度的公信力，而对于这种司法能动主义（judicial activism），WTO 成员几乎无能为力，全体一致修改协议几乎不可能，而退出 WTO 则将是灾难性的。此外，他还列举了一些案例，包括"美国归零案"、"美国海外销售公司案"和"美国抵消法案"。最后他说，以 8000 亿美元贸易逆差支持全世界经济增长的美国，却一直被指责为无赖国家而一直在 WTO 中受到攻击，这是荒谬的；有人认为不执行 WTO 裁决，天就会塌下来；WTO 争端解决制度应该改革了；美国应该成立一个高级别委员会审查不利裁决并就 WTO 法官们是否恪守职责向国会提出报告。[385]

同期，Bob 在参议院财政委员会的一次作证中也表达了大致相同的观点。他认为，WTO 争端解决制度是对美国贸易法的最大威胁之一。美国在 WTO 中的被告案件最多并且几乎全部败诉，47 个案件败诉 40 个，很多案件要求美国修改国内法。这些专家组和上诉机构裁决通过创造新的法律要求，始终在损害美国利益。美国的贸易伙伴正在通过诉讼获得谈判所没有得到的东西，其结果是美国丧失了保护人民和企业的主权。其中，在贸易救济领域情况最为严重，33 个案件败诉 30 个。国会应该成立专家小组审查不利案件，并且要求行政部门执行不利裁决必须得到国会的个案批准。[386]

从以上内容中可以发现，Bob 对 WTO 争端解决机制有意见，并非一日之寒，至少从十年前就开始了。我们还可以发现，他的意见主要集中在"法官们"越权和"贸易救济"（反倾销、反补贴和保障措施）领域。此外，我们还发现了他强调了"主权"等概念。2010 年在关于中国的一次作证中，他更加明确地阐述了其"主权"观念。他认为，在别的国家不遵守 WTO 规则时，美国就有权背离 WTO 规则，因为 WTO 规则不能干涉各国制定经济政策的主权；WTO 法与禁止大屠杀或侵略战争的国际法不同，并不要求不惜一切代价地遵守，而只是工具性的法律，有利的时候才遵守；实际上可以用经济学理论来理解 WTO 遵循机制，即在成本大于收益的时候可以进行"有效违反"（efficient breach）。[387] 这与前文中"天就会塌下来"的比喻如出一辙。

至此，Bob 对 WTO 争端解决机制的态度基本明朗了。对他来说，WTO 裁决，特别是贸易救济方面的裁决，影响了美国使用反倾销、反补贴和保障措施等法律，而对于 WTO 规则和裁决，美国不必当真，有利就遵守，没有利就不遵守。然而，他对贸易救济案件的批评经不住推敲，专家组和上诉机构未必就"越权裁判"了，[388] 而他对"主权"的理解以及 WTO 规则和裁决的态度则令人不敢苟同，不明白一个法律人怎么会如此看待国际法。[389] 结合他的经历，我们基本上可以还原他的心路历程：他成长在一个钢铁是主要产业的地方，目睹了钢铁行业每况愈下；法学院毕业进入政府工作，遇到了前辈引路人 Dole；[390] 后来从事律师业务，主要客户是钢厂，为保护钢铁行业游说和提起贸易救济调查申请；然而 WTO 的一系列裁决，对这些法律规定了严格的纪律，使得他不能随心所欲地加以援用，从此"怀恨在心"，四处散布 WTO"坏话"；一朝大权在握，立即采取行动改变这种局面。[391] 在他上任之前，美国一直在批评上诉机构，甚至阻挠上诉机构成员连任。于是他抓住这个机会，决定与 WTO"算总账"。客观地说，上诉机构的所谓问题，美国不是第一次提出，但是将这些问题上升到如此严重的程度，并且借此扼杀上诉机构，却是 Bob 的创造。他也许真的认为 WTO 争端解决机制不对，也许是"官报私仇"，但是杀死上诉机构却是其明确的目标和行动。猜测他的真实想法当然是主观的，但是他的观点与本节开头介绍的美国政府所提出的理由有惊人相似之处，则是明确的证据。

Bob 出生于 1947 年 10 月 11 日，现年 71 岁。他认准的事情，估计谁也无法改变。2017 年和 2018 年，在参议院的两次听证会上，他都表现了自己的"内行"和强硬，宣称要加大美国贸易法的执法力度，并且为明显违反 WTO 规则的对华产品加征关税措施进行辩护。[392]看来，他是要大干一场了。具有讽刺意味的是，2003 年他曾经被美国政府推荐为上诉机构候选人。鉴于他对 WTO 争端解决的一贯批评态度，有人问他如何看待这次参选，他的回答是："我认为选择是二选一：批评这个制度并希望杀死它（kill it），还是值得去日内瓦适用严格解释的方法以增加某种公信力？"[393]回顾这句话，此刻我们禁不住浮想联翩，试图想象他当了上诉机构成员会怎样审理案件？如果他曾经当过上诉机构成员，此刻会如何对待上诉机构？显然，当年他接受推荐，是选择去日内瓦的，而后来没有去成日内瓦，他就选择"杀死它"了。

（二）Bob 角色

美国政府决策是比较透明的。政治人物的立场和观点，会在各种各样的听证会、新闻发布会和演讲中加以阐释，并且接受听众的提问甚至质问。[394]不仅如此，美国媒体非常发达，会对公众人物进行跟踪发掘报道，甚至涉及他们的个人生活。这些都为我们研究 Bob 提供了便利，让我们可以大体把握他的想法和做法，尽管他自己内心究竟怎么想只有他自己知道，我们只有靠合理推断。他对 WTO 争端解决机制不满，他要搞掉上诉机构，前文的分析应该能够得出这样的结论。不仅如此，从上下级的角度看，他也具备这样的能力。

在美国政府组织序列中，USTR 是负责贸易谈判的主管部门，其中包括WTO事务。也就是说，在WTO问题上，Bob是"第一责任人"，承担主要责任。他是特朗普总统挑选的。特朗普选他当 USTR 并且不断夸奖和重用，[395]显然是基于前文所介绍的 Bob 始终如一的立场，即加强贸易执法，保护美国产业。特朗普上台两年，从内政外交和日常言行，我们已经大体看清了他的为人处世风格。[396]可以想象，如果特朗普明白 Bob 在慢慢杀死上诉机构，一定会拍着他的肩膀说"干得好"（Good job）！因此，我们可以肯定地说，从 Bob 与特朗普的关系看，如何对待 WTO 是 Bob 说了算的。至于 Bob 的下级幕僚，当然更是言听计从，一切听"老板"的，不愿干可以走人。首长负责制，下级服从上级，这是所有科层制行政部门的共同工作方式。

　　分析政治人物的性格和偏好等在政治决策中的作用，这是一个专门的学科——政治心理学。在政治心理学看来，政治行为是以国家或政府的面目出现的，但是真实的原因却是国家或政府背后决策的政治人物。政治人物的决策当然受到各种各样因素的影响，包括政治体制和社会形势。然而在"时势造英雄"还是"英雄造时势"的选择中，政治心理学更加倾向于后者，而在权力集中或政治人物个性鲜明时，情况尤为如此。简而言之，按照政治心理学的理解，国家或政府的行为，常常是由政治人物决定的。换句话说，面对相同的问题，不同政治人物会采取不同的处理方法。这符合人们的常识和经验。在日常生活中，每个人的为人处世方式都是有差异的，而在政治生活中，特别是在当今美国政治生活中，特朗普的个性因素对于美国政府的内政外交特点起到了决定性作用。在美国的政治体制下，特别是在国会、法院和媒体制衡的情况下，特朗普不可能为所欲为，但是作为总统，他有法定的权力范围，并且不断尝试突破界限。具体到贸易领域，特朗普所采取的攻击性、保护主义的政策，与其性格是一致的。跟这样的"老板"，Bob 自然可以大显身手，实现自己的"理想"。至此，我们可以得出这样一个结论：所谓美国对 WTO 争端解决机制的态度，就是 Bob 一人决定的，正如美国外交政策就是特朗普一人决定的。两个人决定一个国家的贸易政策，这看上去有点过于简单化，但是当这两个人离任后，如果美国贸易政策就发生大转弯，那么就能肯定他们俩是"自变量"。这有待未来实践的验证，但是不能否认政治心理学方法的理论价值，因为这种理论得到了历史事实和日常生活的验证。[397]

结　语

Bob 怀念 GATT 模式。关于争端解决，GATT 只有两个条款加上一些工作文件，[398] 是否执行裁决的决定权属于当事方。然而，即使在这种机制下，绝大多数当事方也是选择执行裁决，[399] 而不是像 Bob 所说的对裁决进行审查和判断，不利就不执行。从前文的分析可以推断，他从一开始就反对"改进并加强争端解决的规则和程序"，因为他认为制定 DSU 这样的详细规则，特别是强制执行机制，对美国是不利的，限制了"主权"。我们甚至可以想象，如果"乌拉圭回合"谈判时期他是 USTR，压根儿就不会有 DSU！不仅如此，尽管他多次强调不赞成退出 WTO，因为 WTO 是一个重要组织，[400] 但是他摧毁上诉机构就是对 WTO 争端解决机制的致命打击，并进而影响到 WTO 整个体系的功能和运作。也就是说，杀死上诉机构就是谋杀 WTO。其实他对 WTO 并不在乎，曾公开表示以美国的经济实力，不应该受制于某个多边机制，而是应该采取一对一谈判的方式。[401]

至此我们进一步确信，Bob 对于 WTO 争端解决机制的批评，其根源不在于这个机制存在什么问题。正如绝大多数 WTO 成员和专家所共识，这套机制很好，是国际法治的进步。例如，曾经与他进行三轮辩论的专家就认为这个机制非常好，上诉机构基本上是按照法治原则审理案件的。[402]Bob 批评的根源，是他并不相信国际法治这样的东西，而是相信国家实力。[403]Bob 这种观点并不奇怪，很多人，特别是一些国际政治学者，都是相信权力的，因为现实世界中，从国际到国内，权力决定一切的现象比比皆是。然而，还有一些人，包括美国的政治家和法学家，却是相信法治力量的，认为这是国际和国内的"应然"状态并且应该为之付出努力。[404] 例如，二战以来美国的外交政策，基本上是以推动国际条约和国际组织的以规则为基础的国际秩序建设的，认为国际法治最有利于美国利益，与当前特朗普政府的退出条约、退出组织和破坏规则的做法截然相反。[405] 目前特朗普和 Bob 一派占了上风，有一些客观原因，[406] 但是特朗普个性和 Bob 立场则是更为主要的原因。也就是说，我们完全可以相信，换一个总统和 USTR，美国对待 WTO 态度就会有所不同（事实上，国家管理越是个性化，就越是不具有可持续性）。

Bob 对待 WTO 的观点和做法是错误的，并且这种情况不会持续很久，这种判断来自对 WTO 实事求是的评价，也来自于对法治的信念，认为规则有利于国际关系，规则必将战胜权力。此外，这种信念还应化为实际行动。在看清美国无理阻挠上诉机构成员遴选的真实目的之后，其余 163 个成员应该联合起来就行抗争，例如立即开始设计一个没有美国参加的上诉机构。[407]

第三节　WTO 上诉机制危机中的法律问题

在"越权裁判"、"遵循先例"、"事实法律"、"咨询意见"、"超期服役"和"超期审案"等方面，美国对上诉机构提出了激烈批评，并以此阻挠上诉机构成员遴选，使得上诉机构陷入生死存亡的危机。在美国所提出的问题中，有些比较复杂，属于国内国际司法机制常见问题，应该通过更长时间的司法实践磨合。有些比较简单，属于实践中的程序问题，可以通过澄清和完善制度加以解决。WTO 上诉机构的经验和教训，必将成为国际关系的宝贵财富，而研究解决这些法律问题，具有现实意义和前瞻价值。

前文已经论证，美国阻挠上诉机构成员遴选，致使 7 名成员只剩下 3 名，上诉机构合法性和实际运转出现严重危机，真实原因是美国贸易代表 Robert Lighthizer（Bob）想摧毁上诉机制，让 WTO 争端解决机制回到 GATT 时期那种只有专家组"一审"并且由败诉方决定是否执行裁决的模式，而美国所提出的理由，不过是利用 WTO 争端解决机制运行过程中所出现的一些问题作为借口而已。[408]

然而，正如美国所说，这些都是"老问题"，长期以来美国一直表示关注。[409] 在美国国内，自 WTO 成立以来，一直都有质疑 WTO 争端解决机制的声音。例如，在政界，1995 年，参议员 Robert Dole 就曾提出一个法案，建议美国成立一个"世界贸易组织争端解决审查委员会"，对不利于美国的裁决进行审查；[410]2002 年，美国国会要求商务部就 WTO 裁决"增加或减少"美国权利义务的情况和对策提交报告。[411] 在民间，一些法学教授和贸易律师对 WTO 裁决持批评态度，认为这些裁决，特别是贸易救济方面的裁决，超出了 WTO 各项协议的规定，属于"司法能动主义"。[412] 质疑者与赞同者甚至以"WTO 争端解决制度是否公平？"为题展开过公开辩论。[413] 在 WTO 层面，对于 WTO 案件审理和裁决中出现的问题，特别是所谓"越权裁判"问题，美国也一直表示关注，包括在 2005 年就 WTO 的法律解释方法提交过立场。[414] 对照美国国内和 WTO 层面的情况，从内容和时间看，这些质疑和关注是内（美国）外（WTO）互动、前（方）后（方）一致的。换句话说，美国国内的质疑，非常直接地反映在 WTO 层面的关注中。更进一步说，不论在美国国内还是在 WTO，表示质疑和关注的都是同一拨人，或者说都是同一种观点。不仅如此，在美国政治生态下，产业、律师和议员容易形成一条线的利益集团，并且对行政部门施加压力，对学术界产生影响（或者利用学术界的不同声音）。这就是本节开篇引文中"在对 WTO 司法实践最为激烈的批评中，很多都是代表各种各样的特殊利益"的应有之义。[415] 更为直白地说，很多质疑和关注可能掺杂了私利，其公正性令人生疑。[416] 当然，专业研究者能够拨开迷雾，揭示问题本质。例如，前文就从案例和事实的角度出发，认为这些所谓的问题要么并不严重、很好解决；要么情况复杂、很难处理。此外，专业研究者还能够从纯粹法律角度，正面研究这些问题。本节就是这样的尝试。这样做不仅是为了论证美国的理由不能成立，而且是对 WTO 上诉机制的理性思考，以期有利于这种制度的健康发展。不管这些批评是否带有私利，都应该认真研究，因为只有这样才能澄清问题，甚至从这些批评中吸取一些教训。本人认为，建设性、学术性的研究，有利于消弭攻击性、政治化的气氛，进而有利于多边贸易体制的发展。

前文已经提及，美国对 WTO 争端解决机制的关注主要见于《2018 年贸易政策规划及 2017 年贸易协议年度报告》以及美国在 DSB 会议上的系列陈述。为便于表述，前文将这些关注分为 1 个"实质问题"和 5 个"程序"问题，即"越权裁判"及"超期审案"、"超期服役"、"咨询意见"、"事实法律"和"遵循先例"等，并进行了初步评论。[417] 本节将进一步分析这些问题，但是按照"先难后易"的原则，对顺序进行一些调整。此外，2018 年底欧盟等成员就美国关注和其他问题提出了修改 DSU 建议，[418] 此处也将结合进行述评。

一、"越权裁判"

所谓"越权裁判"（overreaching），主要是美国认为专家组和上诉机构增加或减少 WTO 协定的权利义务问题。美国列举了一系列案件，认为专家组和上诉机构在补贴、反倾销税、反补贴税、TBT 协定的标准和保障措施等方面超越了其法定权限，对 WTO 成员增加或减少了权利义务。前文已经对这个问题进行初步剖析，认为对每个案件进行研究并非易事，但是从本人熟悉的两个案件看，美国的说法不能成立。然而，对美国所提出的案件进行研究，只是实证层面的工作；所谓"越权裁判"现象，还引发了理论层面的思考，涉及法律制度和主权观念等方面。

前文已经论及，从法律制度方面看，问题在于 DSU 中对于争端解决机制功能的定位。具体而言，DSU规定：争端解决机制的功能在于"维护"（preserve）WTO成员在协定中的权利义务，"澄清"（clarify）现有规定，但不得"增加或减少"协定中的权利义务。具体到个案，说一些裁决是"澄清"，另一些裁决是"增加或减少"，是非常困难的。因此，从制度设计层面看，DSU措辞就为争端解决机制功能的争议留下了隐患。[419]

从主权观念方面看，一个国家谈判、签署和批准了一项条约，当然应该遵守该条约的规定，享有权利和承担义务。[420] 如果该条约包含了争端解决条款，特别是第三方（法院或仲裁庭）裁决的条款，那么在遇有争议的时候，缔约国当然应该将争议提交这种第三方裁决机制，并且认真执行裁决。这种说法表面上看来没有问题，但是细思之下，却可能出现严重问题。从实体义务（初级规则）看，一个国家通过条约主动答应做什么事情，这完全是主权行为。然而，从争端解决（次级规则）看，一个国家答应由别人判定是否履行了条约义务，就是将主权让渡给他人，则需要非常谨慎，甚至不能这么做。具体到WTO，其争端解决机制具有"强制管辖权"和"强制执行力"，因此美国国会在WTO成立之初就担心主权问题，觉得将国家立法和贸易救济等事项交给3个"无名"（nameless）、"隐形"（faceless）的人定夺非常不放心，[421] 这一点确在情理之中。尽管从国际关系角度看，国际法治，特别是像国内司法制度那样的争端解决机制，应该成为一种发展趋势，但是具体每一步，都是应该扎实稳妥的。其中"主权"仿佛一道城墙或一条护城河，是实际和心理的屏障，每一步逾越都需要小心。所谓"越权裁判"，就是一个警钟——美国感到危险，敲响了警钟，值得深入思考。[422]

争端解决机制被称为WTO"牙齿"，是多边贸易体制成功之道。有了强制争端解决机制，条约才成为"硬法"，反之则是"软法"。过去20多年，人们从WTO看到了国际法治的发展范例。然而，这是一副"义齿",是安装在"牙床"上的,需要调整适应才能使用正常。相比于国内司法体制,WTO 争端解决机制最多是一副新的"义齿",需要很长时间才能磨合。具体到"越权裁判"问题,显然是由于法律制度的设计引起了主权观念方面的"不适"。此时当然不能是抛弃争端解决机制,或者在国内另外建立一个审查机制,因为这些都是由于"不适"而拒绝佩戴"义齿"的方法。解决方法应该是从现有制度或新设制度的角度,让 WTO 成员能够更多控制上诉机构对协议条款的"澄清",确保其"维护"而非"增加或减少"权利义务。从现有制度看,《WTO 协定》第 9 条第 2 款规定应该可以援用,因为该款规定:最高权力机构部长会议或总理事会有权对 WTO 协议作出权威解释。对于所谓"越权裁判"行为,即在个案中上诉机构"增加或减少"了权利义务,美国或任何其他成员都可以援引此项条款,要求作出权威解释,至少在未来案件中不再"越权"。如果感觉这种制度安排不够或者不便,[423] 还可以专门设计一个审查机制,对一些常见问题提出指导性意见。[424] 针对 DSU 措辞似乎很难提出进一步改进方案,因为问题并非出在规范层面,而是出现在实施过程。[425]

二、"遵循先例"

所谓"遵循先例",是指上诉机构认为,除非有强有力的理由(cogent reasons),专家组应该遵循其裁决。如前所述,[426] 在"美国不锈钢案(墨西哥)"中,上诉机构重申其裁决只约束本案,但是强调这并不意味着专家组可以无视上诉机构裁决中的法律解释和裁决理由。上诉机构指出,争端解决实践表明,WTO 成员非常重视专家组和上诉机构报告中的推理;报告经常被随后争端中的当事方援引并且为专家组和上诉机构所倚重。不仅如此,WTO 成员制定或修改国内立法的时候也考虑这些报告中的法律解释。因此,这些报告已经成为

WTO 争端解决机制的组成部分。上诉机构认为，DSU 第 3 条第 2 款所说的争端解决机制为多边贸易体制提供"安全性和可预见性"就表明，"除非有强有力的理由，司法机关应该在随后的案件中以相同的方式解决相同的法律问题"。上诉机构还进一步指出，上诉机构是位于专家组之上的机构，职责就是审查专家组的法律解释，这表明WTO 成员重视权利义务解释的一致性和稳定性，因为这有利于"安全性和可预见性"以及迅速解决争端，而专家组不遵循上诉机构裁决，在这方面就是有害的。某个条款的适用是个案处理的，但是上诉机构所做的澄清却不仅仅限于某个案。[427] 在随后的案件中，专家组就援引了上诉机构的说法。[428] 美国认为，上诉机构借此改变了争端解决裁决的性质，即从解决争端和对未来案件有一些说理价值，变成具有先例效力，仿佛 WTO 成员在 DSU 中同意建立普通法那样的先例制度。美国还对上诉机构观点逐一反驳，认为其没有适当理解专家组和上诉机构在争端解决机制中的功能，对第 3 条第 2 款进行了错误解释，倚重报告不能支持"强有力的理由"做法，误解（或错误陈述）当事方援引报告的原因，与其他国际司法机构进行不适当和不完全类比，错误推定等级结构的存在。

"遵循先例"既是司法实践现象，也是法律制度理论。[429] 从司法实践看，遇到法律纠纷，人们第一反应当然是查看法律规定，但是随后就是对照相关案例。对照案例的心理是非常清楚的，因为案例能够为理解法律提供指导。如果纠纷提交第三方解决，那么当事方也会援引先例作为论证依据，而法官或者仲裁员也会参考先例进行裁决，因为"同案同判"是一项公认的法律原则。具体到形式上，在普通法传统的司法实践中，当事方的书状和法官或仲裁员的裁决，会充满各种各样的案例，而在大陆法的司法实践中，可能书状和裁决中看不到案例，但是大家都在参考案例，这一点是确信无疑的。[430] 由此发展出两种法律制度理论，即普通法中"遵循先例"制度，即下级法院应当遵循上级法院裁决和同级法院应当遵循先前案件裁决，和大陆法中的裁决只约束本案制度，即判例不能构成法律渊源。这两种法律传统和理论的形成过程比较复杂并且各有利弊，[431] 但是如上所述，在司法实践中，它们之间的差异已经几乎是名义上的了，特别是在普通法制度下，法官可以通过区别案件而不遵循先例，而在大陆法制度下，法官也可以基于"同案同判"而援引先例。[432]"遵循先例"能够增加法律制度的稳定性，这应该是这种做法成为普遍实践的原因。在国际法院和 WTO 等国际司法机构中，这一点也不例外。[433] 在 WTO 领域，随便翻开一份裁决，当事方、第三方、专家组和上诉机构援引先例的情况比比皆是，甚至每份裁决前面都有一个案例表。

　　在这种背景下，上诉机构明确声明其裁决只约束本案，但是"除非有强有力的理由，司法机关应该在随后的案件中以相同的方式解决相同的法律问题"，如此表达似乎没有问题，不过是描述了 WTO 司法实践的真实情况，并且从法律制度层面进行了澄清而已。换句话说，上诉机构确认了 WTO 中没有普通法那样的"遵循先例"制度，即上诉机构没有"造法"功能，但是"同案同判"的法律原则应当得到遵守。不仅如此，尽管在"美国不锈钢案（墨西哥）"案中，上诉机构是针对专家组的做法而进行这段分析的，但是"司法机关"一词却包含了专家组和上诉机构。也就是说，不论是专家组还是上诉机构，都应该按照"同案同判"原则"遵循先例"。实践中，上诉机构也确认了专家组报告的相应作用。[434]

　　也许正是由于"遵循先例"在司法实践和法律理论中的复杂性，针对美国提出的关注，在欧盟等成员提出的解决方案中并未具体涉及，而是建议上诉机构与 WTO 成员举行年度会议进行沟通，使得关于上诉机构某些做法、制度性事项或趋势方面的关注能够得到反映。换句话说，也许欧盟等成员并不认为目前司法实践中的做法有什么问题。然而，增加上诉机构与 WTO 成员沟通，却是非常创新的想法。

这不是监督或控制上诉机构，因为这样可能会影响上诉机构独立审判。这也不是简单信任上诉机构，因为理论上上诉机构有可能"为所欲为"。事实上，这样的年度沟通机制，甚至可以或者更加适合解决所谓"越权裁判"问题。实事求是地说，"遵循先例"的实践没有什么值得年度沟通的，除非在具体案件中就是否遵循及其理由是否强有力存在争议。相反，"越权裁判"问题是动态的，个案中是否"增加或减少"权利义务，非常值得沟通。当然，沟通只是给上诉机构提个醒，可能会让上诉机构未来审案更加严谨。

三、"事实法律"

在多数司法制度中，作为终审的上诉审都是"法律审"，即只审查下级法院法律适用和法律解释是否正确，[435] 并且关于何为"法律"、何为"事实"，司法实践中经常出现争议。[436] 此外，在国际法领域中，"事实"可能就是缔约国的国内法，争议事项常常是某项国内法是否符合国际条约的义务。WTO 也不例外。上诉机构的职责是审查专家组对 WTO 协议的使用和理解是否正确，[437] 并且 WTO 成员国内法常常成为争议事项，[438] 专家组需要判断该国内法是否符合 WTO 协议，而上诉机构则可以审查专家组的判断是否正确。以上都是没有争议的问题。美国所提出的关注，是一种特殊情况，即上诉机构审查专家组对国内法的解释是否正确，而美国认为这是明显的"事实"审查。

美国提出，早在 1997 年，上诉机构就在"印度专利案（美国）"中采取了这种错误做法，并且一直延续至今。此案上诉争议的事项之一，是印度认为专家组无权解释印度国内法，而上诉机构认为专家组的职责是判断该国内法是否与 WTO 协议一致，为此必须对国内法运作有详细理解，所以有权解释国内法而不仅仅是依赖当事方的理解。然而，上诉机构接着说道："在本上诉中我们同样有必要审查专家组对印度国内法的理解。"[439] 也就是说，上诉机构有权审查专家组对国内法的解释。

从表面上看，上诉机构犯了一个逻辑错误——既然国内法属于"事实"，那么专家组对国内法的解释就不应该成为"法律"。也就是说，专家组对国内法的解释属于事实认定，不应该是上诉事项，上诉机构无权审查。如果一方认为专家组理解国内法有误而提起上诉，那么上诉机构就应该不予审查。当然，上诉机构可以基于专家组对国内法的理解，判定专家组对该国内法与 WTO 协议之间关系的认定是否正确，包括使用协议条款是否得当和对该条款解释是否正确，从而作出维持、修改或推翻的决定。[440] 然而，从制度设计上看，如果专家组对国内法的理解确实有误该怎么办？DSU 中没有相应规定，不用于国内司法制度中普遍存在的"发回重审"制度，即在事实认定不清的情况下，上级法院可以要求下级法院重新审查以确定事实。[441] 也就是说，在目前制度下，面对"事实不清"，上诉机构无能为力。如果要为上诉机构留下一点空间，那么似乎是试图区分国内法与其他事项（例如加征关税）作为事实之间的差异，因为国内法毕竟是法律，对争议条款的理解属于法律解释，与某个具体措施是否存在及其定性等纯粹事实问题有所不同。[442] 当然，这个空间应该通过修改 DSU 予以明确，而不应该交由上诉机构自己决定。

在 DSU 没有修改的情况下，欧盟等成员的建议只能是澄清上诉机构的职责范围，即所谓"专家组报告中的法律问题和专家组所做法律解释"包括根据 WTO 规则对于争议措施的法律归类以及专家组所做客观审查，但是不包括国内法含义本身。[443] 显然，这样的澄清并没有解决"事实不清"应该怎么办的问题。

四、"咨询意见"

所谓"咨询意见"，根据美国的解释，是指法官在案件审理之前或者针对假设情形就法律问题所给出的非约束性说明。具体到WTO案件，咨询意见是指专家组和上诉机构报告中并非解决争端所必需的部分。美国所举的案例包括上诉机构报告中建议DSB要求某些成员进一步提起案件，就DSU适用于中止减让后阶段的情况发表意见，就当事双方都认为没有必要的事项做出裁决，在认定专家组裁决无效后进一步审查相关问题等等。美国认为，这些意见是咨询意见，属于"附带意见"性质，是造法行为，超出了上诉机构的权限。

"附带意见"是普通法上相对于"判决理由"（*ratio decidendi*）的概念，是指判决书中没有先例效力的意见。[444]由于"遵循先例"的法律传统，判决书中哪些部分属于先例，哪些部分不属于先例，以及如何从法理上进行区分，就成为引起争议和讨论的法律问题。[445]判决书需要说理，而说理往往需要就法律规定甚至法律理论发表看法，因此很难说哪些部分并非解决争端所必须。然而，具体到WTO争端解决，在理论上，这个问题却是相对简单的，因为WTO中并没有"遵循先例"制度，因而没有必要进行区分。当然，在实践中，如前文"遵循先例"部分所述，可能仍然会出现需要区分的问题，因为"除非有强有力的理由，司法机关应该在随后的案件中以相同的方式解决相同的法律问题"，而这种事实上的"遵循先例"显然不应该包括"咨询意见"。换句话说，对于确定为解决争端之外的部分，不应该得到援引和遵循。举例而言，在美国所提到的"阿根廷金融服务案"中，上诉机构在认定专家组裁决无效后，由于上诉提出了其他问题并且这些问题"对GATS规定的解释有影响"而继续审查这些问题，就不属于解决争端所必需。

上诉机构的职责是解决具体争端，而不是一般性地解释协议，这一点应该是明确的。因此，欧盟等成员建议修改 DSU，明确规定上诉机构的工作仅限于解决争端所必需的事项。事实上，这样的修改也澄清了 DSU 第 3 条第 7 款与第 17 条第 12 款之间的关系——前者说"争端解决机制之目的在于确保争端的积极解决，"而后者要求上诉机构审查上诉中所提出的"每一个"法律问题。也就是说，修改后的规定是上诉机构应审查解决争端所必需的每一个法律问题，而不必是上诉中所提出的每一个法律问题。然而，可以想象，在明显的"咨询意见"不复存在后，关于是否为"必需"的争论却不会停止，因为当事方可能会有不同理解。事实上，在美国所提出的案件中，就有一些是有争议的。[446]

五、"超期服役"和"超期审案"

DSU 规定，上诉机构成员任期 4 年并可以连任一次，[447] 但是实践经常出现任期届满而案件没有审结，继续审理案件的情况，可以称为"超期服役"。《上诉审议工作程序》已经预见到这种情况，第 15 条规定了过渡期处理办法，即经上诉机构授权并向 DSB 通报。[448] 美国认为允许上诉机构成员任期届满继续审案的权力在 DSB 而不在上诉机构本身。这显然是容易解决的问题，只要对 DSU 进行澄清，规定由 DSB 决定就可以了。欧盟等成员提出的方案是：修改 DSU，明确上诉机构成员审理案件的过渡期规则由 DSB 审议决定，并且可以考虑限于任期内已经召开过上诉听证会的案件，以免"超期服役"时间过长。

DSU 明确规定，上诉审期限为 60 日；如果 60 日内不能完成，上诉机构应向 DSB 书面通报原因及其预估时间，但是最长不超过 90 日。[449] 但是实践中经常出席超过 90 日，甚至不向 DSB 说明原因和不与当事方商量的情况，美国认为这违反了 DSU 规定。这显然是纯粹程序问题，可以作出相应安排。欧盟等成员提出的建议是：修改 DSU，要求上诉机构加强磋商和透明度，即与当事方充分协商时间，并且在当事方无法达成协议的情况下，则应该考虑采用能够在 90 日内完成工作的机制，例如当事方主动限缩上诉范围，书面陈述限制页数，减少上诉机构报告的长度，报告只用上诉所用语言公布（而翻译后续进行）等。[450] 这个建议所用的举例，其实反映了审理期限超过 90 日的部分原因。例如，在上诉方提出事项过多的情况下，要求上诉机构必须在 90 日内完成是不合理的。再如，随着 WTO 案例越来越多，上诉双方援引案例越来越多，上诉机构工作量也越来越大。又如，WTO 成立 20 多年，已经有 500 多起案件提交争端解决机制，很多比较简单的规则争议已经通过案件得到解决和澄清，因此后期案件越来越复杂。[451] 鉴于争端解决的发展情况，可以进一步考虑增加法定审期的时间，例如增加到 120 日，以便于上诉机构从容审案。为了实现维护成员的权利义务、积极解决争端和为多边贸易体制提供安全性和稳定性等目标，[452] 审理期限是可以适当放宽的。

"超期服役"和"超期审案"并不存在复杂的理论和实践问题，只要改进制度设计就可以得到解决，但是"超期审案"问题的出现，却反映了争端解决机制发展中的一些新动向，需要"实事求是"看待，"与时俱进"解决。

结　语

本节考察重点是美国提出的关注和批评，因为美国就是基于这些理由引发了上诉机构危机。从本节分析可以看出，"越权裁判"、"遵循先例"、"事实法律"和"咨询意见"等问题比较复杂，是国内国际法律制度中常见问题，只不过是在 WTO 司法实践中常规出现而已。当然，"越权裁判"等引发的主权问题，也是国际司法制度的特有问题，对于国家而言具有特殊敏感性，需要更加慎重对待。这些问题的根本解决，需要更长时间争端解决实践，不可能通过修改 DSU 一蹴而就。相比之下，"超期服役"和"超期审案"问题清楚，能够很快调整解决。此外，从本节分析还可以看出，美国对上诉机构的指责并非公允，因为很多问题是由制度设计和形势发展所造成的，不能简单归咎于上诉机构。

事实上，除了这些问题之外，还有一个问题是 WTO 成员所普遍关注的问题，即上诉机构的独立性问题。这个问题也是美国引起的。2016 年，在特朗普政府上台针对上诉机构全面"发难"之前，美国阻挠一位上诉机构成员连任而引发了上诉机构第一场危机。美国称，这位成员审理的很多案件存在问题，因此不同意其连任，而其他成员认为这将影响上诉机构成员的独立性，进而动摇争端解决机制的可信度。最后美国成功阻挠其连任，但是此举却引起了广泛讨论。因此，2018 年底欧盟等成员在提出回应美国关注的建议同时，也就上诉机构成员独立性问题提出了方案，即将上诉机构成员改为 6—8 年单一任期，以免由于连任事项而受到干扰，影响独立审判。

从历史角度看，国际争端解决机制脱胎于国内司法制度，后者固有的一些问题，有可能会在前者中出现。不仅如此，后者的发展完善阶段，也可能体现在前者之中。也就是说，国际司法制度需要更多时间和案例形成具有自己特色的制度。在此过程中，困难甚至危机都是难免的。然而，特朗普政府以这些问题为借口而扼杀上诉机构的极端行为，将一些需要慢慢实践和完善的事情，突然提到了人们面前。这场危机的化解需要智慧和机遇，例如 WTO 成员所付出的努力和特朗普政府立场可能出现的变化，但是争端解决机制，特别是上诉机构在维护多边贸易体制安全性和可预见性方面的作用，却是有目共睹、毋庸置疑的。可以预料，即使上诉机构停止运转，WTO 争端解决制度设计的经验（和教训）也会成为国际关系的宝贵财富，成为未来多边体制的重要组成部分。在这种背景下，研究上诉机构危机中的法律问题不仅具有现实意义，而且具有前瞻价值。

第六章

WTO 上诉机制的前景

2018 年 11 月 19 日上午，欧盟驻 WTO 大使 Marc Vanheukelen 在上海对外经贸大学（古北校区）演讲，题目是：SAVING THE MUL-TILATERAL TRADING SYSTEM，大致包括三个方面内容：WTO 危机的现状（贸易战、上诉机构和新规则制订）、原因（反全球化、WTO 决策机制、不能与时俱进等）和方案（先解决上诉机构问题，推进渔业补贴谈判等，开启诸边主义）。

在问答阶段，我提了一个问题：关于上诉机构，您是否问过美国大使，美国的方案是什么？提这个问题，是因为看了美国 WTO 大使 Dennis Shea 访谈（10 月 12 日 CSIS 访谈 [453]），感觉美国只是说自己对上诉机构不满，指出了一系列所谓的问题，但是并没有提出解决问题的方案。大使回答：我多次问 Dennis：美国的方案是什么？但是他的答复含糊其词（vague）；过去美国不是这样的，并且一般来说，"谁抱怨谁提议"也是常规。提这个问题，也是想确认一下大使在演讲中所提信息的含义：他说 12 月 12 日欧盟要联合若干成员向 WTO 提出上诉机构改革提案，到时会看看美国的反应，看看美国是真的想改革还是想摧毁上诉机构。从"vague"一词看，欧盟像很多人一样，不知道美国葫芦里究竟卖的什么药。

演讲结束后，离开会场，我有幸与他边走边聊。先是套近乎：

2016 年 4 月我在日内瓦竞选上诉机构成员，他曾经面试过我。随后开玩笑：幸亏没有选上，否则就要失业了。后来我严肃地说：美国要让 WTO 退回到 GATT 模式，这一点应该是清楚的，因为美国贸易代表 2017 年就说 GATT 模式很好，专家组裁决，双方谈判，结果是贸易增长了，争议解决了；这个模式长期以来都很成功，但是现在这种约束性（binding）的争端解决程序，必须找到让其运转的方式（we have to figure out a way to have it work）（2017 年 9 月 18 日，CSIS）[454]。在这种情况下，任何提案都是徒劳无益的。也就是说，我认为美国对于联合提案的态度，可能仍然是含糊其词，只是说这个不行、那个不行，而不是提出自己的方案，其真实意图就是坐待上诉机构慢慢死去。大使说：对于这么多重要成员（可能还包括中国）提出的方案，美国不应该等闲视之，应该严肃对待；如果美国一意孤行，没人能够阻止他，那么欧盟还有预案（PLAN B），即 DSU 第 25 条仲裁，即部分成员签订协议，约定可以将专家组裁决"上诉"至仲裁，其中当然涉及仲裁员选择和秘书处使用等具体安排。我问为什么不能有更进一步预案（PLAN C），例如 163 个成员启动上诉机构遴选程序。大使认为：这样会进一步激怒特朗普，导致美国离开 WTO，而以美国的贸易量和重要性，欧盟不愿意看到这样的结果。

在全世界都感到莫名其妙、不知所措的关键时刻，能够与 WTO 重要成员的大使交换看法，当然是一次非常难得的经历。然而，当时我没有意识到，这次谈话涉及了随后 WTO 上诉机构危机应对的两个主要方面，即针对"六宗罪"的解决方案和替代方案。

第一节 改革方案

一、欧盟方案

2018 年 11 月 26 日，比欧盟大使所言提前一周，欧盟等 12 个成员（中国、加拿大、印度、挪威、新西兰、瑞士、澳大利亚、韩国、冰岛、新加坡和墨西哥）就超期服役、审理期限、事实法律、咨询意见和遵循先例等 5 个问题向 WTO 提交了 DSU 修改建议。同时，欧盟又与中国和印度就上诉机构成员独立性问题提出了建议。[455]

关于超期服役，该提案建议修改 DSU，就离任成员的过渡性安排制定规则。建议条款为：如果上诉听证会已经举行，则离任成员应该完成上诉审理工作。关于审理期限，该提案建议修改 DSU，增加协商和透明度的规定，并取得当事方同意。具体而言，上诉机构应该尽早，甚至在上诉提出之前就与当事方协商。如果当事方不能就延期达成协议，则应该有一套机制确保在 90 日内作出裁决。例如，上诉机构可以建议当事方自愿限缩上诉范围，限制书面陈述页数，或者减少上诉机构报告的篇幅，还可以仅用上诉所使用的语言公布报告。建议条款为：上诉程序不得超过 90 日，但是当事方同意上诉机构建议者除外；当事方应当对于建议给予积极考虑；在当事方不能达成协议的情况下，上诉机构应与当事方协商达成特殊工作方案以确保 90 日内作出裁决。

关于事实法律，该提案建议澄清：专家组报告中的法律问题和法律解释，包括专家组对措施的法律归类和客观评估，但是不包括国内措施本身含义。建议条款类似，可以通过脚注形式实现。关于咨询意见，该提案建议修改 DSU，明确规定上诉机构只在解决争议所必需范围内审查当事方所提出的上诉问题。建议条款类似。关于遵循先例，该提案建议上诉机构与 WTO 成员举行年度会议，以便后者就上诉机构的某些做法、体制性问题或倾向等发表意见，但同时要有透明度和基本规则，避免给上诉机构成员施加不适当的压力。建议条款类似。由于美国并未在 WTO 提出越权裁判问题，因此该提案没有涉及这方面内容。

这份提案是非常认真的，对美国问题提出了针对性的解决方案。然而，这些方案并非难事，可以看出这些不是什么大不了的问题，只要对 DSU 进行简单修改就可以解决。事实上，提案连背景介绍加方案条款，总共只有 4 页！

上诉机构成员独立性问题，是美国之外其他成员所关注的问题。欧盟等同时提交这份提案，表明所谓美国问题应该与独立性问题一起解决。提案建议：上诉机构成员任期应该是一个，但是时间更长，例如 6—8 年，以确保上诉机构及其成员的独立性。此处内容只有短短两句，却是对上诉机构成员连任危机的根本性解决方案。也就是说，这样的改革，将从根本上解决 WTO 成员借连任干扰独立性的问题。与此同时，该提案还提出了"效率和能力"（efficiency and capacity to deliver）方面的建议，包括将上诉机构成员增加至 9 名，以改善上诉机构的效率和内部组织，以及改善地域平衡；将上诉机构成员改为专职，这涉及就业条件的改变，但并不影响其参与学术或科学活动；增加上诉机构秘书处人员。由于这是一份单独提案，成员与上一份提案不尽相同，因此该提案还提出了另外两个建议，即离任成员过渡期不得超过两年，遴选应于离任成员任期届满前 × 月（例如 6 个月）自动开始。应该说，这是一份实事求是的改革方案，能够解决长期以来的一些问题。

这两个提案是向总理事会提出的，美国大使在 12 月 12 日会议上发表了总体评论。他说，这些建议在某种程度上认可了美国多年来所表达的关注，即上诉机构偏离了 WTO 成员所议定的职责。然而，他指出，这些建议并未有效解决这些关注，因为它们不仅没有回到成员们所议定的 DSU，甚至还承认改变规则，促成和授权成员们所关注的做法。他声称，成员们所应该做的，不是修改 DSU，而是对这些关注进行深度讨论，研究为何上诉机构可以随意背离成员们所议定的内容以及如何确保规则得到遵守。最后，对于独立性等提案，即延长任期、剥夺成员们在连任过程中的权力、上诉机构成员专职和增加秘书处人员，他更是一口回绝，认为这样会使得上诉机构更加不负责任，更加容易越权裁判。[456] 简而言之，美国不同意欧盟等提出的建议。

美国的观点是不值一驳的。DSU 并非不能修改。相反，就像欧盟等提案那样，根据实际情况，只要稍加调整，美国所关注的问题就能够得到解决。此外，美国始终没有提出解决方案，而只是一味批评其他成员的提案。美国大使发言时，也许欧盟大使也在场。此时此刻，欧盟大使应该明白美国意图，不再存什么幻想了。

二、其他方案

（一）澳大利亚和加拿大提案

12 月 10 日，澳大利亚单独就越权裁判问题提出建议，认为 9 月 24 日加拿大所提方案值得讨论，即就案件中出现的问题进行专题讨论并建立权威解释的正式路径。[457] 加拿大提案是关于 WTO 整体改革的，题为"加强并更新 WTO"（strengthening and modernizing the WTO），涉及监督功能、争端解决和规则谈判等三个方面。争端解决部分包括上诉机制问题，对于美国关注提出了一些原则性想法，例如限定"咨询意见"的范围，澄清上诉机构的审查标准，强调裁决效力仅限于本案，为如期裁决制定指南。关于越权裁判，加拿大的建议是：创设一种机制，使得 WTO 成员可以有更多机会提供约束性或非约束性指南，包括就争端中所出现问题进行专题讨论，并且开发一种正式路径，使得讨论的结果能够经全体一致通过，成为"权威解释"（即《WTO协定》）第9条第2款已有规定。

在12月12日总理事会会议上，澳大利亚和加拿大都没有提及这个方案，因此也没有看到美国反馈。欧盟在介绍以上两份提案的时候，顺便提及了越权裁判问题，认为这种实体规则可以根据相关规则进行修改或解释。此处的相关规则，显然是指《WTO协定》第9条和第10条所指的"权威解释"和条款修改程序。也就是说，欧盟认为，这个问题并非无法解决。

因此，关于越权裁判问题，澳大利亚、加拿大和欧盟等都认为，WTO现有规则已经提供了"合法渠道"，能够得到解决。

（二）总理事会协调员

值得提及的是，在12月12日会议最后，主席提议总理事会设立一种非正式程序（informal process）进行磋商，后来由DSB主席David Walker担任上诉机构事项非正式磋商协调员（Facilitator of the Informal Process on Appellate Body Matters）。截至2019年7月23日，协调员提交了3份报告。[458] 在第三份报告中，协调员汇报了过去6个月的工作情况：举行了两次正式总结会，4次开放式非正式会议，9次非正式小组会，收到了12份提案，对所有事项进行了逐一讨论。他说，对于这些问题，存在分歧，也有所共识；以下是存在某种共识的内容：

（1）离任成员的过渡性规则。在确定上诉机构成员方面，DSB拥有明确的权力和责任。在离任成员任期届满前180日，遴选程序应自动开始。如果常规任期届满之前出现空缺，则DSB主席应立即启动遴选程序。成员可接受其任期届满前60日能够完成的案件，该成员可完成其任期届满前60日已经举行听证会的上诉程序。（2）90日。

上诉机构报告应于上诉之日起 90 日内作出。对于异常复杂或多个上诉案件，当事方可以协商延期，但必须通知 DSB 和上诉机构主席。（3）国内法。国内法属于事实问题，不能上诉。DSU 不允许上诉机构对事实进行"重新"审查或者"完成分析"。WTO 成员不应提出广泛而非必要的观点，使得事实认定被上诉推翻。（4）咨询意见。当事方没有提出的事项，上诉机构不应审查。上诉机构应在解决争端所必需的范围内进行审查。（5）先例。争端解决程序并不创设先例。权利义务的一致性和可预见性对于 WTO 成员具有重要价值。在案件相关的时候，专家组和上诉机构可以考虑此前裁决。（6）"越权"。专家组和上诉机构裁决不得增加或减少 WTO 成员权利义务。对于反倾销案件，专家组和上诉机构应该根据该协定第 17 条第 6 款（ii）项[459]进行解释。（7）DSB 与上诉机构常规对话。DSB 应与上诉机构商量设立常规对话机制，以便 WTO 成员就特定裁决以外事项表达意见。该机制为非正式会议，至少每年举行一次，由 DSB 主席主持。为了保障上诉机构的独立公正性，应该制定清晰规则以保证正在进行案件或上诉机构成员不被讨论。

这份报告的内容，与欧盟方案多有相似之处，可见 WTO 成员的想法大致相同。如果以上已经形成共识，那么美国所关注的问题就都已经解决了。然而，事实并非如此。协调员汇报后，美国大使发表了综合评论。他开宗明义，重申了曾经反复强调的原则：如果 WTO 成员声称支持规则为基础的贸易体制，那么上诉机构就必须遵守 WTO 成员所制定的规则。他说，美国积极参与了协调员的工作。该报告表明，不仅仅是美国，很多成员都认为上诉机构已经违反且仍在违反 DSU 的明确规则。有些成员提出了创造性想法以解决问题，但是也有成员并不承认上诉机构违规，而是要改变规则，给上诉机构授权。报告提到了有限的共识，但是也提出了如何采取行动的问题。（1）关于过渡规则，报告提到的共识是 DSB 有明确授权。但是问题在于

WTO 成员是否有任命上诉机构成员的绝对权力。也就是说，WTO 成员是否同意，上诉机构自己无权决定已经不是上诉机构成员者继续审案？规则 15 不符合 DSU 条文吗？此外，关于主动开始遴选，应该没有共识，因为这样会削弱 DSB 权力，限制其判断适当遴选程序的能力。(2) 关于时限，共识是必须在 90 日内作出裁决。90 日是一项义务，那么 WTO 成员就应该了解为什么上诉机构会背离这项明明白白的规则及其后果。例如，当事方协议就能延期，还是由 DSB 决定？ (3) 关于国内法与事实问题，美国同意报告所提共识，但是报告没有涉及上诉机构规避其审理期限的方式，仍然认为上诉机构可以审查专家组是否履行了客观审查事实之义务。上诉机构无视一项明确规定，即 DSU 第 11 条 "客观审查" 是专家组的职能，而非义务，并且用词为 "should" 而非 "shall"。因此，有必要继续讨论这些措辞，以便了解为什么上诉机构反反复复审查事实。(4) 关于咨询意见，报告应该明确上诉机构不能作出这种意见。(5) 关于先例，WTO 成员分歧很大。有些成员坚持认为，专家组必须遵循上诉机构裁决，而上诉机构也坚持认为专家组要遵循其裁决。但美国认为，对先前裁决中解释的价值作如此理解，直接违背了 DSU 和《WTO 协定》。总之，报告承认有些成员认为 DSU 对上诉机构有明确限制，并且上诉机构违背了规则，同时有些成员则认为没有限制。美国认为，WTO 成员应该达成共识，寻找解决上诉机构违规的办法，而如果没有共识，简单增加或修改一些用词是不能解决问题的。460

这番发言，是对协调员报告的评论，也是对美国关注的进一步澄清。不仅如此，这还是美国对其他成员提案的第一次全面回应。美国的立场似乎可以总结为以下三个方面。第一，美国才是名副其实地支持以规则为基础的贸易体制，因为长期以来上诉机构明目张胆违背 DSU 规则，是美国挺身而出解决问题。第二，大家必须首先承认上诉机构犯了错误，这一点不能模棱两可。第三，上诉机构必须遵守

DSU。显然，这个立场至少犯了一个逻辑谬误，混淆了一个认识问题。解决问题与摧毁机制是相互矛盾的。当前美国所采取的做法是一点点杀死上诉机构，却说是维护规则，这是连小孩子都骗不过去的。此外，在所谓上诉机构问题上，"认识"与"行动"并不矛盾；即使 WTO 成员对一些问题的认识存在分歧，包括 DSU 规则是否足够清晰，上诉机构是否有错，但是协调员报告都提出了可操作的方案，足以解决美国关注。美国一面振振有词，一面阻挠遴选，同时并不提出解决方案，一味批评别人提案。如此做派，实在是蛮横无理，欲盖弥彰，摧毁上诉机构是真，解决问题是假。美国的说法，没人相信，不知道这位大使自己是否相信。他曾经发明了一个新词："disruptively constructive"，认为没有美国的破坏性行为，就没有 WTO 的建设性行动，大家可能仍然在不慌不忙地"梦游"（sleeping walking）。[461] 看来，他承认美国做法是破坏性的。至于是否具有建设性，则恐怕是自欺欺人了。

第二节　替代方案

一、"上诉—仲裁机制"

2019 年 7 月 25 日，欧盟和加拿大向 WTO 提交了一份文件，名为《关于开发、交存和分享 WTO 争端解决行为的做法和程序的声明》（*Statement on a Mechanism for Developing, Documenting and Sharing Practices and Procedures in the Conduct of WTO Disputes*），声称援引 DSU 第 25 条，开始一种"上诉—仲裁程序"，作为上诉机构不能审案情况下的一种临时安排。也就是说，在上诉机构不能正常工作的情况下，欧盟和加拿大将根据第 25 条提起上诉。声明称，这个程序将尽量复制 DSU 第 17 条的内容，包括得到上诉机构秘书处的行政与法律协助。上诉案件将由三名前任上诉机构成员担任仲裁员，由 WTO 总干事选任。双方将于具体案件专家组设立后 60 日内签订附件中的仲裁协议。该协议对仲裁的提起、日期、程序、权限、执行等内容作出了规定，大致与 WTO 上诉程序相同。[462]

这实在是一项伟大的创造！[463] 这就是欧盟大使在上海所提到的 PLAN B。显然，欧盟等见美国心意不诚，在仁至义尽提出改革方案的同时，已经在准备预案，用于应对美国一意孤行，上诉机构不能审案的情况。该声明开始就双方立场进行了阐述：WTO 争端解决机制为多边贸易体制的安全性和可预见性作出了卓越贡献，应该支持以规则为基础的贸易体制；上诉机构在争端解决机制中不可或缺，而当前填补空缺迫在眉睫，WTO 成员缺乏一致意见，上诉机构即将无法运转；争端解决机制的基本原则和特色是其约束性及双层审案机制，对专家组报告进行独立公正的上诉审查。由此可见，在对上诉机构的评价、争端解决机制的约束性和"二审终审"机制等方面，欧盟等与美国的观点大相径庭。[464]

第 25 条"仲裁"是作为争端解决的替代方案设计的，是为了便于争端的快速解决。也就是说，除了正式援用专家组和上诉机构等正式争端解决程序外，当事方也可以选择进行仲裁。至于仲裁员是谁，仲裁程序什么样，第 25 条并未规定，而是交由双方商定。至于仲裁与 WTO 的关系，该条只是要求双方向 WTO 通报仲裁协议和裁决，其他成员可以参与仲裁，DSU 的裁决执行规定，即第 21 条（对执行建议和裁决的监督）和第 22 条（补偿和中止减让）适用于仲裁。作为替代方案，这一设计非常合理。WTO 成员当然有权选择其他方式解决争端，只是为了其他成员掌握情况，仲裁情况应该向 WTO 通报。然而，25 年来，只有一起援引该条的案例，而且是非典型案例。[465] 因此，第 25 条成了摆设，没有发挥作用。究其原因，

无怪乎两个：WTO 争端解决机制的高效与仲裁制度的缺陷。在"强
制管辖"和"强制执行"等方面，争端解决机制彰显了强大的生命力，
WTO 成员乐于使用。相比之下，仲裁制度属于"事后自愿仲裁"，即
发生争议后双方商量提交仲裁，实践中被诉方不一定会配合。这种仲
裁，与普通商事仲裁的"事前仲裁协议"截然不同。商事合同中的仲
裁条款是在争议发生之前拟定的，因此仲裁就具有了强制性。目前，
在被逼无奈的情况下，第 25 条被拿出来用于上诉机制，非常有创意。
仲裁协议是在上诉之前就达成的，这样就不会出现一方不予配合的情
况。当然，这是一种临时替代方案，只适用于单独签订仲裁协议的成
员，而不是像上诉机制那样具有普遍适用性。此外，在上诉机构不能
运转的情况下，其秘书处能否幸存也不可知，因此"上诉—仲裁机制"
的可操作性也是未知数。

二、"164—1"

在上诉机构岌岌可危的情况下，欧盟和加拿大率先垂范，抛出了
"上诉—仲裁机制"，为上诉机制提供了临时替代方案。如果其他成员
愿意，也可以进行效仿。这个方案的高明之处，不仅是能够在一定程
度上化解上诉机构危机，而且是挖掘了 DSU 所认可的机制，使之具
有合法性，使得美国无话可说。与我向欧盟大使提到的 PLAN C，即
抛开美国的方案相比，这个机制的优势更加明显。不仅如此，PLAN
C 仍然需要成员们达成协议，而 163 个成员达成这样的激进协议，难
度可能更大，因为可能很多成员不愿意美国离开，并且这样的做法在
WTO 规则中的依据也需要论证。

"164—1"看上去简单可行，却可能是意气用事的想法。在美国
蓄意阻挠、WTO 成员束手无策的情况下，非常容易产生这样的想法，
而我也并非别出心裁。事实上，有著名专家正式论证过这种方案。这

个方案包括两套方案："WTO 体制外"和"WTO 体制内"。"WTO 体制外"方案是指一些成员组成"争端解决之友"（The Real Friends of Dispute Settlement），立即开始谈判制定一个上诉程序或者争端解决程序，内容与 DSU 大致相同。现有上诉机构成员可以辞职加入新条约所设立的机制，上诉机构秘书处也可以同样处理。新法庭的费用应该由缔约方承担。"WTO 体制内"方案是指启动《WTO 协定》第 9 条第 1 款的多数表决程序，直接启动上诉机构成员遴选和任命。[466] 这两个方案的共同点，都是绕开美国这块拦路石，使得上诉机制正常运转，而不同点则在于是否有 WTO 规则依据。显然，"WTO 体制内"方案是有规则依据的，但是并不符合"全体一致"决策的惯例。在无法达成一致的情况下，可以强行投票推进，尽管符合 WTO 规则的制度设计，但这个条款却从来没有被援引过。在当前形势下，这样做的后果是可想而知的，即美国进一步攻击甚至退出 WTO，而"WTO 体制外"方案更有可能出现这样的情况。抛开美国的方案没有得到 WTO 成员的官方认可，没有成员正式提出该方案。这倒不是怕美国，离开美国地球就不转了。但是这样做的后果，显然是进一步加深了 WTO 危机，甚至导致多边贸易体制整体瘫痪，而这当然并非 WTO 成员的本意。因此，"164—1"方案不会得到 WTO 成员的认可。

坦率地说，这是比较理智的想法。随着上诉机构"大限"一天天临近，美国仍然蛮横阻挠，我的看法也开始情绪化，认为这个方案也并非不可行。[467]

结语

WTO 上诉机构的最后日子

上诉机构危机是由美国一手制造的。与此同时，在争端解决机制内部，出现了专家组公然挑战上诉机构权威的案件。不仅如此，在上诉机构成员内部，也出现了观点严重分歧的案件，甚至上诉机构预算和秘书处主任问题上，也出现了一些事端。在内外交困的情况下，上诉机构更是困难重重，直至停止运转。

一、专家组"造反"

2019 年 4 月 9 日，"美国差别定价方法案"裁决公布，专家组认为美国相关做法并不违反 WTO 规则。起诉方（加拿大）主张没有得到支持，这在 WTO 争端解决实践中并不鲜见。然而，专家组裁决中有一段说明非常引人注目：我们知道，我们的结论与此前专家组和上诉机构的裁决有所不同，而这是客观评估本案事实及适用并遵循相关协议之结果；我们认真考虑了此前裁决，但认为具备有说服力或强有力理由（convincing or cogent reasons）得出不同结论。[468] 简而言之，专家组认为，此前专家组和上诉机构的裁决是错误的，不必遵循。

专家组显然是要"造反"！

十多年前，2007 年 12 月 20 日，"美国不锈钢案（墨西哥）"专家组也曾试图"造反"。在此案中，专家组说：我们知道此前两个案件专家组的裁决都被上诉机构推翻了，而我们的裁决论证与这两个案件专家组裁决非常相似，但是我们不得不否定上诉机构裁决。[469] 也就是说，专家组明知上诉机构已有定论，却明知故犯。可想而知，此案到了上诉机构那里会是怎样命运！在上诉审理中，上诉机构认为，兹事体大，属于相同争议事项而不遵循上诉机构裁决的行为。上诉机构的论证过程，本书已有详述。[470] 总之，上诉机构认为，除非有强有力的理由（cogent reasons），专家组应该遵循其裁决。

十多年前，"美国不锈钢案（墨西哥）"专家组试图"造反"，遭到了上诉机构的"残酷镇压"，不仅坚决推翻了其法律解释，而且明确指出了其造反的错误所在，即违反了"同案同判"的司法原则，威胁了多边贸易体制的安全性和可预见性。十多年后的今天，"美国差别定价方法案"专家组再次"揭竿而起"，却可能面临不同的结局。时过境迁，由于美国阻挠上诉机构成员遴选，上诉机构人数和权威均大打折扣，几乎无力再次纠正专家组的错误。那么，上诉机构所提到的"损害"和"严重影响"，就势必发生了。

"美国差别定价方法案"和"美国不锈钢案（墨西哥）"所争议事项，都涉及美国反倾销调查中计算倾销幅度的一种方法，俗称"归零"（zeroing），即对于出口价格高于国内市场价格的部分不予考虑或算作零。"归零"方法已经多次被诉诸WTO争端解决机制，上诉机构已经作出了一致性裁决，认定其不符合WTO规则。然而，随着上诉机构的弱化以至消失，WTO争端解决机制也就回到了WTO成立以前的状态，专家组可以随意作出自认为正确的裁决。从制度层面看，这也是一种"归零"！作为倾销幅度计算方法的"归零"是否符合WTO规则，也许是有争议的，但是作为争端解决制度的"归零"，却肯定是错误的，因为这不符合"同案同判"的法治原则，是制度层面的倒退。此例一开，后果不堪设想。今后专家组就可以随意改变

WTO 规则的解释了。不仅如此，WTO 成员也能以此案为理由，拒不执行 WTO 裁决。如果这样，WTO 争端解决机制，甚至多边贸易体制，都会归于无效。这才是真正意义上的"归零"！多边贸易体制的安全性和可预见性不复存在。

二、上诉机构"内讧"

2019 年 7 月 16 日，"美国反补贴措施案（中国）"执行之诉上诉机构报告公布。三位上诉机构成员中，有一位就本案的一些核心问题发表了不同意见。对于"公共机构"，该成员认为，另外两位成员重复了此前案件中上诉机构所设立的不清晰、不准确的标准。他认为，上诉机构裁决有助于澄清规则的含义，但不能替代 WTO 成员所议定的规则条款本身，而继续让其含糊不清，表明了过度强调"先例"，每次重复错误的解释都会让其更加含义混淆。对于"利益"，该成员认为上诉机构的工作本来很简单，因为专家组没有很好地审查事实，适用了错误的法律标准，但是另外两位成员开始审查证据，使得问题变得异常复杂。对于"专向性"，该成员认为裁决完全误读了规则条款含义，会引起规避规则问题，甚至影响补贴管理的透明度。[471]

尽管此前案件中出现过一个成员发表不同或附带意见的情况，[472]也出现过上诉机构裁决有所发展和变化的情况，[473]但是从根本上推翻案件的核心问题，反映了上诉机构成员内部的分裂，违背了长期以来协商合作，力争达成一致的做法。[474]更为严重的是，该成员公开批评此前裁决，不仅让人怀疑上诉机构裁决的正当性，而且让人担心未来裁决的一致性。这种极端做法，上诉机构 25 年历史中从未出现过。

这位成员的观点马上就被美国利用了。在 8 月 15 日 DSB 会议上，美国反复引用这些观点，对上诉机构裁决提出批评。不仅如此，美国还提出了更加激进的意见：该裁决并非有效的上诉机构报告，DSB 不应通过。美国提出了两个理由。第一，其中一位成员[475]的任期已于 2018 年 9 月 30 日届满，而 DSB 并未批准其继续审案。因此，报告公布时，此人已非上诉机构成员，所谓上诉机构报告就不是三位成员作出的。不仅如此，另外两名成员的观点可能并非相同，因此关于"公共机构"、"利益"和"专向性"就没有形成多数意见，而只是两个不同意见。第二，此案没有在法定 90 日期限内审结，而是用了 446 日。[476]

三、上诉机构费用

在 2019 年 11 月 22 日 DSB 会议上，美国发表了一番匪夷所思的讲话，认为"超期审案"和"超期服役"实乃上诉机构故意为之，是上诉机构成员为了多挣钱！

美国称，经咨询 WTO 秘书处，上诉机构成员的薪酬由两个部分组成：固定费用与绩效费用。固定费用包括每月固定工资 7000 瑞士法郎（法郎）和行政费用 9415 法郎（2019 年），以上合计每年 113000 法郎。绩效费用，2019 年为每天 783 法郎，而过去 4 年平均每月 12000—15000 法郎，即每月每天都有费用。以上合计，上诉机构成员每年收入为 300000 法郎，而"超期服役"的上诉机构成员也是相同收入。考虑免税因素，这个收入的价值更高。这个数额超过了全职的 WTO 副总干事的收入。

美国继续算账道：除了固定工资，上诉机构成员还有餐饮和住宿补助，每天 374 法郎。上诉机构也可以选择住宿补助每月 3000 法郎，外加餐费每天 150 法郎。上诉机构成员都是选择后者，因此每年收到 36000 法郎外加每天 150 法郎。每年每位上诉机构成员的听证会只有 8 天，但每月补助超过 4000 法郎。每年只在日内瓦十几天，但是

WTO 成员却要支付全年房费，这是不合理的。

美国最后算账说：除了固定和绩效费用，机票费用也由 WTO 承担，每月超过 5000 法郎。一份兼职工作，年收入超过 30 万法郎，每年只作出 5—6 份裁决，这个收入太高了。除此之外，上诉机构秘书处大约有 20 个专业人员，每年预算超过 700 万法郎，其中 430 万法郎用于支付工资。

账算完了，美国说：WTO 成员应该是没有预期到上诉机构成员每天都在工作的，但是大家同意了这样的薪酬结构。然而，上诉机构应该遵守 DSU 规则，包括在 60 天内，例外情况下不超过 90 天作出裁决，并且是 WTO 成员而非上诉机构自己任命其成员。可是这些规则并没有得到遵守。人们不禁怀疑：薪酬是否变成了一种激励？"超期审案"和"超期服役"时间越长，收入越多。WTO 成员没有进行辩论或有效监督，就默许了这种薪酬结构，影响了争端的迅速解决。美国认为，理解并监督薪酬，是 WTO 成员确保争端解决机制正常运转的重要职责。[477]

此言一出，举世哗然，与会代表纷纷发表不同意见。[478] 上诉机构成员收入是否太高，要看他们的实际工作量。多年来，工作量太大，是公认事实，WTO 成员和秘书处一直在致力于解决这个问题。[479] 即使认为薪酬结构不合理，也应该早早提出，交由 WTO 所有成员讨论调整，而不是在上诉机构行将结束的情况下提出这样一个制度性的问题，更不能与 WTO 年度预算挂钩。此外，说上诉机构成员是故意"超期审案"和"超期服役"，不仅没有任何根据，而且让人感到一种恶意。

四、秘书处主任事端

12 月 3 日，有媒体透露：Thomas Graham（Tom）表示，上诉机

构秘书处主任 Werner Zdouc（Werner）不称职，试图指导上诉机构成员作出与自己观点相符的裁决。Tom 说：Werner 必须离职，否则他在 11 日任期届满后不再审理案件！此外，该媒体还报道，11 月 21 日，WTO 总干事与 Tom、Ujal Singh Bhatia 和赵宏会见，征求调离 Werner 的意见，而这三位成员都表示同意。[480] 但是当天，Ujal Singh Bhatia、Shree Baboo Chekitan Servansing[481] 和赵宏就联名致函总干事，对违反保密和媒体误传表示关注，同时对 Werner 的专业性和独立性表示认可。[482]

在上诉机构的最后时刻发生这件事情，真是不幸！此事来龙去脉并不清楚，也不值深究。从表面看，Tom 没有签署联名信，其中必有隐情，媒体报道恐怕不是空穴来风。然而，此事引发的一个问题，即上诉机构成员与秘书处主任的关系，倒是值得探讨一下。

本书在其他部分曾经谈到，上诉机构秘书处的律师协助审理案件，而这些律师的专业性甚至是上诉机构高质量裁决的一个保障。具体而言，这些助手不仅负责准备所有材料和案例，而且上诉机构讨论案件的时候，他们也在场发表意见；由于更加熟悉资料和案例，他们的观点和建议起到主导作用，这一点并不奇怪。实事求是地说，在讨论案件的时候，谁最熟悉案情，谁就应该有发言权。在这个场合，应该是专业而不是身份起决定作用。[483]

让我们看看上诉机构成员和秘书处律师的背景。上诉机构成员资历很好，但是秘书处不少人也很资深；上诉机构成员任期最多 8 年，但是秘书处不少人都是长期任职。可想而知，上诉机构成员与秘书处律师之间，会有一种微妙的矛盾，即到底听谁的！这在先后三位主任身上，可能尤为典型。

Debra Steger（1995—2001）是第一位主任。她曾经是乌拉圭回合谈判中加拿大代表团的重要成员，而 1995 年上任的时候，上诉机构还没有正式成立！事实上，第一个《上诉机构工作程序》，就是她起草的。也就是说，在第一批上诉机构成员到来之前，她已经为他们建章立制了。第二位主任 Valerie Hughes（2001—2005）也是加拿大人，资深律师，曾经在加拿大政府长期担任重要职务，处理过大量贸易争端案件。第三位主任就是 Werner（2006— ），奥地利人，1995年就在 WTO 工作，曾经协助 Debra Steger 制订《上诉机构工作程序》；2001 年调到上诉机构秘书处工作，2006 年以来一直是主任，长达 13年。[484] 这三个人，论专业、论资历，丝毫不亚于上诉机构成员。不仅如此，也许在他们眼中，很多上诉机构成员都是"新来的"，需要向他们请教。试想一下，2011 年 12 月 11 日 Tom 来上诉机构报到的时候，Werner 已经在 WTO 工作了 16 年，在上诉机构秘书处工作了10 年，担任主任 5 年，显然更加熟悉情况。那么，在案例讨论过程中，他们俩之间有不同观点，是完全可以理解的。具体到他们俩之间的矛盾，是 Tom"耍大牌"还是 Werner"太固执"，我们不好判断，也无法臧否是非，但是矛盾在这个时间公开化，实在令人惋惜。上诉机构即将停止运转，秘书处即将解散，此时何必再生事端？

五、正式停止运转

2019 年 12 月 9 日，WTO 总理事会举行会议，其中两项议程涉及上诉机构。第一，是讨论协调员起草的文件，内容与前文介绍的回应美国诉求的方案大致相同，[485] 但是美国再次表示反对。[486]10 日，上诉机构最后三名成员中的两名任期届满，从此不能接受新的上诉案件，标志着上诉机构正式停止运转。第二，是通过 WTO 年度预算，其中涉及上诉机构的安排是：上诉机构成员和秘书处的费用各 10 万瑞士法郎，仅够维持较短时间的运转。据称，这是美国的"一口价"，否则美国就不会支持 WTO 整个预算，让 WTO 立即关门！[487]

上诉机构手头还有十几个案件，已经开庭的，预计在 3 月前作出报告，而其余案件则不能审理。[488] 上诉机构还赶在最后一天签发了一个报告。这个报告只有 6 页，简单总结了摩洛哥与土耳其之间一起反倾销案件。专家组认为摩洛哥措施不符合 WTO 规则，2018 年底摩洛哥提出上诉，2019 年初上诉机构表示无法按期审结案件。12 月 4 日，摩洛哥致函上诉机构，请求撤回上诉，原因是被诉措施已经到期终止，而且上诉机构工作量太大。于是，上诉机构宣布"完成此案工作"（the Appellate Body hereby complete its work in this appeal）。[489] 尽管上诉方有权撤回上诉，并且也有先例，[490] 然而此时此刻的这份报告却让人唏嘘不已。

11 日，上诉机构唯一成员赵宏在微信群中表示："……昨日最后一次内部会议，即将离任两位法官已选举我从 11 日起担任上诉机构主席并签署了书面文件，代表上诉机构工作。包括替面临岗位调换压力的秘书处 20 多位律师说话，包括 2019 年年报和 2020 年烟草案通过后组织三位前上诉机构成员的离任演讲告别会等未尽事宜，已暂停审理的未开庭 10 起上诉案件如果需要转为 25 条审理则需要签署上诉机构文件等……停摆一个机构也有很多工作要做。"

过去两年，我们一直担心这一天，担心上诉机构的命运。随着时间的临近，我们越来越不乐观。但是这一天真的到来了，我们仍然感到悲伤，甚至惊慌失措。正如面对一个健康状况每况愈下的人，亲友们知道情况不好，但是到了这一天，仍然会悲痛欲绝。

痛定思痛，我们发现，美国摧毁上诉机构，从理智角度，是对世界秩序的破坏。但是从感情角度，也是对很多人的精神伤害。美国近年来先是釜底抽薪阻挠上诉机构成员遴选，使得上诉机构无法运作，最后一刻更是以整个 WTO 预算为要挟，企图将上诉机构扫地出门，让上诉机构成员和秘书处工作人员赶紧卷铺盖走人。

俗话说：外交是内政的延续。美国社会近年也出现了少有的分裂和动荡。美国国内有制衡的力量，其中国会（民主党）、法院和媒体就一直在发挥作用。

在国际关系中，国家行为是以"自愿"和"同意"为基础的。二者是主权的体现，也是国家行为的合法性来源。也就是说，任何国家都不能强迫另一个国家。这也是在国际组织决策机制中，"全体一致"优于表决制的根本原因。具体到美国对上诉机构的破坏，理论上说，美国是有权这么做的，因为 WTO 决策就是"全体一致"。但是美国"有权"的对面，是其他成员的"有权"，即其他成员有权不同意美国的观点，有权采取应对措施。例如，美国有权不同意上诉机构成员遴选，其余 163 个成员也有权推动上诉机构成员遴选，只是不适用于美国而已。国际社会集体开创的国家间争端上诉机制，苦心经营 25年，如今毁于一旦。我们除了应该谴责美国的不道德，还应该深层次思考一个问题：未来的国际体系建设，如何避免这种极端情况。也就是说，在某个成员胡搅蛮缠搞破坏的情况下，其他成员怎么办。从主权平等的角度，只有一个办法：另外"建群"。在人际交往中，我们早就这么做了。在国际交往中，我们吃了这么大亏，受到了这么大伤害，才知道这是最为简单可行的办法。听由这种状况持续而无所作为，不仅有害，而且屈辱。

六、WTO 改革的大背景

争端解决机制作为 WTO 三大功能（谈判、监督和争端）的组成部分，其荣辱兴衰与 WTO 的发展息息相关。本书引言提到，1995 年成立之初，WTO 就开始酝酿制定新规则，两年一次的贸易部长会议都有雄心勃勃的计划，甚至在 2001 年启动了议题全面的"新回合"谈判，要将多边规则提高到新水平。然而事与愿违，"新回合"谈判举步维艰，收效甚微，不仅没有就当时议程的内容达成协议，而且不能与时俱进，跟上时代发展的步伐。在谈判功能逐渐萎缩的情况下，监督功能，即成员通报、审议和监控等也乏善可陈，因为这项功能属于"阳光法案"，没有"牙齿"，成员做得好与不好，没有什么奖惩机制，很多时候流于空谈而没有具体行动。2017 年以来，美国频繁采取违反 WTO 规则的单边措施，以至于引发了有史以来最大规模的贸易战，而 WTO 无能为力，则更加彰显了监督功能的无力。[491] 因此，原始设计中的谈判、监督和争端"三足鼎立"超稳定局面没有出现，而是渐渐向争端解决这"一足"倾斜。尽管后来的发展不能证明争端解决机制危机与谈判和监督不力存在因果关系，但是"一足"显然是不稳定的，甚至有倾覆的危险。WTO 成员当然已经认识到了这个道理，因此争端解决机制改革一直是在 WTO 全面改革的大背景下进行的。本书前文已经说明，DSU 改革就是"多哈回合"谈判的组成部分，[492] 而在 2017 年开始的上诉机构危机的情况下，WTO 成员除了专门就上诉机构成员遴选和解决美国关注问题提出了建议，而且提出了众多综合改革方案，完善三大功能。令人感慨的是，谈判和监督功能的问题由来已久，饱受诟病，[493]WTO 成员似乎想借助上诉机构危机，一揽子解决其他问题！美国国内也有类似观点，[494] 这与美国大使发明的新词："disruptively constructive"如出一辙！[495]

关于综合改革方案，从时间顺序看，欧盟、加拿大、美国和中国等四个成员提出的方案比较重要。这些方案不仅全面综合，配之以具体建议，而且这些成员举足轻重，有很大影响力。

（一）欧盟方案

2018 年 7 月 5 日，欧盟公布一份文件，名为《欧盟关于 WTO 现代化的建议》（*EU's proposals on WTO modernisation*），就规则制定（rulemaking）、常规工作与透明度（regular work and transparency）以及争端解决提出建议，[496] 其中争端解决部分与后来欧盟向 WTO 提出的建议基本相同，[497] 以下主要介绍前两个内容。

1. 规则制定

关于规则制定，文件分为实体和程序两个部分。实体部分是 WTO 应该制定的新规则，分为平衡制度和创造公平竞争机会，消除服务和投资障碍，实现可全球共同体持续发展目标等三个方面。

在实体部分第一个方面，文件认为，透明度和补贴通报、国有企业和扰乱贸易的补贴等三个问题，应该制定或强化纪律。关于第一个问题，该文件指出，WTO 有关于补贴通报方面的纪律，但是遵守状况一直不佳，近年来更加严重，以至于一半以上（90 个）成员从未通报，因此有必要改进通报纪律，创造反向推定（rebuttable presumption）这样的制度，即没有通报即可推定为补贴或者造成严重损害的补贴。[498] 关于第二个问题，该文件认为，国有企业成为很多国家管理和影响经济的工具，造成市场扰乱。对于向国有企业提供补贴，WTO 已经有所规定，但是对于国有企业自己提供的补贴，WTO 通过"公共机构"（public body）进行约束，但是这一概念被解释过窄，很多国有企业都可以逃避适用相关纪律。WTO 应该澄清"公共机构"的含义，对于国有企业是否履行政府职能或实施政府政策应该个案处理，以及如何评估政府实施了实质性控制。此外，WTO 还应该制定规则，约束实施政府经济政策而扰乱市场的国有企业所提供的支持，包括政府控制水平和程度方面的透明度规则。关于第三个问题，文件指出 WTO 将补贴分为禁止性补贴和可诉性补贴（actionable subsidies），而后者常常有严重影响国际贸易的补贴，例如导致某些经济行业产能过剩的补贴。WTO 应该约束具有严重危害的补贴，方法可以是扩大禁止性补贴清单，或者对补贴所造成的严重损害作出反向推定。具体而言，这些补贴可以包括无限担保，向破产或亏损企业提供补贴而采用双重定价而没有可靠的重组计划，或者双重定价。

对于第二个方面，文件认为 WTO 投资规则需要更新。目前的服务贸易规则适用于投资，但是很多成员都有广泛的保留或排除，而服务之外的行业（例如制造业或采矿业投资）没有包括。《与贸易有关的投资措施协定》范围有限，只限制货物贸易中的一些歧视性措施和数量限制做法。文件还指出，强制性技术转让（forced technology transfer），不管是外国投资者直接或间接地被要求分享发明和技术，已经成为一个突出的贸易因素。目前规则中有一些可以用于解决这个问题，但是其适用范围有限，不足以解决最为严重的问题，例如禁止或限制外资所有权。此外，还有行政审批和许可程序不够清晰、任意性过大和许可限制等问题需要解决；商业秘密保护需要加强，以解决不公平商业使用和未经授权披露商业秘密的情况下投资者很难获得行政和司法保护的问题。除了强制技术转让问题，WTO 应该制定新规则，改善外商投资的整体市场准入条件，消除法律形式限制和业绩要求等扰乱性和歧视性做法。最后，还有必要解决边境后歧视性做法，强化国民待遇义务，制定国内立法确保非歧视、透明度和可执行。在第二个方面，文件还指出数字贸易（digital trade）蓬勃发展，因此有必要制定规则，消除不合理的壁垒，为公司营造法律上的确定性，确保消费者安全在线环境。关于第三个方面，文件认为 WTO 迫切需要将其议程贴近民众，使得贸易对全球共同体所要实现的更为广泛的目标，特别是可持续发展。2015 年世界领导人所达成的《可持续发展目标》已经提出了详细的具体行动，其中很多与贸易相关。目前 WTO 正在谈判相关领域只有渔业补贴，因此还有很多领域工作需要开展。

在程序部分，文件建议采取"灵活的多边主义"（flexible mutilateralism），即对于没有达成完全多边共识的事项，有关成员可以先行达成协议并且在最惠国待遇基础上向所有其他成员开放。同时，还应探索提高政治参与和支持的路径。具体而言，文件提出了四个方面：尽可能进行多边谈判并形成成果；在没有多边共识的领域积极支持诸边谈判（plurilateral negotiations），对所有成员开放且其成果在最惠国基础上适用，同时增加《WTO 协定》附件 IV.b，列出这些协定；在谈判程序和监督实施方面，加强秘书处的作用；通过增加部长级会议的频率和增加高管会议，提高政治参与和支持。

除了实体和程序两个部分，文件还专门讨论了发展中国家问题。文件指出，发展问题是 WTO 规则的核心问题之一，但是现在有些观点认为全球贸易规则阻碍了发展，因此发展中国家应该从现有和未来规则中得到豁免。文件并不同意这种观点，认为现在关于发展中国家与发达国家的区分并不清晰，并且不能反映某些发展中国家的快速经济发展现实，结果是发展中国家集团中，包括了一些贸易量领先的国家。这些国家与该集团中的其他国家有很大的经济差别，甚至超越了被归为发达国家的水平。因此，在发展中国家可以享受特殊与差别待遇（special and differential treatment）的背景下，标准的模糊及其后果在 WTO 中引发了紧张关系，影响了谈判进程。三分之二成员要求享受总体灵活性，影响了真正需要发展援助的成员，降低了谈判目标，成为阻挠谈判进行甚至开始的工具。为此，文件提出了三个方案。第一是"毕业"（graduation），即鼓励发展中国家总体或按协议不再享受特殊与差别待遇。近期可以鼓励成员澄清在哪些领域需要灵活性以及何时能够承担全部责任。这项工作可以结合贸易政策审议（trade policy review）进行。第二是未来协定的特殊与差别待遇。在承认最不发达国家（least developed countries）特别需要灵活性的同时，其他国家的灵活性应该从开放性整体豁免（open-ended block exemptions），转向"需求导向和证据基础"的做法（needs-driven and evidence-based approach），使得特殊与差别待遇更具有针对性。因此，未来协定的原则应该是普遍适用，额外承诺的灵活性应该考虑成员的差异性，灵活性应当与成员数量和协定目标相匹配。具体实现路径可以是区别对待、毕业机制、宽限期和执行援助。第三是现有协定之外的特殊与差别待遇。额外待遇应该个案审查，清晰界定受到规则影响的发展目标，对规则影响及其豁免收益的经济分析，对其他成员的影响，所需灵活性的时间以及适用范围（一个、一些或所有发展中成员）。

2. 常规工作与透明度

文件澄清，常规工作是指 WTO 各种理事会和委员会的工作，希望能够在当前寻找谈判和争端解决功能方案的时刻，使得 WTO 正常运转。这方面工作分为透明度和通报、解决市场准入问题、逐渐调整 WTO 规则以及压缩无效委员会等四个部分。

对于透明度和通报，文件认为有些成员没有充分履行通报义务，使得贸易政策模糊不清，无法进行监督，进而影响外国公司进行平等竞争。文件建议在以下五个方面改进工作。第一，是更加有效的委员会层面监督。委员会有监督职能，但是也存在缺陷，部分原因是秘书处无权进行定性评估，成员不用解释未能履约的理由。因此，委员会应该研究如何使得通报更为有效和互动。例如，要求提供延期通报的原因，对评论给予实质性答复；秘书处可以对此进行定性评估；公开评论和答复；在会议和书面报告中点名。第二，是鼓励改进通报。改进对小发展中国家的协助，利用工作坊（workshop）和在委员会层面进行非正式讨论等形式分享经验和成果，在会议、报告和审议中对进步成员给予表扬。第三，是对故意、反复的不履约行为予以惩罚。欧盟已经与美国等联合提出方案，[499] 建议的惩罚方式包括在政治予以公开批评，限制参与 WTO 工作的权利等。第四，是反向通报。代替其他成员通报，在若干协议中已有规定，但是很少被援用，部分原因是这样需要大量研究和信息。文件建议想法相似的成员可以联合进行反向通报，秘书处可以更多介入，被反向通报的成员应当承担后果。第五，是加强贸易政策审议机制。授权秘书处评估通报情况，对措施是否符合规则和通报是否改进进行评估。

对于解决市场准入问题，文件建议制定规则，要求对于其他成员的书面提问或具体关注给予实质性答复；在市场准入问题上由秘书处协助进行跨委员会协调，使得相关措施在不同委员会得到协调跟进。对于逐渐调整 WTO 规则，文件指出有些理事会和委员会有权调整和澄清规则，但是成果并不突出。在谈判功能没有发挥应有作用的情况下，调整规则能够帮助 WTO 不断发展。文件建议进行逐个协议审查，看看规则能否改进。对于压缩无效委员会，文件建议对于没有发挥应有作用的委员会进行合并，或者减少会议次数。

（二）加拿大方案

2018 年 9 月 21 日，加拿大向 WTO 条件文件，名为《加强 WTO 并使之现代化》(strenthening and modernizing the WTO)。[500] 该文件也是从监督职能、谈判规则和争端解决三个方面提出建议。加拿大是欧盟争端解决改革提案的联署方，在争端解决方面的建议大致相同，[501] 以下主要介绍前两个内容。

1. 监督职能

改进通报和透明度。对所有通报要求进行全面清理，确保这些要求不会过于烦琐。在此基础上，对要求进行更新，或者对落后成员提供激励和技术援助。其他成员的反向通报和秘书处独立搜集信息，能够起到补充作用。

改进工作能力和机会。对于涉及不同机构和信息来源的专项议题，WTO 常规机构可以提供更为及时和相关的成果。牵头成员和提供协助的秘书处，其能力和责任可以改进。

改进解决特定贸易关注的机会和机制。在常规机构中进行讨论，能够澄清和解决问题。可以引入第三方调停和调解的制度。

2. 谈判规则

确定重点。应该立即开始讨论确定重点议题。有关成员应该确定哪些议题需要达成多边协议，哪些可以通过诸边或其他途径解决。这些议题可以来自三个方面：以前谈判议题，包括多哈回合中的农业支持，发展问题特别是最不发达国家问题；需要更新规则的议题，包括数字贸易、包容性贸易、可持续发展、中小微企业、投资和国内管制等；需要特别关注的议题，例如国有企业、产业补贴、技术和商业秘密转让以及透明度等产生扰乱市场效果的事项。

改进方法。可以采取灵活的谈判方法，包括制定"开放"（open）协议，即不要求所有成员同意，但是在关键多数（critical mass）已经实现或"搭便车"风险较低的情况下，其利益在最惠国待遇基础上得到扩展（例如《信息技术协议》）；"封闭"（close）协议，即仅适用于参加方，但得到所有成员同意的协议（例如《政府采购协议》）；WTO框架之外的封闭协议（例如部分成员正在谈判的国际服务贸易协议，Trade in Service Agreement, TiSA），不适用争端解决机制。发展中国家问题已经成为新的多边规则谈判中的一个老大难问题。需要采取新方法，既承认为发展目的之灵活性，又不能让所有国家都享受同等水平的灵活性。《贸易便利化协定》中的特殊与差别待遇制度就提供了一种模式。因此，新方法可以包括：基于发展之目的，需要过渡期，但是长期目标仍然是所有成员完全实施所有义务；在证据和谈判的基础上，发展的需要应该根据义务、国别和过渡期长短有所区别；将实施最为困难的义务与能力提高相关联，同时其他成员可以提供支持和援助。

（三）美国方案

2019年3月，美国贸易代表公布《2019年贸易政策规划及2018年贸易协议年度报告》，提出了WTO改革的"四个必须"。第一，WTO必须（must）解决始料未及的非市场经济挑战（非市场经济，non-market economies）。对于主要通过国家指令管理经济的成员对全球贸易所造成的破坏性影响，WTO规则估计不足。现有规则加上上诉机构严重错误的裁决，使得成员无法有效解决这些问题。美国正在与欧盟和日本双方联合研究应对这些挑战。第二，WTO 争端解决机制必须充分尊重成员主权政策选择（争端解决机制）。WTO 争端解决机制，特别是上诉机构层面，已经广泛背离了最初协议，严重侵蚀了现有制度的政治可持续性。美国政府一直提出争端解决机制应该遵守最初协议。第三，WTO 成员必须遵守通报义务（通报）。通报义务遵守状况很差，使得现有义务履行状况不清，进而影响了谈判的进展。美国已经联合一些成员提出了建议。此外，更好利用现有委员会也是改善透明度和整体履行状况所必需的。第四，发展中国家待遇必须修改以反映全球贸易现实（发展中国家）。WTO "自我宣称"（self-declared）制度使得巴西、中国、印度和南非这些对全球经济影响很大的成员认为应该享受与次撒哈拉和南亚的非最不发达成员相同的灵活性。如何在高收入或高中收入与低收入或中低收入成员之间平衡适用现有义务和作出新的承诺，是一项挑战。美国已经就此向 WTO 提交了文件。关于争端解决机制，美国提出了"六宗罪"，本书已有详述。[502] 因此下文主要介绍另外三个方面。

关于非市场经济，从 2017 年 12 月 12 日至 2019 年 5 月 23 日，美国联合欧盟和日本发表了 6 份贸易部长会议三方联合声明（*Joint Statement of the Trilateral Meeting of the Trade Ministers*）。第一份声明简单概括了三方的共同观点，即由于政府融资和支持的产能扩张而导致的一些重点行业的严重产能过剩，由于大规模扰乱市场的补贴和国有企业而导致的不公平竞争条件，强制技术转让，当地含量要求和优惠，已经成为国际贸易正常发挥功能、创造性技术的产生和全球经济可持续增长中的严重问题。三方同意在 WTO 及其他场合加强合作以消除这些不公平的市场扰乱和保护主义做法。第二份声明更加明确地将此定性为"非市场导向的政策和做法"（non market-oriented policies and practices），并为此采取 7 项措施：对产业补贴制定更加严格的规则，在现有纪律方面进行合作，解决市场扰乱或产能过剩问题；在现有和未来 WTO 争端解决案件中进行合作；在 WTO 常规机构中改进监督职能，包括强化通报要求；在政府部门内加强合作进行投资审查；与其他部门加强合作推进制定出口信贷国际工作组新指南；强化扰乱贸易做法的信息共享；在 G7、G20 和 OECD 等国际场合以及全球钢铁论坛（Global Steel Forum）和半导体政府/当局会议（Governments/Authorities Meeting on Semiconductors）等行业场合密切合作。第三份声明进一步就产业补贴、技术转让和市场导向条件形成了三个文件。其中，产业补贴文件认为应该改进透明度，更好应对公共机构和国有企业，制定更加有效的补贴规则，而市场导向条件文件列出了市场经济的 7 个标准：企业对价格、成本、投入、采购和销售的决策是根据市场信号自由决定和作出的；企业对投资的决策是根据市场信号自由决定和作出的；资本、劳动力、技术和其他因素的价格由市场决定；针对或影响企业的资本分配决策是根据市场信号自由确定和作出的；企业遵守国际认可的会计准则，包括独立核算；企业适用公司法，破产法和私有财产法；上述企业业务决策没有受到显著的政府干预。随后几次声明总结了各项议题的推进情况。[503] 在 2019 年 12 月 9 日总理事会上，美国正式在 WTO 提出了这个内容。[504]

关于通报，2019 年 3 月 29 日，美国联合加拿大、欧盟和日本等 8 个成员向 WTO 提出了建议。该文件建议鼓励采取反向报告措施，而对于没有履行通报义务的成员采取"行政措施"（administrative measures），包括有关成员不能担任机构主席，其他成员不予答复其在贸易政策审议中的提问，增加会费，秘书处向相关理事会汇报情况，向总理事会特别汇报等。如果有关成员仍然没有履行义务，则可以将其指定为通报迟延成员，在 WTO 正式会议中最后落座，在总理事会会议上被点名等。[505]

关于发展中国家，2019 年 1 月 15 日，美国向 WTO 提交了文件。该文件认为，自 1995 年 WTO 成立以来，世界发生了很大变化，在以下各项指标中，很多国家的地位发生改变：人类发展指数（Human Development Index, HDI），宏观经济指标（经济生产、人均收入、农业和城市化），贸易（出口总量、高科技贸易、知识产权费用），外国直接投资，公司规模，超级计算机，航空，国防。为此，国际货币基金组织、联合国开发计划署和世界银行已经进行了相应调整，但是 WTO 仍然实行"自我宣称"制度，使得"非农产品市场准入"（Non-Agricultural Market Access, NAMA）、农产品和贸易与发展等议题谈判中发展中国家一味索取而毫无付出，最终导致谈判失败。不仅如此，这种制度还使得启动新规则谈判举步维艰。[506]2 月 15 日，美国再次提交一份文件，认为以下 WTO 成员不应在谈判中享受特殊与差别待遇：OECD 成员或正在申请成为 OECD 成员，G20 成员，被世界银行归类为"高收入"的成员，在全球商品（进出口）贸易总额中占比不少于 0.5% 的成员。[507]

（四）中国方案

2019 年 5 月 13 日，中国向 WTO 提交《中国关于世贸组织改革的建议文件》（*China's Proposal on WTO Reform*）。[508] 文件强调了中国关于 WTO 改革的三项基本原则：第一，维护非歧视、开放等多边贸易体制的核心价值，为国际贸易创造稳定和可预见的竞争环境。第二，保障发展中成员的发展利益，纠正世贸组织规则中的"发展赤字"，解决发展中成员在融入经济全球化方面的困难，帮助实现联合国 2030 年可持续发展目标。第三，遵循协商一致的决策机制，在相互尊重、平等对话、普遍参与的基础上，共同确定改革的具体议题、工作时间表和最终结果。

随后文件列出了四个行动领域和 12 个具体方面：一是解决危及世贸组织生存的关键和紧迫性问题（打破上诉机构成员遴选僵局，加严对滥用国家安全例外的措施的纪律，加严对不符合世贸组织规则的单边措施的纪律）；二是增加世贸组织在全球经济治理中的相关性（解决农业领域纪律的不公平问题，完善贸易救济领域的相关规则，完成渔业补贴议题的谈判，推进电子商务议题谈判开放、包容开展，推动新议题的多边讨论）；三是提高世贸组织的运行效率（加强成员通报义务的履行，改进世贸组织机构的工作）；四是增强多边贸易体制的包容性（尊重发展中成员享受特殊与差别待遇的权利，坚持贸易和投资的公平竞争原则）。

此外，2019 年 2 月 26 日，中国联合 9 个成员就发展中成员的特殊与差别待遇问题向 WTO 提交了文件。[509] 该文件主要针对美国文件提出了反驳意见，强调了特殊与差别待遇的必要性以及"自我宣称"制度的合理性，主张能力局限性（capacity constraint，主要是人力资源、谈判能力、部门协调和社会参与等方面不足）应该成为发展中国家的判断标准。

（五）总体评价

以上四个成员提出的 WTO 改革方案，欧盟方案全面具体，加拿大方案指出了大致路径和方法，美国方案强调了必须改革的内容，而中国方案主要针对发达国家，特别是美国方案及其单边主义行为。可以看出，欧盟、加拿大和美国的立场比较接近，而中国立场较为针锋相对。除此之外，这些成员也在联合其他成员，甚至彼此之间相互联合。例如，关于通报，美国、欧盟和加拿大共同提交了文件；关于非市场经济，美国和欧盟与日本发表了联合声明；关于发展中国家，中国与一些成员共同提交了文件。此外，加拿大组建了"渥太华集团"（Ottawa Group），表达 WTO 改革的共同立场，[510] 欧盟与中国成立了 WTO 改革副部级工作组，[511] 挪威等则就发展中成员问题提出了灵活务实的方案。[512]

本书前文已经表明，在争端解决机制问题上，一方是美国，另一方是所有 163 个成员。[513] 也就是说，所有成员都反对美国阻挠上诉机构成员遴选和连任的做法，并且纷纷提出解决方案。在加强监督职能方面，各成员似乎分歧不大，但是所谓"行政措施"能否实施，即成员们是不是会同意采取处罚措施，仍然要看具体措施讨论情况。在加强谈判职能方面，关于采取诸边协议等灵活的谈判方式，应该分歧不大，但是对于实质内容，特别是所谓非市场经济和发展中国家等方面，显然存在明显分歧，甚至存在着不可调和的矛盾。如果从美国提出的"四个必须"看，似乎只有通报方面有可能取得进展，而其他方面都无从谈起。依此推断，WTO 改革不容乐观。

附　录

一、DSU 第 17 条

Understanding on Rules and Procedures Governing the Settlement of Disputes

Article 17: Appellate Review

Standing Appellate Body

1.A standing Appellate Body shall be established by the DSB. The Appellate Body shall hear appeals from panel cases. It shall be composed of seven persons, three of whom shall serve on any one case. Persons serving on the Appellate Body shall serve in rotation. Such rotation shall be determined in the working procedures of the Appellate Body.

2.The DSB shall appoint persons to serve on the Appellate Body for a four-year term, and each person may be reappointed once. However, the terms of three of the seven persons appointed immediately after the entry into force of the WTO Agreement shall expire at the end of two years, to be determined by lot. Vacancies shall be filled as they arise. A person appointed to replace a person whose term of office has not expired shall hold office for the remainder of the predecessor's term.

3.The Appellate Body shall comprise persons of recognized authority, with demonstrated expertise in law, international trade and the subject matter of the covered agreements generally. They shall be unaffiliated with any government. The Appellate Body membership shall be broadly representative of membership in the WTO. All persons serving on the Appellate Body shall be available at all times and on short notice, and shall stay abreast of dispute settlement activities and other relevant activities of the WTO. They shall not participate in the consideration of any disputes that would create a direct or indirect conflict of interest.

4. Only parties to the dispute, not third parties, may appeal a panel report. Third parties which have notified the DSB of a substantial interest in the matter pursuant to paragraph 2 of Article 10 may make written submissions to, and be given an opportunity to be heard by, the Appellate Body.

5.As a general rule, the proceedings shall not exceed 60 days from the date a party to the dispute formally notifies its decision to appeal to the date the Appellate Body circulates its report. In fixing its timetable the Appellate Body shall take into account the provisions of paragraph 9 of Article 4, if relevant. When the Appellate Body considers that it cannot provide its report within 60 days, it shall inform the DSB in writing of the reasons for the delay together with an estimate of the period within which it will submit its report. In no case shall the proceedings exceed 90 days.

6.An appeal shall be limited to issues of law covered in the panel report and legal interpretations developed by the panel.

7.The Appellate Body shall be provided with appropriate administrative and legal support as it requires.

8.The expenses of persons serving on the Appellate Body, including travel and subsistence allowance, shall be met from the WTO budget in accordance with criteria to be adopted by the General Council, based on recommendations of the Committee on Budget, Finance and Administration.

Procedures for Appellate Review

9.Working procedures shall be drawn up by the Appellate Body in consultation with the Chairman of the DSB and the Director-General, and communicated to the Members for their information.

10.The proceedings of the Appellate Body shall be confidential. The reports of the Appellate Body shall be drafted without the presence of the parties to the dispute and in the light of the information provided and the statements made.

11.Opinions expressed in the Appellate Body report by individuals serving on the Appellate Body shall be anonymous.

12.The Appellate Body shall address each of the issues raised in ac-cordance with paragraph 6 during the appellate proceeding.

13.The Appellate Body may uphold, modify or reverse the legal find-ings and conclusions of the panel.

Adoption of Appellate Body Reports

14.An Appellate Body report shall be adopted by the DSB and uncon-ditionally accepted by the parties to the dispute unless the DSB decides by consensus not to adopt the Appellate Body report within 30 days following its circulation to the Members. (^{8}) This adoption procedure is without prejudice to the right of Members to express their views on an Appellate Body report.

二、《上诉机构工作程序》

WORKING PROCEDURES FOR APPELLATE REVIEW

Communication from the Appellate Body

The following communication, dated 27 July 2010, from the Chairman of the Appellate Body, addressed to the Chairman of the Dispute Settlement Body, is being circulated to Members.

———————

I refer to my letter of 16 December 2009 to your predecessor, Ambassador Gero, regarding proposed amendments to the *Working Procedures for Appellate Review* (the "*Working Procedures*") .This proposal was subsequently circulated to all WTO Members as document WT/AB/WP/W/10, and Ambassador Gero initiated, and you completed, a process of consultation with WTO Members regarding the proposed amendments, in accordance with the DSB Decision of 19 December 2002 (WT/DSB/31) .

The process of consultation has been a very fruitful one.My colleagues and I very much appreciate the interest shown by Members in the amendments under consideration and found most helpful the careful and detailed comments provided to us both in the course of the 18 May 2010 regular DSB meeting, and in writing.We have given careful consideration to all of the comments received and have taken them into account in revising and otherwise reflecting upon our proposal.

Having benefited from the comments of Members, and having consulted you and the Director-General in accordance with Article 17.9 of the *Understanding on Rules and Procedures for the Settlement of Disputes* (the "DSU"), we now intend to adopt a final version of the amendments.With one exception, we are proceeding with the amendments to the Rules referred to in document WT/AB/WP/W/10, albeit in modified form.We have decided not to introduce a new paragraph 1*bis* to Rule16 of the *Working Procedures* regarding consolidation of appellate proceedings at this time. Rather, as necessary, we will continue to deal with any issues regarding the consolidation of appellate proceedings on an adhoc basis, pursuant to the provisions of Rule 16（1）.

Annex A to this letter sets out an explanation of how we will proceed with respect to each of the three amendments proposed, in particular, regarding those amendments that have been revised in light of Members' comments.The amended legal text of Rules 6（3）, 18（1）, 18（2）, 18（4）, 21（1）, 22（1）, 23（1）, 23（3）, 23（4）, 24（1）, 24（2）, 27（1）, 32（1）, and 32（2）, and AnnexesI andIII, marking the changes from the current version of those Rules, is set out in Annex B, along with a list of technical amendments affecting only the Spanish and French versions of the *Working Procedures*.

ments will enter into effect on 15 September 2010 and will apply to appeals initiated on or after that date.Appeals initiated before that date will be unaffected by the new Rules. A clean, consolidated version of the amended *Working Procedures* will be circulated to Members, as document WT/AB/WP/6, a month before they come into effect.On 15 September 2010, the current *Working Procedures* (WT/AB/WP/5) will be re-issued with a cover note indicating that they are no longer in effect.

We have repeatedly emphasized the important contribution made by the *Working Procedures* to the timely and efficient conduct of appeals and thus to the security and predictability of WTO dispute settlement.Likewise, we recognize the importance of continuous monitoring and evaluation of the functioning of the *Working Procedures* and welcome Members' contributions in this regard.We also remain mindful that a successful conclusion of the negotiations on clarifications and improvements to the DSU may require further updating of the *Working Procedures*.

Annex A

Amendments to the Working Procedures for Appellate Review:Explanatory Notes

I.Timeline for Written Submissions

Deadlines for the Appellant's Submission, the Notice of Other Appeal, and the Other Appellant's Submission

In our letter of 16 December 2009[514], we proposed to modify the deadlines for the filing of the appellant's submission, the Notice of Other Appeal, and the other appellant's submission.In making this proposal, we sought to allow the Appellate Body and the other WTO Members participating in an appeal to focus as soon as possible on the substance of the arguments made in support of the specific issues of law and legal interpretation appealed and, thereby, to foster a more efficient use of time during the 90day appeal period.We proposed, in particular, to eliminate the current 7day period between the filing of a Notice of Appeal and the filing of the appellant's submission, as well as the current 3day period between the filing of a Notice of Other Appeal and the filing of the other appellant's submission.Our proposal retained the 5-day interval between the filing of the appellant's submission and the filing of any Notice of Other Appeal.

In proposing these modifications to the *Working Procedures*, we considered that the relatively long period between the date on which parties are made aware of the content of panel reports and the time during which an appeal can be filed affords potential appellants and other appellants adequate preparation time, including time to draft relevant Notices and submissions.We further took the view that the 7- and 3-day periods that exist under the current *Working Procedures* could be more valuable, during an appeal, if they could be used by the Appellate Body and all Members participating in the appeal to prepare for the oral hearing, *inter alia*, on the basis of an analysis of the contents of all the written submissions in support of the appeal.While some WTO Members did not share our view that the time between the release of a panel report to the parties and the initiation of an appeal makes it appropriate to advance certain deadlines within the 90-day appeal period, many WTO Members recognized that doing so will allow for a more efficient allocation of the limited time available during an appeal.

In light of the above, we are amending Rules 21(1), 23(1), and 23(3) to provide that the appellant's submission[515] will be due on the same day as the filing of the Notice of Appeal, and that the Notice of Other Appeal and the other appellant's submission will be due 5 days after the filing of the Notice of Appeal.

Deadline for the Appellee's Submission

In proposing that the appellee's submission be due 15 days after the filing of the Notice of Appeal and the appellant's submission, we sought to reduce the imbalance resulting from the fact that—currently—the appellee's submission is due 18 days after the filing of the appellant's submission, whereas the "other" appellee's submission is due 10 days after the filing of the other appellant's submission.

We recognize, nonetheless, the concerns expressed by many Members that, under our proposal, the interval between the appellant's submission and the appellee's submission would be reduced from 18 days to 15 days.These Members also stressed that the appellee needs sufficient time to respond to the appellant's submission.Taking account of the expressed preference that there be no reduction in the time period between the filing of the appellant's submission and the filing of the appellee's submission, and conscious of our overall objective of enhancing the efficient use of the limited time available in appellate proceedings for all participants, we have decided to maintain the current 18day interval between these two deadlines.Accordingly, we are amending Rules 22（1）and 23（4）to provide that an appellee's submission will be due 18 days after the filing of the Notice of Appeal.

Deadline for Third Participants' Submissions and Notifications

We also proposed that third participants' submissions and notifications would be due on a day separate from, and 3 days subsequent to, the filing date for the appellee's submission.This would enable third participants to respond in their written submissions to the appellee's submission, as well as to the appellant's and the other appellant's submissions.This should also assist participants in their preparations for the oral hearing because, when third participants file written submissions, participants would have earlier notice of the third participants' comments on the positions of all participants' written submissions.We agree with the observation made by several Members that such a staggered deadline could contribute to a more efficient oral hearing.Some Members suggested that, in order to afford third participants sufficient time to react to the content of the appellee's submission, the interval between the deadline for the filing of the appellee's submission and the deadline for the third participants' submissions should be longer than 3 days.Yet, in light of the highly compressed appeal schedule, we do not believe that affording third participants a longer period of time would be compatible with our objective of modifying the appeal timetable so as to achieve the most efficient allocation of the limited time available in a way that affords all participants and third participants, as well as the Appellate Body, more time to properly reflect upon and take account of written submissions in preparation for the oral hearing.

We wish to assure Members that this amendment will not result in any reduced opportunity for third participants to make oral statements and respond to questions at the oral hearing.At the same time, we wish to recall the provisions of Rule 24 (3) , which encourage third participants to file written submissions to facilitate their positions being taken fully into account.

In view of all of the above, we have decided to amend Rules 24 (1) and 24 (2) to provide that third participants' submissions and notifications will be due 21 days after the filing of the Notice of Appeal, that is, 3 days after the deadline for the filing of the appellee's submission.

Notice of Appeal

As explained in our proposal, we did not intend or propose to eliminate the Notice of Appeal or the Notice of Other Appeal.We believe that the Notice of Appeal remains necessary because it commences the proceedings before the Appellate Body and, together with a Notice of Other Appeal, serves the important function of demarcating the scope of appellate review in a specific dispute.In addition, since it has become customary for Members to send the Notice of Appeal to the DSB when notifying their decision to appeal pursuant to the provisions of Article 16.4 of the DSU, these Notices also serve an important transparency function in that they notify WTO Members of the commencement of an appeal and inform the Membership as a whole of its nature.

We note that, in the course of their consultations with the DSB Chairman, some Members raised questions about the continuing need for Notices of Appeal and Other Appeal, as well as for Rule23*bis* regarding the amendment of Notices of Appeal and Other Appeal.The Appellate Body has on several occasions expressed the view that the Notice of Appeal also serves to provide adequate notice to the appellee of the "nature of the appeal" and the "allegations of error", which in turn enables the appellee to exercise fully its rights of defence.[516]It is true that an appellee will have a better understanding of the nature of the appeal and the allegations of error when a detailed written submission is filed on the same day.Nevertheless, we continue to hold the view that there is significant value, both to Members participating in the appeal and to the Appellate Body, in requiring a concise and precise statement of the errors of law and legal interpretation subject to appeal.Indeed, just such considerations led the Appellate Body to introduce, in 2005, the requirement that the *other* appellant also file a notice of its *other* appeal.In our view, elimination of the existing requirements to provide, in the Notices, a brief statement of the nature of the appeal and other appeal could create a risk of uncertainty as to the precise demarcation of those appeals.This is because the exact scope of an appeal and other appeal may not always be clear from the arguments contained in the appellant's and other appellant's submissions, particularly when such submissions are very lengthy.

We thus have decided to preserve the Notices of Appeal and Other Appeal as documents that define the scope of appeal.It follows that Rule 23*bis*, too, continues to have relevance.With regard to a concern expressed by some Members that retaining these requirements could encourage procedural objections relating to the Notices, with a corresponding loss of precious time during the appeal period, we note that, since the Appellate Body amended Rules 20 and23 in2005, procedural disputes regarding the sufficiency of Notices of Appeal have been infrequent.

Date Range for the Oral Hearing

In conjunction with our proposal to advance certain deadlines during the appellate process, we proposed to modify Rule 27 (1) to specify that oral hearings will, as a general rule, be held between 30 and 40 days (rather than between 35 and 45 days) after the commencement of an appeal.No Member commented on this aspect of our proposal.Since, however, we have decided to move the deadlines for the appellees' and third participants' submissions back by 3 days as compared to our original proposal, we have also decided to adjust our proposed date range for oral hearings. We will thus amend Rule 27 (1) to specify that oral hearings will, as a general rule, be held between 30 and 45 days after the filing of the Notice of Appeal.

Changes to Annex I

All of the above amendments require certain changes to Annex I of the *Working Procedures*, as outlined in the Annexes to this communication. In particular, the revised Annex I reflects a new timetable for the filing of written documents and for the holding of oral hearings in both general and prohibited subsidies appeals.[517]

II.Filing and Service of Electronic Documents

The second amendment that we proposed concerned the Rules governing the filing and service of documents.This reflects our conviction that the increased use of electronic means represents the future of WTO dispute settlement insofar as the filing of documents is concerned.Comments from Members showed that they shared our conviction in this regard.In making this proposal, we intended it to serve only as a first step toward the establishment of a more reliable, electronic-based system, and to recognize that Members participating in appeals currently make use of electronic mail.We are aware that putting a dedicated electronic server system in place would be preferable, recognize modern technological realities, accord with trends in domestic and international tribunals, and allow for reduced dependence on paper.Indeed, funds have already been allocated for the creation of a digital dispute settlement registry within the WTO Secretariat as a whole and this project-which will include the Appellate Body—is underway, albeit still in an early stage.We welcome this initiative and Members' support of it, and will work with others within the WTO Secretariat on the design and implementation of the project.

As for the specifics of our proposal, we have taken due account of many of the concerns expressed by Members regarding the amendments that we proposed, notably with respect to such issues as potential technical glitches, confidentiality of emails, and difficulties in verifying the timing of emails and the identity of their senders.We also note that many Members did not see benefits in the filing of paper copies the day *after* the deadline, in cases where an electronic copy was filed before the deadline, nor in our proposal that, in the case of any discrepancy between the electronic and paper copies, the electronic version would prevail.In view of the concerns expressed by Members, we consider it appropriate to await the creation of the digital dispute settlement registry that will be capable of addressing these concerns.We have therefore decided to modify our original proposal in order to codify current practice.

As we observed in our proposal, the sending of electronic copies of documents by email has become the norm in appeals in recent years.Typically, participants and third participants send an electronic version of their documents to the e-mail address of the Appellate Body Secretariat on the day the documents are due, followed by delivery of the paper copies to the Appellate Body Secretariat on the same day.Other parties/participants and third parties/third participants are copied on the email sent to the Appellate Body Secretariat and are served the paper copies on the same day.We note that many Members expressed the view that, for now, it should be the delivery of the paper copies that determines whether or not the filing requirements set out in Rule 18 have been complied with.At the same time, we understand that Members benefit from the practical utility of obtaining a supplementary, electronic copy of documents filed in paper form.Similarly, it is extremely useful for the Appellate Body to have access to electronic versions of documents.

In light of these facts, and given that a preference has been expressed for maintaining the status quo pending implementation of a secure digital dispute settlement registry that could be used to upload and download documents, we have decided to proceed with amendments that reflect current practice and are less extensive than those originally proposed.More specifically, we are amending the *Working Procedures* to provide that: (i) official versions of documents in paper form are to be submitted to the Appellate Body Secretariat by 17:00 Geneva time on the day that the document is due;and (ii) an electronic copy of each such document should also be submitted to the Appellate Body by the same deadline.The electronic copy could be delivered either by email or, for example in cases where Members have concerns about the security of email transmissions, through delivery of a data storage device—such as a CD-ROM or USB flash drive—containing the electronic copy.When a Member submits an electronic copy by e-mail, the Appellate Body Secretariat will confirm receipt by return e-mail. We are also making similar provision for the service of documents on the other parties and third parties in the appeal.Finally, because the number of paper copies to be submitted to the Appellate Body Secretariat in a given appeal will vary and may diminish following the implementation of the digital dispute settlement registry, we do not consider it practical to prescribe a specific number of copies in the *Working Procedures*.Information regarding the number of paper copies requested in a specific appeal will be available from the Appellate Body Secretariat prior to the possible commencement of an appeal.

We are amending paragraphs1, 2, and 4 of Rule 18 accordingly.

III.Consolidation of Appellate Proceedings

We have decided not to pursue our proposed amendment regarding consolidation of appellate proceedings, although we may revisit this issue at a later date.We continue to believe that a more systematic approach to consolidation, including identification of the criteria to be taken into account in our determination of when consolidation would be appropriate, would benefit all potential participants in an appeal.Our proposal in this regard was not based on concerns with how consolidation under Rule 16(1) of the *Working Procedures*has operated in the past, but rather on a desire to enhance the transparency and predictability of consolidation for the WTO Membership.In their comments on this amendment, however, many Members expressed a preference for maintaining the status quo.

We have decided to introduce no changes to Rule16 at this time.We will thus continue to take decisions on consolidation in appropriate cases on the basis of Rule16（1）, after consulting with the participants.

IV.Technical Amendments

All of the above also necessitates that certain consequential amendments be made to the *Working Procedures*.More specifically, we have added a row to the Table set out in AnnexIII indicating the latest amendments to the *Working Procedures* and the relevant explanatory documents and DSB meeting minutes.In order to avoid any risk that Rule 32 could be read so as to imply that the Rules, as adopted in 1996, remain unchanged and in force, we have decided to include an express reference, in the text of paragraphs 1 and 2, to the fact that there have been amendments to the *Working Procedures*, and to refer to the relevant Table set out in Annex III.

We are also correcting two clerical errors in Rule 6（3）.The sub-headings（i）,（ii）, and（iii）should read（a）,（b）, and（c）in order to be consistent with the remainder of the *Working Procedures*, and the word "Rules" in existing Rule 6（3）（i）should be singular rather than plural.

Lastly, in the Spanish version of the *Working Procedures*, we are correcting a few clerical errors and harmonizing certain terminology so that it is consistent with the language used in the amendments described above. These adjustments affect the Rules set out in full in Annex B, as well as Rules 1, 23 *bis*（2）and 26（4）of the *Working Procedures*.We are also correcting one clerical error in the French version of the *Working Procedures*.

Annex B

Amendments to the *Working Procedures for Appellate Review*

1.Timeline for Written Submissions

Rules 21, 22, and 23 will be amended as follows:

Appellant's Submission

21. (1) The appellant shall, within 7 days after on the same day as the date of the filing of the Notice of Appeal, file with the Secretariat a written submission prepared in accordance with paragraph2 and serve a copy of the submission on the other parties to the dispute and third parties.

(2) A written submission referred to in paragraph 1 shall

(a) be dated and signed by the appellant;and

(b) set out

(i) a precise statement of the grounds for the appeal, including the specific allegations of errors in the issues of law covered in the panel report and legal interpretations developed by the panel, and the legal arguments in support thereof;

(ii) a precise statement of the provisions of the covered agreements and other legal sources relied on;and

(iii) the nature of the decision or ruling sought.

Appellee's Submission

22. (1) Any party to the dispute that wishes to respond to allegations raised in an appellant's submission filed pursuant to Rule21 may, within 25 18 days after the date of the filing of the Notice of Appeal, file with the Secretariat a written submission prepared in accordance with

paragraph2 and serve a copy of the submission on the appellant, other parties to the dispute and third parties.

(2) A written submission referred to in paragraph 1 shall

(a) be dated and signed by the appellee;and

(b) set out

(i) a precise statement of the grounds for opposing the specific allegations of errors in the issues of law covered in the panel report and legal interpretations developed by the panel raised in the appellant's submission, and the legal arguments in support thereof;

(ii) an acceptance of, or opposition to, each ground set out in the appellant's submission;

(iii) a precise statement of the provisions of the covered agreements and other legal sources relied on;and

(iv) the nature of the decision or ruling sought.

Multiple Appeals

23. (1) Within 12 5 days after the date of the filing of the Notice of Appeal, a party to the dispute other than the original appellant may join in that appeal or appeal on the basis of other alleged errors in the issues of law covered in the panel report and legal interpretations developed by the panel.That party shall notify the DSB in writing of its appeal and shall simultaneously file a Notice of Other Appeal with the Secretariat.

(2) A Notice of Other Appeal shall include the following information:

(a) the title of the panel report under appeal;

(b) the name of the party to the dispute filing the Notice of Other Appeal;

(c) the service address, telephone and facsimile numbers of the party to the dispute;and either

(i) a statement of the issues raised on appeal by another participant with which the party joins;or

(ii) a brief statement of the nature of the other appeal, including:

(A) identification of the alleged errors in the issues of law covered in the panel report and legal interpretations developed by the panel;

(B) a list of the legal provision (s) of the covered agreements that the panel is alleged to have erred in interpreting or applying;and

(C) without prejudice to the ability of the other appellant to refer to other paragraphs of the panel report in the context of its appeal, an indicative list of the paragraphs of the panel report containing the alleged errors.

(3) The other appellant shall, within 15 5 days after the date of the filing of the Notice of Appeal, file with the Secretariat a written submission prepared in accordance with paragraph2 of Rule 21 and serve a copy of the submission on the other parties to the dispute and third parties.

(4) The appellant, any appellee and any other party to the dispute that wishes to respond to a submission filed pursuant to paragraph 3 may file a written submission within 2518days after the date of the filing of the Notice of Appeal, and any such submission shall be in the format required by paragraph 2 of Rule 22.

(5) This Rule does not preclude a party to the dispute which has not filed a submission under Rule 21 or a Notice of Other Appeal under paragraph 1 of this Rule from exercising its right of appeal pursuant to paragraph 4 of Article 16 of the DSU.

(6) Where a party to the dispute which has not filed a submission under Rule 21 or a Notice of Other Appeal under paragraph1 of this Rule exercises its right to appeal as set out in paragraph 5, a single division shall examine the appeals.

Rule 24 will be amended as follows:

Third Participants

24. (1) Any third party may file a written submission containing the grounds and legal arguments in support of its position.Such submission shall be filed within 2521days after the date of the filing of the Notice of Appeal.

(2) A third party not filing a written submission shall, within the same period of 2521days, notify the Secretariat in writing if it intends to appear at the oral hearing, and, if so, whether it intends to make an oral statement.

(3) Third participants are encouraged to file written submissions to facilitate their positions being taken fully into account by the division hearing the appeal and in order that participants and other third participants will have notice of positions to be taken at the oral hearing.

(4) Any third party that has neither filed a written submission pursuant to paragraph1, nor notified the Secretariat pursuant to paragraph 2, may notify the Secretariat that it intends to appear at the oral hearing, and may request to make an oral statement at the hearing.Such notifications and requests should be notified to the Secretariat in writing at the earliest opportunity.

Rule 27 will be amended as follows:

Oral Hearing

27. (1) A division shall hold an oral hearing, which shall be held, as a general rule, between 3530 and 45 days after the date of the filing of a Notice of Appeal.

(2) Where possible in the working schedule or otherwise at the earliest possible date, the Secretariat shall notify all parties to the dispute, participants, third parties and third participants of the date for the oral hearing.

(3) (a) Any third party that has filed a submission pursuant to Rule

24 (1) , or has notified the Secretariat pursuant to Rule 24 (2) that it intends to appear at the oral hearing, may appear at the oral hearing, make an oral statement at the hearing, and respond to questions posed by the division.

(b) Any third party that has notified the Secretariat pursuant to Rule 24 (4) that it intends to appear at the oral hearing may appear at the oral hearing.

(c) Any third party that has made a request pursuant to Rule 24 (4) may, at the discretion of the division hearing the appeal, taking into account the requirements of due process, make an oral statement at the hearing, and respond to questions posed by the division.

(4) The Presiding Member may set time-limits for oral arguments.

Annex I will be amended as follows:

ANNEX I

TIMETABLE FOR APPEALS[518]

	General Appeals	Prohibited Subsidies Appeals
	Day	Day
Notice of Appeal[519]	0	0
Appellant's Submission[520]	7 0	4 0
Notice of Other Appeal[521]	12 5	6 2
Other Appellant's (s) Submission (s) [522]	15 5	7 2
Appellee's (s) Submission (s) [523] Third Participant's (s) Submission (s) [524] Third Participant's (s) Notification (s) [525]	25 18 25 21 25 21	12 9 12 10 12 10
Oral Hearing[526]	35 30 – 45	17 15 – 23
Circulation of Appellate Report	60 – 90[527]	30 – 60[528]
DSB Meeting for Adoption	90 – 120[529]	50 – 80[530]

2.Filing and Service of Electronic Documents

Rule 18 will be amended as follows:

Documents

18. (1) No document is considered filed with the Appellate Body unless the document is received by the Secretariat within the time-period set out for filing in accordance with these Rules.

Official versions of documents shall be submitted in paper form to the Appellate Body Secretariat by 17:00 Geneva time on the day that the document is due.Participants, parties, third participants and third parties shall, by the same deadline, also provide to the Appellate Body Secretariat an electronic copy of each document.Such electronic copy may be sent via electronic mail to the Appellate Body Secretariat's electronic mail address, or brought to the Appellate Body Secretariat on a data storage device such as a CD-ROM or USB flash drive.

(2) Except as otherwise provided in these Rules, every document filed by a party to the dispute, a participant, a third party or a third participant shall on the same day be served on each of the other parties to the dispute, participants, third parties and third participants in the appeal, in accordance with paragraph 4.

(3) A proof of service on the other parties to the dispute, participants, third parties and third participants shall appear on, or be affixed to, each document filed with the Secretariat under paragraph 1 above.

(4) A document shall be served by the most expeditious means of delivery or communication available, including by:

(a) delivering a copy of the document to the service address of the party to the dispute, participant, third party or third participant;or

(b) sending a copy of the document to the service address of the party to the dispute, participant, third party or third participant by facsimile transmission, expedited delivery courier or expedited mail service.

Electronic copies of documents served shall also be provided on the same day, either by electronic mail, or through physical delivery of a data storage device containing an electronic copy of the document.

(5) Upon authorization by the division, a participant or a third participant may correct clerical errors in any of its documents (including typographical mistakes, errors of grammar, or words or numbers placed in the wrong order) .The request to correct clerical errors shall identify the specific errors to be corrected and shall be filed with the Secretariat no later than 30 days after the date of the filing of the Notice of Appeal.A copy of the request shall be served upon the other parties to the dispute, participants, third parties and third participants, each of whom shall be given an opportunity to comment in writing on the request.The division shall notify the parties to the dispute, participants, third parties and third participants of its decision.

3.Technical Amendments

Rule 6 will be amended as follows:

Divisions

6. (1) In accordance with paragraph 1 of Article 17 of the DSU, a division consisting of three Members shall be established to hear and decide an appeal.

(2) The Members constituting a division shall be selected on the basis of rotation, while taking into account the principles of random selection, unpredictability and opportunity for all Members to serve regardless of their national origin.

(3) A Member selected pursuant to paragraph 2 to serve on a division shall serve on that division, unless:

(ia) he/she is excused from that division pursuant to Rules 9 or 10;

(iib) he/she has notified the Chairman and the Presiding Member that he/she is prevented from serving on the division because of illness or other serious reasons pursuant to Rule 12;or

(ⅲc) he/she has notified his/her intentions to resign pursuant to Rule 14.

Rule 32 will be amended as follows:

Entry into Force and Amendment

32. (1) These Rules shall entered into force on 15 February 1996, and have subsequently been amended as indicated in Annex Ⅲ.

(2) The Appellate Body may amend these Rules in compliance with the procedures set forth in paragraph 9 of Article 17 of the DSU.The Appellate Body will announce the date on which such amendments come into force.The document number for each revised version of these Rules, and the date upon which each version entered into force and succeeded the previous version, are indicated in Annex Ⅲ.

(3) Whenever there is an amendment to the DSU or to the special or additional rules and procedures of the covered agreements, the Appellate Body shall examine whether amendments to these Rules are necessary.

Annex Ⅲ to the *Working Procedures* will be amended as follows:

ANNEX Ⅲ

Table of Consolidated and Revised Versions of the Working Procedures for Appellate Review

Document Number	Effective Date	Rules Amended	Working Documents/Explanatory Texts	Minutes of Principal DSB Meeting (s) at which Amendments were Discussed
WT/AB/ WP/1	15February 1996	N/A	WT/AB/ WP/W/1	31January1996, WT/DSB/M/10 and 21February1996, WT/DSB/M/11

续表

Document Number	Effective Date	Rules Amended	Working Documents/Explanatory Texts	Minutes of Principal DSB Meeting (s) at which Amendments were Discussed
WT/AB/WP/2	28 February 1997	Rule 5 (2) and Annex II	WT/AB/WP/W/2, WT/AB/WP/W/3	25 February 1997, WT/DSB/M/29
WT/AB/WP/3	24 January 2002	Rule 5 (2)	WT/AB/WP/W/4, WT/AB/WP/W/5	24 July 2001, WT/DSB/M/107
WT/AB/WP/4	1 May 2003	Rules 24 and 27 (3), with consequential amendments to Rules1, 16, 18, 19, and 28, and Annex I	WT/AB/WP/W/6, WT/AB/WP/W/7	23 October 2002, WT/DSB/M/134
WT/AB/WP/5	1 January 2005	Rules 1, 18, 20, 21, 23, 23bis, and 27, and Annexes I and III	WT/AB/WP/W/8, WT/AB/WP/W/9	19 May 2004, WT/DSB/M/169
WT/AB/WP/6	15 September 2010	Rules 6 (3), 18 (1), 18(2), 18(4), 21(1), 22 (1), 23 (1), 23 (3), 23 (4), 24 (1), 24(2), 27(1), 32(1), and 32 (2), and Annexes I and III;additional technical amendments to Spanish and French versions only	WT/AB/WP/W/10, WT/AB/WP/W/11	18 May 2010, WT/DSB/M/283

The following changes will be made to the Spanish version of the *Working Procedures*:

In Rule 1, replace "notificación" with "entrega" in the phrases "comprobante de la notificación" and "dirección a efectos de notificación".

In paragraph 3 (a) of Rule 6, replace "le" with "lo".

In paragraph 2 of Rule 18, replace "deben ser notificados" with "serán entregados".

In paragraph 3 of Rule 18, paragraphs 4 (a) and 4 (b) of Rule 18, and paragraph 2 (c) of Rule 23, replace "notificación" with "entrega".

In paragraph 4 of Rule 18, replace "notificados" with "entregados".

In paragraph 5 of Rule 18, replace "deberá presentarse" with "se presentará", and replace "deberá notificar" with "entregará".

In paragraph 1 of Rule 21, replace "notificará" with "hará entrega de".

In paragraph 2 (a) of Rule 21 and paragraph 2 (a) of Rule 22, replace "e" with "y".

In paragraph 1 of Rule 22, replace "darán traslado" with "harán entrega".

In paragraph 2(b)(i) of Rule 22, replace "y mencionadas" with "que se planteen".

In paragraph 2(b)(ii) of Rule 22, replace "u oposición a" with "de", change "la (s) comunicación (es) del (de los) apelante (s)" to "la comunicación del apelante" and insert "o la oposición a ellos" immediately thereafter, so that the provision reads:

la aceptación de cada uno de los motivos alegados en la comunicación del apelante o la oposición a ellos;

In paragraph 2 (c) (i) of Rule 23, replace "al cual" with "a las cuales".

In paragraph 2 (c) (ii) (C) of Rule 23, replace "para" with "de".

In paragraph 3 of Rule 23 and paragraph 2 of Rule 23 *bis,* replace "notificará" with "entregará".

In paragraph 4 of Rule 23, replace "deseen" with "desee", and replace "podrán" with "podrá".

In paragraph 6 of Rule 23, replace the second "una" with "la", so that the first line reads "Cuando una parte en la diferencia que no haya presentado una comunicación de ...".

In paragraph 4 of Rule 26, replace "dará traslado" with "hará entrega".

In paragraph 2 of Rule 27, move the last phrase of the sentence forward, replace "dentro del" with "en el" and replace "en otro caso" with "si no", so that the provision reads:

La Secretaría notificará, si es posible en el plan de trabajo o, si no, lo antes posible, la fecha de la audiencia a todas las partes en la diferencia, participantes, terceros y terceros participantes.

In the title to Rule 32, replace "enmiendas" with "modificación".

In the heading to the first column of the table in Annex III, replace "Número de" with "Signatura del".

The following change will be made to the French version of the *Working Procedures*:

In paragraph 2(c)(i) of Rule 23, replace "auquel" with "auxquelles".

三、上诉机构成员名录

Members of the Appellate Body and their respective terms of office

	Nationality	Term of Office
Ujal Singh Bhatia	India	11 December 2011—10 December 2015 11 December 2015—10 December 2019
Thomas R. Graham	United States	11 December 2011 — 10 December 2015 11 December 2015 — 10 December 2019
Hong Zhao	China	1 December 2016—30 November 2020

Former Appellate Body Members

The following table provides a listing of the persons who have served on the Appellate Body in the past:

	Nationality	Term of Office
Georges Michel Abi-Saab [1]	Egypt	2000— 2004 2004— 2008
James Bacchus	United States	1995— 1999 1999— 2003
Luiz Olavo Baptista [2]	Brazil	2001— 2005 2005— 2009
Lilia R Bautista	Philippines	2007— 2011
Christopher Beeby	New Zealand	1995— 1999 1999— 2000

续表

	Nationality	Term of Office
Peter Van den Bossche (3)	Belgium	2009 — 2013 2013 — 2017
Seung Wha Chang (4)	Korea	2012 — 2016
Claus-Dieter Ehlermann (5)	Germany	1995— 1997 1997— 2001
Said El-Naggar (6)	Egypt	1995— 1999 1999— 2000
Florentino Feliciano (7)	Philippines	1995— 1997 1997— 2001
Arumugamangalam Venkatacha-lam Ganesan (8)	India	2000— 2004 2004— 2008
Jennifer Hillman	United States	2007— 2011
Ricardo Ramírez-Hernández (9)	Mexico	2009 — 2013 2013 — 2017
Merit E. Janow	United States	2003— 2007
Hyun Chong Kim (10)	Korea	2016 — 2017
Julio Lacarte-Muró (11)	Uruguay	1995— 1997 1997— 2001
John Lockhart	Australia	2001— 2005 2005— 2006
Mitsuo Matsushita (12)	Japan	1995— 1999 1999— 2000
Shotaro Oshima (13)	Japan	2008— 2012
Giorgio Sacerdoti	Italy	2001— 2005 2005— 2009
Shree Baboo Chekitan Servansing	Mauritius	2014 — 2018
Yasuhei Taniguchi	Japan	2000— 2003 2003— 2007
David Unterhalter	South Africa	2006— 2009 2009— 2013
Yuejiao Zhang (14)	China	2008 — 2012 2012 — 2016

Arbitrations

Appellate Body Members have also been called upon to determine, through binding arbitration under Article 21.3（c）of the DSU, the "reasonable period of time" for the implementation by a WTO Member of Appellate Body or panel rulings as recommended by the DSB. In carrying outarbitrationsunder Article 21.3（c）, Appellate Body Members act in an individual capacity.

Notes:

1.On 29 May 2008, pursuant to Rule 15, the Appellate Body notified the Chairman of the DSB that it had authorized Mr.AbiSaab to complete the disposition of the appeals in US—Continued Suspension（WT/DS320/AB/R）and Canada—Continued Suspension（WT/DS321/AB/R）, the reports in which were circulated on 16 October 2008.

2.In a communication dated 12 November 2008（WT/DSB/46）, Mr. Baptista informed the Chairman of the DSB that, owing to health reasons, he was compelled to resign from the office of Appellate Body Member. His term of office therefore expired in February 2009.

3.On 24 November 2017, pursuant to Rule 15 of the Working Procedures for Appellate Review, the Appellate Body notified the Chairman of the DSB that it had authorized Mr Van den Bossche to complete the disposition of the appeals to which he had been assigned prior to that date.

4.On 31 May 2016, pursuant to Rule 15 of the Working Procedures for Appellate Review, the Appellate Body notified the Chairman of the DSB that it had authorized Mr Chang to complete the disposition of the appeal inIndia – Solar Cells（WT/DS456/AB/R）, the report in which was circulated on 16 September 2016.

5.On 20 November 2001, pursuant to Rule 15 of the Working Procedures for Appellate Review, the Appellate Body notified the Chairman of the DSB that it had authorized Mr. Ehlermann to complete the disposition of the appeal in US—Section 211 Appropriations Act（WT/DS176/AB/R）, the report in which was circulated on 2 January 2002.

6.On 30 March 2000, pursuant to Rule 15 of the Working Procedures for Appellate Review, the Appellate Body notified the Chairman of the DSB that it had authorized Mr. El-Naggar to complete the disposition of the appeal in US— Lead and Bismuth II（WT/DS138/AB/R）, the report in which was circulated on 10 May 2000.

7.On 20 November 2001, pursuant to Rule 15 of the Working Procedures for Appellate Review, the Appellate Body notified the Chairman of the DSB that it had authorized Mr. Feliciano to complete the disposition of the appeal in US— FSC（Article 21.5 — EC）（WT/DS108/AB/RW）, the report in which was circulated on 14 January 2002.

8.On 21 April 2008, pursuant to Rule 15 of the Working Procedures for Appellate Review, the Appellate Body notified the Chairman of the DSB that it had authorized Mr. Ganesan to complete the disposition of the appeals in US— Shrimp（Thailand）（WT/DS343/AB/R）and US— Customs Bond Directive（WT/DS345/AB/R）, the reports in which were circulated on 16 July 2008.

9.On 30 June 2017, pursuant to Rule 15 of the Working Procedures for Appellate Review, the Appellate Body notified the Chairman of the DSB that it had authorized Mr Ramírez to complete the disposition of the appeals in EC and certain member States — Large Civil Aircraft（Article 21.5— US）, EU—Fatty Alcohols（Indonesia）, and Indonesia — Import Licensing Regime, the reports in which were circulated on 15 May 2018, 5 September 2017, and 9 November 2017, respectively.

10.In a communication dated 1 August 2017（WT/DSB/73）, Mr. Kim notified the Chair of the Appellate Body of his intention to resign from the office of Member of the Appellate Body. His term of office therefore expired in July 2017.

11.On 20 November 2001, pursuant to Rule 15 of the Working Procedures for Appellate Review, the Appellate Body notified the Chairman of the DSB that it had authorized Mr. Lacarte-Muró to complete the disposition of the appeals in US — Section 211 Appropriations Act（WT/DS176/AB/R）and US— Line Pipe（WT/DS202/AB/R）, the reports in which were circulated on 2 January 2002 and 15 February 2002, respectively.

12.On 30 March 2000, pursuant to Rule 15 of the Working Procedures for Appellate Review, the Appellate Body notified the Chairman of the DSB that it had authorized Mr. Matsushita to complete the disposition of the appeal in US—Lead and Bismuth II（WT/DS138/AB/R）, the report in which was circulated on 10 May 2000.

13.In a communication dated 7 January 2012（WT/DSB/56）, Mr. Oshima notified the Chair of the Appellate Body of his intention to resign for personal reasons from the office of Member of the Appellate Body. His term of office therefore expired in April 2012.

14.On 31 May 2016, pursuant to Rule 15 of the Working Procedures for Appellate Review, the Appellate Body notified the Chairman of the DSB that it had authorized Mrs Zhang to complete the disposition of the appeals in Colombia – Textiles（WT/DS461/AB/R）and EU – Biodiesel（WT/DS473/AB/R）, the reports in which were circulated on 7 June 2016 and 6 October 2016, respectively.

（https://www.wto.org/english/tratop_e/dispu_e/ab_members_descrp_e.htm。访问日期：2019 年 12 月 28 日。）

参考文献

（一）WTO

1. Rufus Yerxa and Bruce Wilson, eds. *Key Issues in WTO Dispute Settlement: the First Ten Years*, Cambridge University Press, 2005.

2. Giogio Sacerdoti, Alan Yanovich and Jan Bohanes, eds. *The WTO at Ten: the Contribution of the Dispute Settlement System,* Cambridge University Press, 2006.

3. Ysuhei Taniguchi, Alan Yanovich and Jan Bohanes, eds. *The WTO in the Twenty-First Century: Dispute Settlement, Negotiations, and Regionalism in Asia*, Cambridge University Press, 2007.

4. Merit E. Janow, Victoria Donaldson and Alan Yanovich, eds. *The WTO: Governance, Dispute Settlement and Developing Countries*, Juris Publishing, Inc., 2008.

5. Gabrielle Marceau, ed. *A History of Law and Lawyers in the GATT/WTO: the Development of the Rule of Law in the Multilateral Trading System*, Cambridge University Press, 2015.

6. James Bacchus, *Trade and Freedom*, Cameron May, 2004.

7. Amrita Narlikar, Martin Daunton and Robert M. Stern, eds. *The Oxford Handbook of the World Trade Organization*, Oxford University Press, 2012.

8. World Trade Organization, *World Trade Report 2011: The WTO and Preferential Trade Agreements: from Co-existence to Coherence*, World Trade Organization, 2011.

9. World Trade Organization: *The WTO at Twenty: Challenges and Achievements*, World Trade Organization, 2015.

10. World Trade Organization, *20 Years of the WTO: a Retrospective*, World Trade

Organization, 2015.

11. World Trade Organization, *Understanding the WTO*, World Trade Organization, 2010.

12. Peter Van den Bossche and Werner Zdouc, *The Law and Policy of the World Trade Organization*, Cambridge University Press, 3rd ed., 2013.

13. David Palmeter and Petros C. Mavroidis, *Dispute Settlement in the World Trade Organization: Practice and Procedure*, Kluwer Law International, 1999.

14. WTO Secretariat, *The WTO Dispute Settlement Procedures: A Collection of the Relevant Legal Texts*, Cambridge University Press, 3rd ed.,2012.

15. John Croome, *Reshaping the World Trading System: a History of the Uruguay Round, Kluwer Law International,* 1999.

16. Douglas A. Irwin, Petros C. Mvroidis and Alan O. Sykes, *The Genesis of the GATT,* Cambridge University Press, 2008.

17. Terence P. Steward, ed., *The GATT Uruguay Round: a Negotiating History* (*1986-1992*), Kluwer Law International, 1995.

18. Craig Van Grasstek, *The History and Future of the World Trade Organization,* World Trade Organization, 2013.

19. Consultative Board, *The Future of the WTO: Addressing Institutional Challenges in the New Millennium*, World Trade Organization, 2004.

20. Henrik Horn and Petros C. Mavroidis, eds. *Legal and Economic Principles of World Trade Law*, Cambridge University Press, 2013.

21. Joost Pauwelyn, *Conflict of Norms in Public International Law: How WTO Law Relates to other Rules of International Law*, Cambridge University Press, 2003.

22. Wenhua SHAN（单文华）ed. *Redefing Sovereignty in International Economic Law*, Hart Publishing, 2008.

23. Annual Report 2016, World Trade Organization.

24. Manfred Elsig and Mark A. Pollack, Agents, trustees, and international courts, *The politics of judicial appointment at the World Trade Organization*, European Journal of International Relations, 0(0) 1-25, 2012.

25. The WTO's Influence on Other Dispute Settlement Mechanisms, *A Lighthouse in the Storm of Fragmentation,* Journal of World Trade, 47(2013).

26. Joost Pauwelyn,*The Rule of Law without the Rule of Lawyers? Why Investment Arbitrators Are from Mars, Trade Adjudicators from Venus?* the American Journal of International Law, Vol. 109, No. 4 (October 2015).

27. *From Collision to Vision: Climate Change and World Trade: A Discussion Paper*, November 2010, World Economic Forum.

28.*Proposed Border Tax Adjustments Risk Violating WTO Rules*, http://www.huffingtonpost.com/entry/58838206e4b08f5134b62109?timestamp=1485014733579。 访问日期：2017 年 2 月 23 日。

29. Institute of International Economic Law, Georgetown University, *Transition on the WTO Appellate Body: a Pair of Reforms?* https://minilateralism.com/georgetowns-iiel-releases-new-proposal-for-wto-appellate-body-reform/.

30. Tetyana Payosova, Gary Clyde Hufbauer and Jeffrey J. Schott, *The Dispute Settlement Crisis in the World Trade Organization: Causes and Cures*, https://piie.com/system/files/documents/pb18-5.pdf.

31. Robert McDougall, *Crisis in the WTO: Restoring the WTO Dispute Settlement Function*, https://www.cigionline.org/sites/default/files/documents/Paper%20no.194.pdf.

32. James Bacchus, *Might Unmakes Right, The American Assault on the Rule of Law in World Trade*, https://www.cigionline.org/sites/default/files/documents/Paper%20no.173.pdf.

33. Jennifer Hillman, *Three Approaches to Fixing the World Trade Organization' Appellate Body, the Good, the Bad and the Ugly?* https://www.law.georgetown.edu/wp-content/uploads/2018/12/Hillman-Good-Bad-Ugly-Fix-to-WTO-AB.pdf.

34. Richard H. Steinberg, *Judicial Lawmaking at the WTO: Discursive, Constitutional, and Political Constraints,* 98 Am. J. Int' l L. 247 2004.

35. Scott Andersen, et al., *Using Arbitration under Article 25 of the DSU to Ensure the Availability of Appeals*, Centre for Trade and Economic Integration Working Papers, CTEI-2017-17.

36. WTO 总理事会会议纪要 （WT/GC/M/1-178, 1995—2019）。

37. WTO 争端解决机构会议纪要 （WT/DSB/M/1-424, 1995—2019）。

38. WTO 争端解决机构年度报告 （1995—2018）。

39. WTO 上诉机构年度报告 （2003—2018）。

40. 对外贸易经济合作部国际经贸关系司译：《世界贸易组织乌拉圭回合多边贸易谈判法律文本》（中英文对照），法律出版社，2000 年 10 月第 1 版。

41. 对外贸易经济合作部国际经贸关系司译：《中国加入世界贸易组织法律文件》（中英文对照），法律出版社，2002 年 1 月第 1 版。

42. 杨国华：《WTO 中国案例评析》，知识产权出版社，2015 年 1 月第 1 版。

（二）民事诉讼法

43. ［德］罗森贝克、施瓦布、戈特瓦尔德：《德国民事诉讼法》，李大雪译，中国法制出版社，2007年11月第1版。

44. 丁启明译：《德国民事诉讼法》，厦门大学出版社，2016年1月第1版。

45. ［法］让·文森和塞尔目·金沙尔：《法国民事诉讼法要义》，罗结珍译，中国法制出版社，2001年7月第1版。

46. 罗结珍译：《法国新民事诉讼法典》（附判例解释），法律出版社，2008年10月第1版。

47. ［法］艾涅斯特·格拉松：《法国民事诉讼程序的起源》，北京大学出版社，2013年1月第1版。

48. 毛玲：《英国民事诉讼的演进与发展》，中国政法大学出版社，2005年5月第1版。

49. 齐树洁：《民事上诉制度研究》，法律出版社，2006年9月第1版。

50. 沈达明编著：《比较民事诉讼法初论》，中信出版社，1991年11月第1版。

51. ［德］K.茨威格特、H.克茨：《比较法总论》，潘汉典等译，贵州人民出版社，1992年9月第1版。

52. 常怡主编：《外国民事诉讼法新发展》，中国政法大学出版社，2009年7月第1版。

53. 汤维建主编：《外国民事诉讼法学研究》，中国人民大学出版社，2007年9月第1版。

54. 乔欣主编：《外国民事诉讼法学》，厦门大学出版社，2008年1月第1版。

55. J. A, Jolowicz, *On Civil Procedure*, Cambridge University Press, 2000.

（三）法律的起源和原理

56. ［英］H.F.乔洛维茨、巴里·尼古拉斯：《罗马法研究历史导论》，薛军译，商务印书馆，2013年12月第1版。

57. 周枏：《罗马法原论》，商务印书馆，2014年6月第1版。

58. ［美］艾伦·德肖维茨：《法律创世纪：从圣经故事寻找法律的起源》，林为正译，法律出版社，2011年11月第1版。

59. ［英］梅因：《古代法》，沈景一译，商务印书馆，1959年3月第1版。

60. ［美］霍贝尔：《原始人的法：法律的动态比较研究》（修订译本），严存生等译，法律出版社，2012年1月第2版。

61. ［美］汤姆·M.泰勒：《人们为什么遵守法律》，黄永译，中国法制出版社，2015 年 2 月第 1 版。

62. ［德］康德：《法的形而上学原理》，沈叔平译，商务印书馆，1991 年 9 月第 1 版。

63. ［英］约翰·菲尼斯：《自然法与自然权利》，董娇娇等译，中国政法大学出版社，2005 年 1 月第 1 版。

64. ［美］E.博登海默：《法理学：法律哲学与法律方法》，邓正来译，中国政法大学出版社，2004 年 1 月修订版。

65. ［美］赞恩：《法律的故事》，于庆生译，中国法制出版社，2011 年 5 月第 1 版。

66. ［爱尔兰］约翰·莫里斯·凯利：《西方法律思想史》，王笑红译，法律出版社，2010 年 8 月第 1 版。

67. ［美］路易斯·亨利·摩尔根：《古代社会》，杨东莼等译，商务印书馆，1977 年 8 月第 1 版。

68. ［奥］凯尔森：《法与国家的一般理论》，沈宗灵译，中国大百科全书出版社，1996 年 1 月第 1 版。

69. ［法］卢梭：《社会契约论》，何兆武译，商务印书馆，2003 年 2 月第 3 版。

70. ［英］罗素：《西方哲学史》，马元德译，商务印书馆，1976 年 6 月第 1 版。

71. ［英］阿诺德·汤因比：《历史研究》，刘北成 郭小凌译，上海人民出版社，2000 年 9 月第 1 版。

72. ［美］菲利普·李·拉尔夫等：《世界文明史》，商务印书馆，1998 年 5 月第 1 版。

73. ［英］鲁伯特·克罗斯等：《英国法中的先例》（第 4 版），苗文龙译，北京大学出版社，2001 年 1 月第 1 版。

74. 马克垚：《世界文明史导言》，《北京大学学报（哲学社会科学版）》，2003 年 9 月，第 40 卷第 5 期。

（四）法治、司法行为、司法能动主义

75. ［美］罗伯特·达尔：《论民主》，李柏光等译，商务印书馆，1999 年 11 月第 1 版。

76. ［英］汤姆·宾汉姆：《法治》，毛国权译，中国政法大学出版社，2012 年 10 月第 1 版。

77. ［美］汤姆·R.泰勒，《人们为什么遵守法律》，黄永译，中国法制出版社，2015 年 2 月第 1 版。

78. ［美］戴维·奥布莱恩编：《法官能为法治做什么：美国著名法官演讲录》，何帆等译，北京大学出版社，2015年4月第1版。

79. ［美］克里斯托弗·沃尔夫：《司法能动主义：自由的保障还是安全的威胁》（修订版），黄金荣译，中国政法大学出版社，2004年9月第1版。

80. 李辉：《论司法能动主义》，中国法制出版社，2012年6月第1版。

81. ［美］劳伦斯·鲍姆：《法官的裁判之道：以社会心理学视角探析》，李国庆译，北京大学出版社，2014年5月第1版。

82. ［美］弗兰克·克罗斯：《美国联邦上诉法院的裁判之道》，曹斐译，北京大学出版社，2011年6月第1版。

83. ［美］理查德·波斯纳：《波斯纳法官司法反思录》，苏力译，北京大学出版社，2014年7月第1版。

84. ［美］理查德·波斯纳：《法官如何思考》，苏力译，北京大学出版社，2009年1月第1版。

85. ［英］休谟：《人性论》（上下），商务印书馆，1980年4月第1版。

86. ［英］哈特等：《法律中的因果关系》，中国政法大学出版社，2005年1月第1版。

87. ［德］贡塔·托依布纳：《宪法的碎片：全球社会的宪治》，陆宇峰译，中央编译出版社，2016年8月第1版。

88. 晏绍祥：《美国建国初期对古典民主与共和传统的辩论及利用》，《华中师范大学学报（人文社会科学版）》，2013年3月，第52卷第2期。

89. 江振春：《美国联邦最高法院与法官助理制度》，《南京大学学报（哲学人文科学社会科学）》，2010年第2期。

90. Pietro Costa and Danilo Zolo, *The Rule of Law: History, Theory and Criticism*, Springer, 2007.

91. Lawrence Baum, *Judges and their Audiences: a Perspective on Judicial Behavior,* Princeton University Press, 2006.

92. Lawrence Baum, *The Puzzle of Judicial Behavior*, The University of Michigan Press, 1997.

（五）国际法、国际法历史

93. ［英］劳特派特：《奥本海国际法》，王铁崖、陈体强译，商务印书馆，1989年1月第1版。

94. ［美］阿瑟·努斯鲍姆：《简明国际法史》，张小平译，法律出版社，2011

年 10 月第 1 版。

95. 李浩培：《李浩培文选》，法律出版社，2000 年 10 月第 1 版。

96. 何志鹏：《国际法哲学导论》，社会科学文献出版社，2013 年 5 月第 1 版。

97. Vaughan Lowe: *International Law*, Oxford University Press, 2007.

98. Bardo Fassbender and Anne Peters, eds. *The Oxford Handbook of the History of International Law*, Oxford University Press, 2012.

99. Stephen C. Nefff, *Justice among Nations: a History of International Law*, Harvard University Press, 2014.

100. Cesare PR. Romano, Karen J. Alter, Yuval Shany, eds. *The Oxford Handbook of International Adjudication*, Oxford University Press, 2014.

101. Matthew Craven, Malgosia Fitzmaurice and Maria Vogiatzi, eds.,*Time, History and International Law,* Martinus Nijhoff Publishers, 2007.

102. William A. Schabas oc, *An Introduction to the International Criminal Court*, 3rd edition, Cambridge University Press, 2007.

（六）政治学、政治心理学

103. ［英］H.S. 赖斯编：《康德政治著作选》，金威译，中国政法大学出版社，2013 年 11 月第 1 版。

104. ［英］格雷厄姆·沃拉斯：《政治中的人性》，商务印书馆，1994 年 11 月第 1 版。

105. ［美］戴维·P. 霍顿：《政治心理学：情景、个人与案例》，中央编译出版社，2013 年 12 月第 1 版。

106. ［美］詹姆斯·戴维·巴伯：《总统的性格》（第 4 版），中国人民大学出版社，2015 年 1 月第 1 版。

107. ［美］马莎·L. 科塔姆等：《政治心理学》（第 2 版），中国人民大学出版社，2013 年 2 月第 1 版。

108. ［美］哈罗德·D. 拉斯韦尔：《权力与人格》，中央编译出版社，2013 年 8 月第 1 版。

109. ［美］哈罗德·D. 拉斯韦尔：《精神病理学与政治》，中央编译出版社，2015 年 2 月第 1 版。

110. ［美］罗伯特·E. 戈定主编：《牛津政治行为研究手册》，人民出版社，2018 年 9 月第 1 版。

111. ［美］沃尔特·C. 兰格：《希特勒的心态：战时秘密报告》，中央编译出版社，2011 年 10 月第 1 版。

112. ［美］罗伯特·C. 塔克：《作为革命者的斯大林——一项历史与人格的研究（1879—1929）》，中央编译出版社，2011 年 5 月第 1 版。

113. ［美］亚历山大·乔治等：《总统人格：伍德罗·威尔逊的精神分析》，中央编译出版社，2014 年 10 月第 1 版。

114. 楚树龙、周兰君：《特朗普政府外交特性及其影响》，《现代国际关系》，2018 年第 8 期。

115. 赵可金、倪世雄：《自由主义与美国的外交政策》，《复旦学报（社会科学版）》，2006 年第 2 期。

116. 何达蒿：《新保守主义视角下特朗普政府外交政策特征与中美关系》，《学术探索》，2018 年 10 月。

117. 周兰君、楚树龙：《特朗普政府内政外交政策趋向》，《国际经济评论》，2017 年第 1 期。

118. Bandy X. Lee, ed.*The Dangerous Case of Donald Trump: 27 Psychiatrists and Mental Health Experts Assess a President*, Thomas Dunne Books, 2017.

119. Michael Wolff, *Fire and Fury: Inside the Trump Whitehouse*, Henry Holt and Company, 2018.

120. Bob Woodward, Fear: *Trump in the White House*, Simon& Schuster, 2018.

（七）相关网站

121. WTO 官网：https://www.wto.org/

122. 美国斯坦福大学网站：https://exhibits.stanford.edu/gatt

123. 美国最高法院网站：https://supreme.justia.com/cases/federal/us/576/14-556/

124. 世界经济论坛网站：https://www.weforum.org/

125. 国际商会网站：https://iccwbo.org/

126. 世界贸易法网站：http://www.worldtradelaw.net/

127. 美国贸易代表网站：https://ustr.gov/

128. 美国内部贸易网站：https://insidetrade.com/

129. 美国常驻日内瓦代表团网站：https://geneva.usmission.gov/

130. 华盛顿战略与国际研究中心：https://www.csis.org/

131. 中国常驻 WTO 代表团网站：http://wto.mofcom.gov.cn/

132. 美国外交关系委员会网站：https://www.cfr.org/

133. 美国白宫网站：https://www.whitehouse.gov

（八）其他

134. ［美］约翰．罗尔斯：《正义论》（修订版），何怀宏等译，中国社会科学出版社，2009 年 6 月第 1 版。

135. ［英］汤姆·霍兰：《卢比孔河》，杨军译，中信出版集团，2016 年 4 月第 1 版。

136. *Black's Law Dictionary*, Seventh Edition, 1999.

后记

我与 WTO 上诉机构

本书的写作过程，也是回忆我与 WTO 上诉机构相识、相伴与相守的过程。

2002 年 3 月，中国加入 WTO 刚刚 4 个月，就遇到了"美国钢铁保障措施案"，随后与其他成员一起，开始了长达两年的诉讼，最终大获全胜，迫使美国取消限制钢铁进口的措施。那时我是对外贸易经济合作部 / 商务部条约法律司 WTO 法律处处长，本案的主办官员，全程参与了案件处理工作。此前我已经在这个部门从事专业的涉外法律工作 5 年，此前在北京大学法律系获得了法学博士学位。然而，这个案件重建了我的法律知识，特别是对国际法的基本认知。法律竟然如此复杂，国际法竟然如此管用；法律分析竟然可以如此详尽，法律工作竟然可以如此专业。因此，实事求是地说，这段时间，我虽然名为"主办官员"，实际上是实习生，老老实实、扎扎实实地学习 WTO 争端解决机制的运作，特别是上诉机制的运作。如何准备"上诉通知"，如何撰写上诉"书面陈述"；"听证会"如何发言，会后如何书面回答问题，这些程序性事项都让我大开眼界。当我拿到上诉机构"报告"，即裁决，看到如何一一剖析专家组报告中的法律问题，更是叹为观止。这才是法律啊！法律就是有根有据地讲道理，让人心服口服。这是一场"法律冲击"，其后果是一本专著——《中国入世第一案：

WTO 美国钢铁保障措施案研究》（中信出版社 2004 年版）。此案的全过程，专家组和上诉机构的法律分析，以及我的心路历程，基本上记录在这本 25 万字的书中。

此案结束后十年，即 2004—2014 年，我也一直从事与 WTO 争端解决相关的工作，直至后来成为主管此项工作的副司长。我组织过哪些案件的上诉？出席过哪些案件的听证会？每个上诉机构报告的特点是什么？我需要专门进行统计，才能准确回答这些问题。但是我的总体印象是，参加上诉案件越多，就越是佩服上诉机构报告的法律分析。印象比较深刻的一次，听证会从上午 10 点开到晚上 7 点，只是中午休息一个小时，其间上诉机构成员一直在提问，甚至为一个词就纠结了两个小时！ 2012 年 5 月，在中国国际法年会的大会报告中，我提出"WTO 是模范国际法"，就是基于我的争端解决经验，特别是对上诉机构的印象。法治，即"良好的法律得到良好的执行"（亚里士多德语），在 WTO 这里已经基本实现，而这很大程度上得益于上诉机构充分有力的裁决。工作之余，我开始与学术界密切合作，每年在中国法学会世界贸易组织法研究会等学术组织年会上介绍工作，组织各种各样的研讨会，还参与创办了中国 WTO 辩论赛和在很多大学讲课。我觉得应该让学术界和同学们了解国际法的这个乐园。

2014 年 8 月，我加入清华大学法学院。我开设的专业课，就包括"世界贸易组织·中国案例研究"。教材是我办理过的案件中最为精彩的法律分析部分，上课则采用研讨式，以同学们发言为主。可以想象，关于"双重救济"、"GATT 第 20 条与中国入世议定书之间的关系"和条约解释方法等方面问题，特别是上诉机构推翻专家组结论的分析，会让这些最聪明的年轻人怎样着迷！每届同学，都在案例阅读和研讨中，获得了极大乐趣和进步。就上诉机构裁决的法律分析详尽程度而言，古今中外、国内国际，鲜有其匹者，因而成为法律学习不可多得的资料。有趣的是，每个学期使用相同案例，我却总有"教学相长"的快乐，因为案例内容非常丰富，经得起反复讨论，并且研讨课总是有出人意料的切入点。看到同学们如此投入，如此喜悦，我甚至有点羡慕——我在法学院读书的时候，可没有这么好案例啊！

上诉机构设计非常巧妙，上诉机构审案非常独特，上诉机构裁决非常精彩，近20年的实务工作和教学研究，给我提供了特有的视角。不仅如此，我还有机会结识全部27位上诉机构成员中的多数人，有些是在案件听证会上，有些是在学术研讨会上；有些是一面之交，有些是莫逆之交。他们的专业和敬业，让我明白了上诉机构裁决精彩的重要原因。在这些人中，对我影响最大的是James Bacchus。他是首任上诉机构成员，也是"中国入世第一案"上诉机构听证会的主席。也就是说，2003年9月29—30日，我第一次来到上诉机构听证会现场，遇到的就是这个人，并且对他的提问和严厉留下了深刻印象。后来我们成了经常交往的朋友，因为我觉得他令人敬佩，兼具知识、文化、思想、信仰、使命感和执行力，而"WTO是模范国际法"的提法，就来自他的大作《贸易与自由》（上海人民出版社2013年版）。不仅如此，2016年4月，我自己也非常荣幸地作为中国政府推荐的候选人，参加了上诉机构成员竞选，亲身体验了"法官"的产生过程。最后我没有入选，但是我认为遴选程序是公正的，选人考量是适当的。

2017年初，特朗普政府上台。美国先是指控上诉机构"六宗罪"，后又通过阻挠遴选和连任的手段将上诉机构"置于死地"。对于美国的指控，我认为是不实的。我可以一个个分析美国提出的案例，论证美国的指控没有事实依据；我还可以从我的经历和研究出发，证明上诉机构瑕不掩瑜。对于美国的手段，我认为是粗暴的。即使美国指控成立，WTO也提供了其他解决方法。

25年，上诉机构由盛而衰的过程，给我们提供了太多的启示。首先，人类社会第一个国家间争端解决上诉机制，是国际法治的伟大实践，让人们看到了法治的路径和力量，相信国际法治是可以实现的。其次，当前的上诉机构危机，是美国的极端行为所致，是暂时现象，而上诉机构必将重建。最后，上诉机构留下了丰富的财产，包括实践经验和大量案例，成为研究和教学的宝藏。我的职业生涯，是与上诉机构相识和相伴的过程，形成了对国际法治的信仰。现在，我们之间的关系似乎了进入了"相守"阶段，从研究和教学方面深入挖掘这个上诉机构这个宝库。在我看来，上诉机构的实践和案例具有独立价值，已经不以上诉机构的存废为前提。国家之间交往必将走向法治，上诉机构实践就是绝好的研究对象，而其精彩的案例，特别是条约解释方法的适用，更具有普遍意义，是教学的最佳材料。在研究方面，本书只是一个开始，初步梳理了上诉机制发展的背景和资料，很多地方需要进行专题研究，而在教学方面，连续 10 个学期数百名同学的积极反馈已经表明，案例研讨课程应该继续开设。上诉机构对于研究和教学的独立价值，我从来没有怀疑过。

有的时候，我相信有一种神秘的力量，将某人与某事连在一起，而我与 WTO 上诉机构就是一例。既然如此，就乐天知命吧！

附：

一、亲历上诉机构听证会

上诉机构听证会，常常给人一种"缺席审判"的感觉。案件一方对专家组裁决不满，"义愤填膺"地列举裁决中的种种错误。此时的"被告"，应当是专家组，由它出庭辩解，论证自己的裁决是正确的。然而，替专家组"辩护"的，却是案件另一方！作为案件当事方，怎么可能为"初审法官"进行最佳辩护呢？裁决是专家组写的，当事方只是"读者"，需要"深入领会"专家组的意图。当事方也许会喜欢对自己有利的某段裁决，但不一定会喜欢这个裁决的推理过程，觉得论证过于单薄，甚至论证中有瑕疵。现在要这个当事方一味称赞专家组，就有点勉为其难了。在"交叉上诉"的情况下，当事双方都就专家组裁决中的某些方面提出上诉，一会儿说专家组这一点裁决是对的，一会儿又说专家组另一点裁决是不对的，"被告"专家组的形象就更为模糊了。

那么，在"被告"缺席的情况下，上诉机构是如何作出"高明"判决的呢？

上诉机构成员是"公认的权威"，DSU《争端解决详解》第 17 条第 3 款），都受过较好的法律训练，有丰富的法律实践经验，多数是资深的法官、教授、律师、前官员。上诉机构是常设的，这些人最少干四年，对 WTO 规则，特别是 WTO 的成案，比较熟悉。上诉机构由七个人组成，虽然每个案件由其中的三个人负责审理，但案件判决要召开七人会议讨论。相比之下，专家组则是"海选"产生的，只要"合格"（well-qualified，《争端解决详解》第 8 条第 1 款）就行。为一个案件零时组织一个"合议庭"，审完案件就各奔东西，对 WTO 规则未必有精深的了解。此外，每个案件，除了 WTO 秘书处提供的两个法律秘书外，就没人可商量了。

进行这样的比较，并不是想厚此薄彼。WTO 争端解决机制的设计理念，本身就兼具仲裁庭和法院的特点。这套机制的目的是快速解决成员之间的贸易争端（prompt settlement，《争端解决详解》第 3 条第 2 款）。从这个角度看，专家组是有优势的，因为他们常常是来自与案件相关行业的专家，对商业实务有很好的意识，对某件事情作出是非判断比较准确。也正是因为这样，大量的案件在专家组阶段就解决了。此外，专家组会同当事方理清了案件事实，就法律问题进行了辩论，并且为法律适用和法律解释提供了一条思路。正是在这个基础上，上诉机构才能单刀直入，将全部精力投入到法律问题上来。

上诉阶段是专门关于"法律"和"法律解释"（《争端解决详解》第 17 条第 6 款）的，属于"法律审"，而在这方面上诉机构的确有优势。

上诉机构面前的问题，仅仅是屈指可数的几个法律点，不像专家组那样要处理成堆的事实和法律问题。他们认真阅读了专家组裁决，法律秘书为他们准备了本案的重点和相关案例。因此，他们对于所需要解决的问题，心中十分明了。在这样的背景下，围绕这几个法律点，他们会同秘书准备了大量的问题，在听证会上一个个抛出来。

参加听证会的，不仅有当事方，还有第三方。试想一下，几十号甚至上百号人济济一堂，围绕这么几个法律点，针对上诉机构所提的问题，各抒己见，畅所欲言，会是怎样的效果？当事方在经历了专家组的两次开庭以后，对自己的观点和立场表达得更加清晰；第三方作为"旁观者"，听着当事方的唇枪舌剑，常常会有独到的见解。"高人"上诉机构成员则"坐山观虎斗"，美滋滋地俯视着各位"斗法"。见大家开始疲倦冷场，就再扔一块"骨头"，于是大家立刻又激烈地争抢起来。"事不辩不明"。经历了如此充分的辩论，关于某个法律点的所有理解，所有角度，可能无一遗漏！此时，上诉机构成员才心满意足，宣布进入下一个法律点。

什么样的法律解释，能够经受住如此这般的拷问！也只有经历这样的拷问，对 WTO 规则的某种理解才可能是靠得住的。而保证 WTO 规则的准确理解，恰恰是上诉机构的最高理想。

这么多"高手"拿着放大镜审查专家组裁决中的每个表述、每个文字，对裁决的理解应该不会有什么偏差了。但"缺席审判"总让人觉得，如果"被告"在场，会不会更加有效、更加精彩？（本文作于2010 年）

二、相遇上诉机构成员与秘书处官员

2015 年 7 月 3—4 日，"WTO 二十周年：多边贸易体制、争端解决与发展中国家”国际研讨会在清华大学举行。这是WTO法律界的一次盛会：WTO上诉机构5位现任成员，[531]5位前任成员，[532]上诉机构秘书处主任和首席律师，[533]WTO秘书处法律处主任和高级律师，[534]WTO副总干事以及高级官员[535]和世界著名WTO法律专家[536]共20多位外籍人士参加了研讨。此外，国内WTO法律实务界的官员和律师，[537]学术界的教师和学生约400人参加了会议。

在整整两天的会议中，大家就“从1995年到后巴厘：过去、现在和将来”、“争端解决机制：从GATT到WTO”、“中国与争端解决机制”和“发展中国家与WTO”等宏观议题发表了看法，并且就“争端解决程序改革”、“服务贸易”、“自由贸易协定与WTO”、“条约解释与先例”、“知识产权”、“贸易与环境”、“执行与举证责任”、“贸易救济”和“贸易与投资”等专业议题进行了交流。最后，大家全体起立，长时间鼓掌，宣告会议取得圆满成功。

我有幸参与了这次会议的组织工作，有机会作为东道主，在清华园迎接来自五湖四海的新朋老友。我强烈地感觉到，这是一个WTO法律的大家庭。我很荣幸能够成为这个大家庭中的一员，也想借此机会介绍一下我的“家庭成员”。

我所介绍的，主要是我所熟悉的法律人士，说说我对他们的印象。因此，我主要以会议日程上有名有姓的人，也就是在会议上发言的人为主，兼顾名单之外的一些“重要成员”。[538]

（一）“大法官”

WTO争端解决机构（WTO Dispute Settlement Body, DSB）被俗称为“国际贸易法院”，专门负责解决WTO成员之间的贸易纠纷，而WTO上诉机构（WTO Appellate Body）就被俗称为“上诉法院”，上诉机构成员（Appellate Body Member）就被俗称为“WTO大法官”。

上诉机构是WTO常设机构，上诉机构成员7人，任期4年，可连选连任一次。也就是说，上诉机构成员最长可以连任 8 年。[539] 根据 WTO 的规定，他们必须是"在法律、国际贸易和有关协定方面有显著专长的公认权威"。[540]

由于这次研讨会是在上诉机构的提倡和主持下举办的，[541] 所以一下子来了这么多"大法官"。在研讨会全体会议的"争端解决机制：从 GATT 到 WTO"主题下，他们 10 个人在台上一字排开，晃得台下人睁不开眼睛！[542]

我坐在台下，也是眼花缭乱，看看这个，望望那个，大脑一片空白，就剩下傻笑了！

那么，我该从谁说起呢？

这一点我还是头脑清醒的。按照上述"熟悉"原则，我当然是先介绍张月姣大法官，因为她是我最熟悉的。

1. 张月姣

她曾经是商务部前身外经贸部条约法律司（条法司）司长，后来到亚洲开发银行工作多年，2008 年当选为上诉机构成员，是第一位中国籍大法官。1996 年，我从学校毕业，是她带领几位处长，在一个小会议室里面试并录用了我。用英语说就是：She hired me！后来，她担任大法官，我在商务部条法司负责 WTO 争端解决事务，经常在日内瓦见到她，甚至在三个案件中她是主审法官坐在台上。[543] 再后来，我加入清华法学院，我们又成为同事，因为她是清华法学院的兼职教授。这位师长，近二十年的交往，我有说不完的故事。但是篇幅有限，我只能挑最近的事情说说了，是关于我心中的两个疑问。

她哪来这么旺盛的精力？ 70 多岁人了，整天埋头于浩繁的案卷，还隔三岔五去日内瓦开庭，一年有半年时间住在日内瓦的小酒店里。办理 WTO 案件可不是闹着玩儿的，那可是高能耗的活儿。案件的敏感性、案情的复杂性，需要法官们绞尽脑汁，在法律上提供合理的解释。上诉机构开庭，常常连续两天，每天 9—10 个小时，对年轻人都是一种体能考验。此外，旅途奔波，时差困扰，连续开庭，过去我也曾经每年多次地体验过，现在想来不堪回首啊！[544] 然而，长年累月，这就是她的常规生活。这次组织会议，虽然有团队众多人员的支持，但是她是总策划、总指挥，开了无数次预备会。会议前两天，她从日内瓦回来，直接入住酒店，连续四天四夜，从会议主持到交通吃喝，"眉毛胡子一把抓"。会议期间，她始终忙前忙后、精神抖擞。会后又随部分外籍代表赴上海开了一天会！OMG，"超女"啊！用现在时髦的话说：她真是"蛮拼的"！

她哪来这么巨大的能量？她以一己之力，"忽悠"了国内外400多号人，满满当当开了两天会议。最后大家全体起立，长时间鼓掌，那都是冲着她去的！当时我也在台下鼓掌，感动得热泪盈眶！

毋庸置疑，没有她，就没有全球WTO法律界的这次盛会。但是对于她这个人，我却是有这样两个疑问的。

2. 其他人

David Unterhalter（这个名字好难念，所以我们都叫他 David）。前任成员。他是南非的教授和律师，但他是地地道道的白人，还拥有剑桥和牛津的学位。因此，不看他的简历，说他是英国人更合适。我开过他的庭。[545] 他属于那种"tough"的法官，在庭上没完没了地追问，因此给我留下了深刻的印象。顺便说一下，在我经历的案件中，法官可以分为两种，一种是他这样的，另一种是"nice"的，只是念一下自己的问题，不怎么追问。这次在清华开会，他主持了一次全体会议，题为"中国与争端解决机制"，我是发言人之一。会后看到一张照片，是我在讲台上发言，他笑得龇牙咧嘴。我不知道我说了什么，竟然让他笑成那样！后来我们一起到深圳继续开会，[546] 我是主持人。会议结束后，我在门口与他握手，他说了半句话就要笑倒了："你的主持呀……"我也跟着傻笑，但是不知道他是夸我呢还是夸我呢！过去开庭，没有什么个人接触，印象中他很严肃。难道退了就幽默了？不明白。

　　Seung Wha Chang，韩国教授和律师，中文名字是张胜和。现任成员。2012 年，他竞选法官，恰逢我率团在日内瓦开庭，于是他就约我和同事见面。我们在 WTO 的一个小会议室里聊了两个多小时，主要是关于怎么讲课的问题！他介绍了在韩国和哈佛法学院讲授 WTO 的内容和方法，我也介绍了我的"讨论式教学法"。他还说我们将来可以合作教学。相谈甚欢，我回国后就力主中国政府投他一票。他选上后，我在开庭时见到他，[547] 跟他打招呼，他就很"官方"了。这次在清华，我上去打招呼，他也很"官方"。唉，没办法，此一时彼一时啊！但是他在庭上也是很"tough"的，并且很认真、很勤奋的样子。不管他个人对我怎么样"官方"，我还是一直为曾经支持过这样一位杰出的法官竞选而窃喜的。至于教学合作，只有等到他退下来再说了！

　　来开会的法官中，还有一些人，我是熟悉的。例如，三个日本前任法官，松下满雄（Mitsuo Matsushita），教授、律师，是第一代法官；这个小老头很活跃，演讲、编书，一直没闲着；2000 年我就听过他的讲课。[548] 大岛正太郎（Shotaro Oshima），外交官，庭上很严厉。[549] 谷口安平（Yasuhei Taniguchi），教授、律师，慈祥的老人，2015 年在清华法学院讲课好几天；总是说自己是搞民诉法的，在当选法官之前对 WTO 一无所知。再如现任成员、墨西哥教授、律师 Ricardo Ramirez-Hernandez（这个名字更难念，所以我们都直呼其名 Ricardo），庭上也很"tough"，[550] 英语很流利，但是发音不是非常清晰，好像只是在嘴里打转。

　　说到"tough"，最"tough"的法官应该是 James Bacchus（我们都叫他 Jim）。他本来要来清华开会的，但是因为家里有事临时取消了。他是第一代法官，曾经当过美国国会议员，现在是华盛顿律师。在所有法官中，除了张月姣，我跟他是最熟了。2002 年的"中国入世第一案"、"美国钢铁保障措施案"[551]上诉开庭的时候，他就是主席。庭上，他不仅随心所欲地问一些"莫名其妙"的问题，显示了对各国政府代表的极大"不尊重"，甚至敲着桌子点名训斥某个国家的代表，让他们不要交头接耳，因为这里是法庭，而不是咖啡厅！那是我第一次上诉开庭的经验，心中好生诧异：咋能这样呢?！然而，后来我们成了莫逆之交，他对我影响很大。2011年，我主编一本书，还专门访谈了他。[552]关于我们之间的交往，我曾经写过两篇专门文章，现作为附录放在文后，此处就不多说了。

没来开会的法官中，还有两个是比较熟悉的。一个是 Peter Van den Bossche（我们叫他 Peter），现任法官，教授，比利时人。他在庭上也很"tough"，但是很理论、很博学的样子。[553]他写的教材 *The Law and Policy of the World Trade Organization*，共1044页，正在翻译成中文，让我参与校对。另一个是 Merit E. Janow，前任法官，美国哥伦比亚大学教授。2002年我们在纽约见面聊天后，就一直有来往。她人很好，很客气，很乐于助人，还曾经帮我联系去哥大访问学习（未成行）。

3.感慨

迄今为止，WTO只有25位大法官，半数以上我见识过，有些还比较熟悉。我的总体印象是：理想、敬业。他们深知"在维护多边贸易体制的安全性和可预见性方面，WTO争端解决机制是一个核心因素"，[554]因此他们非常慎重、认真地对待每一个案件，竭尽全力地对WTO协定中的条款提出令人信服的解释。在大会上，我在发言的最后说：感谢你们提供了这么好的案例（尽管并非完美，并非没有批评），让我在这么好的清华法学院找到了工作，也让我的学生有精彩案例可读。

不仅如此，这些大法官还热衷于宣传WTO。他们频繁出席各种研讨会，发表演讲，著书立说，从事教学，传播自由贸易和国际法治的理念。恐怕没有任何一个国际司法机构的大法官像他们这样活跃的。这次研讨会，来了这么多法官，就是一个很好的例子。也许正是因为他们的热心宣传，WTO 法律研究才能这么红火。我觉得，在这个 WTO 法律大家庭中，如果有家长，那么他们就属于"父母"。

(二)"大秘书"

"大秘书"是指 WTO 上诉机构秘书处和 WTO 秘书处法律处为上诉机构和专家组提供法律服务的律师们。[555] 把他们称为"大秘书"，是因为相对于"大法官"，他们虽然处于附属地位，而且他们默默无闻，在案件裁决书中都没有留下名字。然而，从"工龄"和专业角度，他们也很"大"，甚至在案件内部讨论过程中，可能比法官还大！

例如上诉机构秘书处主任 Werner Zdouc（奥地利人，名字没法念，我们都叫他 Werner），拥有法学博士学位，是好几个大学的访问教授。他 1995 年就在 WTO 工作了，先在 WTO 秘书处法律处，后在上诉机构秘书处。论 WTO 法律和程序，他可能比任何一个上诉机构成员都熟悉——大家不要忘了，上诉机构成员最多只能干 8 年，而他可一干就是 20 年啊。试想一下，他与大法官们一起讨论案件，到底谁听谁的?! 事实上，开庭的时候，他经常与大法官们一起坐在台上，"煞有其事"地听着，尽管无权提问。前年在上海开会，[556] 我们认识了。这次在清华和深圳开会，我们有了更多接触。他的一言一行，俨然是以 WTO 法律专家自居的。例如，关于"中国市场经济地位"这个"重大"问题，他提醒大家：反倾销所涉及的贸易量仅占中国总出口量的 0.5% 左右;[557] 关于"GATT 第 20 条适用"这个"体制性"问题，他再次提醒大家：中国承诺内容很多，GATT 第 20 条能否适用，是个案处理的，例如"中国出版物和音像制品案"中，上诉机构就认为第 20 条可以适用。[558] 他不苟言笑，但是他心里明白着呢！

相比之下，Gabrielle Marceau（加拿大魁北克人，名字是法语，

没人敢念；就连 Gabrielle 也没人能念准；意思是"上帝之人"，来自
《旧约》中一个天使的名字，我们干脆叫她"马苏"好了；清华会议
期间，我与一些中国朋友一起哄给她起这个名字的时候，她似乎还很得
意的样子）就更了不起了。马苏是真正的专家。WTO 成立之前就在
GATT 工作了。也就是说，她比 Werner 来得还早！她在更多大学讲
课，也出版更多著作，包括新近主编的 *A History of Law and Lawyers
in the GATT/WTO*。这本书我还没有买到。见面时，她给我一份宣传
册，说凭这个买书可以打八五折。她还担任日内瓦大学"国际经济
法学会"会长。试想一下，她这样的人为案件专家组服务，到底谁
是专家？大家知道，案件专家组虽然名为"资深的政府和 / 或非政府
人士"（well-qualified governmental and/or non-governmental individu-
als），[559] 但是这些人都是临时性的，案件来了被选中，案件结束就解
散了，[560] 怎么能跟她这种几十年如一日的专家相提并论呢？我第一
次见她，是 2002 年"美国钢铁保障措施案"的专家组庭审上，胖胖
的，忙前忙后。那个案件的裁决，她一口气写了 1000 页！后来的若
干次庭审中，都见她坐在专家组成员旁边，笑眯眯地看着大家，摇着
扇子，一副胸有成竹的样子，比专家组成员的派头还大！她有时候会
给专家组成员递送一个纸条，结果专家组成员的提问，就显得特有水
平。例如，在"中国稀土案"中，专家组成员在接了她一个纸条后问
大家：中国对出口税的承诺，是否要遵守 GATT 第 1 条？[561] 这个问
题"太毒"了，因为答案如果是肯定的，那么出口税能否适用 GATT
第 20 条例外的问题岂非不言自明？清华会议期间，一次晚餐酒足饭
饱之后，我笑着追问她这个问题。她说，当然要遵守第 1 条。那么第
20 条呢？我问。她一下子醒过来：我不知道，我只是个小土豆！小土
豆？你骗得了别人，还骗得了我？最后一天，她想去长城玩，又想去
南开大学讲课，还想去城里逛街！怎么可能呢?！你以为咱们首都北
京是你们日内瓦那个"小县城"啊！她最后选择去了南开（随后一周

我也在南开讲课，很多同学听过她的课，大开眼界，结果我的课变成了研讨她的课），但是那次晚餐后我约几个朋友去清华园"荷塘月色"，告诉她"曲曲折折的荷塘上面，弥望的是田田的叶子。叶子出水很高，像亭亭的舞女的裙"。（好美），她也动心了，可最后仍然选择在酒店休息，说什么刚下飞机有点疲劳！好吧，下次吧。

相比之下，WTO 秘书处法律处主任 Valerie Hughes（加拿大人）就比马苏低调一些。人家也是大专家，在 WTO 工作多年，曾经担任上诉机构秘书处主任。她平时都是安安静静听大家说话，不像马苏那样爱抢话，经常成为大家围绕的中心。但是人家一发言，都是很有高度的。例如，2011 年在北京开会，谈到中国参与 WTO 争端解决机制的事情，说："在过去的几年间，中国对争端解决机制贡献得更多了。通过积极参与其中，中国和其他成员国一起推动了法律的完善。这是意义重大的贡献。"[562] 你看看，人家说得多好啊。另外，专家组开庭的时候，她也是悄悄地坐在会议室的角落里，静静地听大家讲，尽管我觉得她有点"监工"的感觉。

据我所知，无论是专家组和上诉机构，在讨论案件的时候，秘书都是参加的，并且与专家组成员和上诉机构成员一样发表意见。因此，在审理一个案件的过程中，谁研究深，谁熟悉规则，谁就有发言权。从这个意义上说，这些人也是专家。因此，我强烈建议裁决书应该写他们的名字。我觉得，在这个 WTO 法律大家庭中，他们属于"管家"，有些人很资深、很权威。（本文作于 2015 年，节选）

三、竞选上诉机构成员

2016 年 4 月 4 日至 20 日，我在日内瓦参加 WTO 上诉机构成员竞选。以下是一些信息和感想。

（一）提名

2016 年 5 月 31 日，张月姣女士两届任期届满，即将出现空缺。因此，1 月 25 日，DSB 主席发布通知，说明各成员可以在 3 月 15 日前推荐候选人。[563]3 月 23 日，DSB 主席宣布，已经收到 6 个成员所推荐的 7 名候选人，具体如下（按成员和候选人的英文字母顺序）：澳大利亚：Daniel Moulis，资深国际贸易律师，曾担任 5 个 WTO 案件的专家组成员。中国：杨国华，国际法教授，曾在商务部工作；赵宏，商务部国际贸易经济合作研究院，曾在商务部工作。日本：Ichiro Araki（荒木一郎），国际法教授，曾经担任 WTO 案件专家组成员并且曾经在 WTO 秘书处和日本政府工作。马来西亚：Muhamad Noor Yacob，曾任常驻 WTO 大使和 APEC 执行秘书长。尼泊尔：Surya Subedi，国际法教授，曾担任尼泊尔政府法律顾问；土耳其：Yusuf Caliscan，法学教授。[564]

这是一张令人浮想联翩的名单！

首先，各国是如何提出候选人的？似乎没有一个国家是履行政府采购招投标那样的公开程序，先是广而告之，然后评比选拔，最后确定人选，尽管这样的程序看上去更加公平。[565] 作为当事者，我当然知道自己是如何成为候选人的，可那是内部决策过程的一部分，我有责任不对外公开。但是这并不妨碍我们基于这些候选人的背景，对各国的决策过程进行一般的分析。

可以想象，各国负责 WTO 事务的部门会先行确定若干人选。这些人选的来源，当然是负责这项工作的官员（主管官员）所熟悉或者经推荐的人士。更为重要的是，这些人士的资质应该符合主管官员的预期，而这个预期至少来自两个方面：对 DSU 资质要求的理解；对现任和前任上诉机构成员"成功之道"的归纳。也就是说，在主管官员看来，这些人选应该属于"在法律、国际贸易和有关协定方面有显著专长的公认权威"，有"法律与经济，学术与政府"这样的背景。

主管官员不一定是学术权威，但是他们有实际经验，知道这项工作的"诀窍"之所在，因此在他们看来，这些人选都是合格的上诉机构成员。

起初人选可能会有若干人，最后缩小到少数人甚至一个人，其间不排除与这些人选见面以及内部讨论过程中有人被否决、有人不愿意参选等情况。被否决的原因可能是多种多样的，例如相对资质较差、见面印象不好等，而不愿意参选也是可以理解的，因为上诉机构成员虽然有很高的荣誉，但是工作辛苦，待遇不高，[566] 加上家庭、偏好等个人因素，不一定是一份"趋之若鹜"的职业。如此看来，由于内部决策的主观性和人选状况的客观性，在国内确定人选阶段，就不能保证资质为形容词最高级的人士成为候选人！

其次，候选人为何仅来自亚洲 / 澳洲？这个问题很好回答，因为这个空缺就是来自这些地区！然而，细想之下，还是有一些发现的。例如，哪个地区的空缺就归哪个地区，这是何时成为一种"默契"的？仅从国别看，哪个候选人最有优势？回答后一个问题并不简单，因为从"台面上"讲，这涉及代表性的具体化，甚至涉及制度安排的变化，即来自相同区域的上诉机构成员，能不能连续来自一个国家？从"台面下"讲，这又涉及一些"只可意会不可言传"的"政治考虑"，例如中国是否从此应该像美国那样有一个"常设席位"？

再次，为何中国推荐了两位候选人？作为当事者，我当然知道原因，但是此处能够表达的仅仅是：推荐两位候选人，中国一直是这样做的，并且美国、欧盟和日本等也有类似做法。[567]WTO 没有禁止一个成员推荐多名候选人。从一般的角度分析，多名候选人，给 WTO 增加了选择的机会，同时也表达了提名成员"志在必得"的态度。

（二）面试

面试在 WTO 总部举行。每位候选人单独面对遴选委员会成员，回答预先拟定的 10 个问题，并就一些现场跟进的问题发表看法。遴选委员会成员情况如下：争端解决机构主席 Xavier Carim，南非常驻 WTO 大使；总干事 Robert Azevedo；总理事会主席 Harald Neple，挪威常驻 WTO 大使；货物贸易理事会主席 Hamish McCormick，澳大利亚常驻 WTO 大使（后因有澳大利亚候选人而退出该委员会）；服务贸易理事会主席 Gustavo Vanerio，乌拉圭常驻 WTO 大使；知识产权理事会主席 Modest Jonathan Mero，坦桑尼亚常驻 WTO 大使。此外，上诉机构秘书处主任 Werner Zudoc 和 WTO 秘书处法律处主任 Valerie Hughes 也在场旁听。

这真是一个黄金阵容！WTO 各部门"一把手"全部出面，可见上诉机构成员的选择事关重大！面试过程也是严肃的，讨论的问题非常专业，涉及国际法理论、WTO 法律以及案例最新发展。可以想象，经过一小时的交流，候选人的形象开始立体起来，7 个人的排序也有了雏形。委员会成员还可能在会后经讨论列一个"短单"，看看哪几个人更合适。因此，不排除有些人面试后就"出局"的情况。这与国内提名时主管官员的主观判断有关，即他们认为这些人合格，但是遴选委员会却有不同意见。这可能也与候选人队伍的客观状况有关，即"不怕不识货，就怕货比货"，单个看还不错，放在一起比较就会出现"三六九等"。

这是一次 WTO 最高行政长官的集体"相面"，谁好谁差，恐怕不能逃过这些阅人无数的资深外交官的眼睛。为此我们也理解了为什么上诉机构成员都有这么好的资质。然而，这只是总体印象，并不妨碍我们从台前走到幕后，提出一些疑问。例如，委员会多数成员的学历背景为国际关系、电气工程、工商管理和金融投资，只有个别人是法律，[568] 他们如何判断谁是"在法律、国际贸易和有关协定方面有显著专长的公认权威"，能够胜任审理案件这样的"技术活"？甚至候选人对那个专业面试问题单的回答，他们是如何判断高下的？还有，除了总干事是长期任职之外，[569] 其他"主席"职务都只有一年，是"正好赶上了"，[570] 他们承担这项工作的资质和心态是怎样的？最后，这是在给现有上诉机构成员选择同事，这些人是否应该参加面试？

候选人在日内瓦面试期间，还会拜会一些 WTO 成员的代表团。有的拜会是候选人主动请求的，也有的拜会是其他成员要求的。主动请求属于"登门拜访"，希望征得某个成员的支持，而别人要求的拜会则有点像单独面试了，是想看看候选人的水平和立场。不论是哪种性质，拜会的重要性都不亚于遴选委员会的正式面试，因为在确定人选问题上，每个成员都有发言权，甚至可以"一票否决"（详见下文介绍）。因此，实际上面试不止一场，有时候可能多达几十场。当然，WTO 共有 164 个成员，不是每个成员都很重视此事，候选人不会拜会所有成员。也许这反映了 WTO 的实际状况，即有些决策只是少数成员所关心的事情，成员的实际表现并不像其法律权利一样"平等"。具体到上诉机构成员遴选，显然那些"打官司"比较多的成员会更加在意谁当"法官"，而没有案件的成员则是"事不关己"的心态了。这一点并不奇怪，任何组织甚至任何社会都有这种情况，即有些人积极主动，有些人消极被动。

（三）决策

面试过后，遴选委员会应该提出一个人选，经过 DSB 会议通过。委员会是如何确定一个人的？这个过程并不公开，但是我们仍然可以进行一般的分析。首先，委员会要广泛征求 WTO 成员，特别是"主要成员"的意见。征求意见可以单独进行，例如在会议或会见中私下里询问意见，此外也安排了专门的时间供 WTO 成员与委员会面谈。征求意见可以是某个成员支持哪个人，但更重要的是采取"否定"的方式，即是否反对哪个人。特别是在征求意见的后期，委员会应该是提出一个人选，询问一些 WTO 成员是否会"否决"。其次，将该人选提交 DSB 会议"全体一致"通过。上会通过仅仅是象征性的，不会有人在会上反对，因为人选是协调一致后才上会的。

因此，委员会决策的过程，很大程度上是"政治考虑"。在 2016 年的遴选中，这个现象尤为突出，因为在这个空缺还没有确定人选的时候，却意外出现了另外一个空缺——张胜和先生第一届任期届满，美国反对其连任，导致遴选工作一拖再拖，原本计划 5 月份提出人选，直至 11 月份才最后完成。[571] 在此期间，日内瓦"谣言满天飞"，"给这个国家"、"给那个人"，各种消息纷至沓来。然而，尽管局势风云变幻，但是一切都是在资质和代表性的基础上进行的，最后确定的人选，显然是没有成员反对的。可以想象，这个事件考验了遴选委员会的智慧和策略，也为局外人留下了很大的想象空间和思考余地。从规则层面看，也许遴选程序应该更加细化完善，力争多一点可预见性，少一点"政治考虑"。例如，如果代表性得到更加明确的界定，包括一个成员不得连续担任这个职位，则遴选中的矛盾就可以大为降低。（本文作于 2016 年）

注 释

1. 国际刑事法院（International Criminal Court）设有上诉制度（《国际刑事法院罗马规约》第八十一条至第八十五条），但是该法院的管辖范围是犯有"整个国际社会关注的最严重犯罪"（灭绝种族罪、危害人类罪、战争罪和侵略罪）的个人，而不是国家间争端的上诉机制。欧洲法院（Court of Justice of the European Union）受理某些案件（例如个人或公司所提起案件）的上诉，但是该法院是成员国之间案件的初审法院，因而成员国之间的案件没有上诉机制。除此之外，欧洲法院仅仅是区域性国际组织的司法制度，而不是本节所讨论的全球性国际组织。

WTO 成员包括非国家的欧盟和中国港澳台地区等"单独关税区"，争端解决程序也适用于这些成员。

2. Douglas A. Irwin, Petros C. Mvroidis and Alan O. Sykes, *The Genesis of the GATT*, Cambridge University Press, 2008, pp.5-6.

3. Peter Van den Bossche and Werner Zdouc, *The Law and Policy of the World Trade Organization*, Cambridge University Press, 3rd ed., 2013, pp.76-79.Amrita Narlikar, Martin Daunton and Robert M. Stern, eds. *The Oxford Handbook of the World Trade Organization*, Oxford University Press, 2012, pp. 85-100.

GATT 内容可参见《1947 年关税与贸易总协定》，司译：《世界贸易组织乌拉圭回合多边贸易谈判法律文本》（中英文对照）（《法律文本》），法律出版社，2000年 10 月第 1 版，第 423—492 页。另见 WTO 网站：https://www.wto.org/english/docs_e/legal_e/gatt47_01_e.htm。访问日期：2019 年 12 月 22 日。

4. 参见《维也纳条约法公约》第 26 条。

5. 法律及其起源的考证，有浩如烟海的著作和众说纷纭的观点，但是古罗马共和国时期法律的完整性及其世界性影响，却是人们所公认的。其中，罗马法中的"裁判官"制度，应该是非常早期的"司法"与"行政"相脱离，从事专门的审判工作的例证，尽管"裁判官"与现代的法官仍有很大区别。关于"裁判官"制度，见［英］H.F. 乔洛维茨、巴里·尼古拉斯：《罗马法研究历史导论》，薛军译，商务印书馆，2013 年 12 月第 1 版，第 61—63 页。关于法律的起源，可参见［美］艾伦·德肖维茨：《法律创世记：从圣经故事寻找法律的起源》，林为正译，法律出版社，2011 年 11 月第 1 版；［英］梅因：《古代法》，沈景一译，商务印书馆，1959 年 3 月第 1 版；［美］霍贝尔：《原始人的法：法律的动态比较研究》（修订译本），严存生等译，法律出版社，2012 年 1 月第 2 版。

6. 关于国内法对国际法的影响，参见张文彬：《论私法对国际法的影响》，法律出版社，2001 年 12 月第 1 版；蔡从燕：《类比与国际法发展的逻辑》，法律出版社，2012 年 9 月第 1 版；H. Lauterpacht, *Private Law sources and Analogies of International Law*, Longmans, Green and Co. Ltd., 1927.

7. 格劳秀斯（Hugo Grotius, 1583—1645）提出"国际法"这一概念的时候，借鉴了哪些前辈的思想，学术界有很多探讨，但是他却是公认的"国际法之父"，而从概念的提出到"国际法"的真正出现，却经历了漫长的历史过程，特别是四次重要的"世界大战"以及战后签订的条约和建立的国际组织：欧洲三十年战争之后的威斯特法利亚和会（1648 年）、拿破仑战争之后的维也纳会议（1814—1815）、第一次世界大战之后的巴黎和会（1919）以及第二次世界大战之后的联合国成立（1947）。以上国际法历史分期，参见 Bardo Fassbender and Anne Peters, eds. *The Oxford Handbook of the History of International Law*, Oxford University Press, 2012, pp. 605-698。关于国际法历史，还可参照［美］阿瑟·努斯鲍姆：《简明国际法史》，张小平译，法律出版社，2011 年 10 月第 1 版；Stephen C. Nefff, *Justice among Nations: a History of International Law*, Harvard University Press, 2014；Matthew Craven, Malgosia Fitzmaurice and Maria Vogiatzi, eds., *Time, History and International Law*, Martinus Nijhoff Publishers, 2007.

8. 联合国的集体安全制度和国际刑事法院的特殊领域不在本书讨论范围

之内。

9. 见 WTO 网站：https://www.wto.org/english/res_e/publications_e/ai17_e/gatt
1994_art23_gatt47.pdf. 访问日期：2016 年 7 月 13 日。

10. 见谈判小组秘书处总结的 GATT 争端解决的文本和做法以及各国提出的修
改建议：GATT 文件：MTN.GNG/NG13/W/14/Rev. 2; MTN.GNG/NG13/W/29。GATT 时
期的资料见 WTO 网站：https://www.wto.org/english/docs_e/gattdocs_e.htm。此外，
美国斯坦福大学网站也提供了 GATT 资料：http://gatt.stanford.edu/page/home。本
书 GATT 文件都来自这两个网站。

11. 同上。"1989 年改进"G.3 明确规定：争端当事方有权全面参加总理事会
对专家组报告的讨论，且协商一致通过报告之做法应予保留。

12. 例如，谈判小组主席是 Julio Lacarte-Muró（1918—2016），乌拉圭资深外
交官，曾经参加创立 GATT 的谈判，并且是上诉机构首批成员（1995—2001），被
称为"WTO 争端解决之父"。见 GATT 文件：MTN.GNG/NG13/1。另见"Appellate
Body mourns the loss of Julio Lacarte"：https://www.wto.org/english/news_e/news16_
e/ab_04mar16_e.htm。访问日期：2016 年 7 月 13 日。

13. 见 GATT 文件：MTN.GNG/NG13/W/29。

14. "WTO 应继续实行 GATT1947 所遵循的经协商一致做出决定的做法。"《WTO
协定》第 9 条第 1 款。《法律文本》，第 8 页。WTO 各项协议另见 WTO 网站：
https://www.wto.org/english/docs_e/legal_e/legal_e.htm。访问日期：2019 年 12 月
22 日。

15. 人类为了生存，产生了组成集体的需求，而集体生活必然需要规则，即
处理人与人之间关系的规矩。然而，规则实际上是每个人自己权利的让渡，即为
了"顾全大局"而放弃一部分本来属于自己的权利。因此，人与人之间关于让渡
权利的契约，或者说"社会契约"，就是后来发展而成的法律和国家（政府）的起
源。也正是在这个意义上，"社会契约论"最为著名的倡导者卢梭认为，法律是"全
体人民对全体人民作出规定"。参见［法］卢梭：《社会契约论》，何兆武译，商务
印书馆，2003 年 2 月第 3 版，第 47 页；［英］罗素：《西方哲学史》（下卷），马元
德译，商务印书馆，1976 年 6 月第 1 版，第 259 页。

然而，"这种自然法学派理论遭到了 19 世纪历史法学派的猛烈攻击，被指责

为都是想当然的臆造，全无史实的根据。确实，又有谁曾签署了那一纸建立国家的‘原始契约’？在什么时候？什么地点?"见《社会契约论》，修订第三版前言，第 5 页。

的确，梅因在其名著《古代法》中明确指出："像‘自然法’或‘社会契约’之类，往往为一般人所爱好，很少有踏实地探究社会和法律的原始历史的。"而他认为，"所有对于人类原始状态的忠实观察者现在都能清楚地看到，在人类的初生时代，人们对于持续不变的或定期循环发生的一些活动只能假用一个有人格的代理人来加以说明。"换句话说，"在最早阶段，法律是根据家长式的统治者个人的命令制定的，而他们的臣民则认为他们是在按神灵启示行事。"参见［英］梅因：《古代法》，第 2—3 页；［美］E. 博登海默：《法理学：法律哲学与法律方法》，邓正来译，中国政法大学出版社，2004 年 1 月修订版，第 97 页。

16. 如前文所述，尽管古代不乏国家之间缔结条约的记录，但是现代意义上的国际法，却是 17 世纪格劳秀斯等提出国际法的概念，1648 年《威斯特法利亚和约》和 1815 年维也纳会议的国际实践，特别是两次世界大战后"多如牛毛"的国际条约和"雨后春笋"般成立的国际组织，才初具规模的。因此，从严格意义上说，国际法只有 400 年历史，而这为我们考察"国际法"，主要表现为条约，提供了确凿无疑的资料，能够得出毋庸置疑的结论：国际法的性质是契约，是每个国家让渡了一部分主权而签订的条约。参见［美］阿瑟·努斯鲍姆：《简明国际法史》，第 2 页；Bardo Fassbender and Anne Peters, eds. *The Oxford Handbook of the History of International Law*, pp.605-698.

例如，WTO 官方报告指出："WTO 协定是众多国家谈判签署的，规定了国际商业活动的规则，其本质是合同……"World Trade Organization, Annual Report 2016, p.4.

另参见何志鹏：《国际法哲学导论》，社会科学文献出版社，2013 年 5 月第 1 版，"第九章国际法的理想：国际社会契约"，第 306—334 页。

17. 以古希腊公民大会（即全体公民直接参与政治决策为代表的"古典民主"）和以现代代议制（即公民选举代表间接参与政治决策为代表的"现代民主"）二者之利弊和权衡，可参见［美］罗伯特·达尔：《论民主》，李柏光、林猛译，商务印书馆，1999 年 11 月第 1 版，第 111—127 页；并且在美国立宪过程中得到了很好的体现(参见晏绍祥:《美国建国初期对古典民主与共和传统的辩论及利用》,《华中师范大学学报（人文社会科学版）》,2013 年 3 月，第 52 卷第 2 期，第 124 页)。

18. World Trade Organization: *The WTO at Twenty: Challenges and Achievements*, World Trade Organization, 2015, p.61.

19. Adopted panel reports within the framework of GATT 1947, https://www.wto.org/english/tratop_e/dispu_e/gt47ds_e.htm。访问日期：2016 年 7 月 14 日。

20. 对于人们为什么遵守法律，有"工具主义"和"规范主义"等观点。前者是威胁论，即遵守法律是因为怕惩罚，而后者是忠诚论，即遵守法律因为认可法律的正当性。参见［美］汤姆·R. 泰勒，《人们为什么遵守法律》，黄永译，中国法制出版社，2015 年 2 月第 1 版，第 4—5 页。

对于国家为什么遵守国际法，有"基于威胁的遵从：现实主义的理解"、"基于计算（利益）的遵从：自由主义的理解"和"基于信念的遵从：建构主义的理解"等观点（参见何志鹏:《国际法哲学导论》，第 289—298 页），也有"国家之间需要合作"的观点（参见［英］汤姆. 宾汉姆:《法治》，毛国权译，中国政法大学出版社，2012 年 10 月第 1 版，第 154—168 页），还有"条约为国家自愿缔结"的观点（Vaughan Lowe: *International Law*, Oxford University Press, 2007, pp. 18-27）。更有人总结了国家遵守国际法的 8 个原因：利益承担者（bearer of interests）：政府没有违约动机；规范较少（number of norms）：国际法规则数量不多；强权者对稳定的需求（quest of the powerful for stability）：大国也需要规则；对等（reciprocity）：其他缔约国也会违约；道义损失（moral repercussions）：国家数量较少，道德代价很大；立法带来的自愿（law created voluntarily）：条约是自愿签订的；国家理性（rationality of states）：国家知道自己的利益所在；国内法的作用（the role of municipal law）：有些国际法规则已经成为国内法的内容（Robert Kolb: Theory of International Law, Hart Publishing, 2016, pp. 241-244）。

21. 见关于启动乌拉圭回合谈判的部长宣言《埃斯特角宣言》(1986)：为了迅速和有效解决争端以实现所有缔约方利益，认识到更加有效和可执行的规则和纪律的重要性，谈判旨在改进并加强争端解决的规则和程序。见 GATT 文件：BISD 33s/25，转引自 MTN.GNG/NG13/W/29, 8 August 1988。

GATT 的功能之一，是组织所有缔约方进行贸易谈判。每一轮谈判称为一个

"回合"（round），"乌拉圭回合"是第 8 轮谈判，因谈判在乌拉圭宣布启动而得名。

22. 见 GATT 文件：MTN/GNG/NG13/16。

23. 见 GATT 文件：MTN.GNG/NG13/17。

关于专家组报告通过问题的讨论和建议综述，详见谈判秘书处提供的资料：MTN.GNG/NG13/W/14/Rev. 2 22 June 1988。

24. 有谈判人员说是加拿大。参见 Gabrielle Marceau, ed. *A History of Law and Lawyers in the GATT/WTO: the Development of the Rule of Law in the Multilateral Trading System*, p. 561, p.303。

25. 见 GATT 文件：MTN.GNG/NG13/W/39。

26. 见 GATT 文件：MTN.GNG/NG13/W/40。

27. 见 GATT 文件：MTN.GNG/NG13/W/41。

28. 见 GATT 文件：MTN.GNG/NG13/W/42。

29. 同上述四个文件。

30. "设立上诉机构的想法来自是对成员丧失阻止专家组报告通过的政治权利之补偿。" 见 Debra P. Steger, "The Founding of the Appellate Body," in Gabrielle Marceau, ed.*A History of Law and Lawyers in the GATT/WTO: the Development of the Rule of Law in the Multilateral Trading System*, Cambridge University Press, 2015, p. 447。

31. 上诉制度形成于古罗马的"元首制"时期，即从公元前 27 年屋大维接受"奥古斯都"的称号成为第一位罗马皇帝到公元 3 世纪左右。见 [英] H.F. 乔洛维茨、巴里·尼古拉斯：《罗马法研究历史导论》，第 4—5、514—515、571 页。

32. 参见齐树洁：《民事上诉制度研究》，法律出版社，2006 年 9 月第 1 版，第 22—27 页。

33. 同上。

34. 参见本书第五章第三节。

35. 参见本书第 26—32 页。

36. 欧共体提案的原文是：It should therefore be made up of a small number of eminentfigures known for their in-depth knowledge of trade policy issues and theirpro-fessional experience of legal and economic problems. 见 GATT 文件：MTN.GNG/NG13/

W/39.

37. DSU 第 17 条 第 3 款：The Appellate Body shall comprise persons of recognized authority, with demonstrated expertise in law, international trade and the subject matter of the covered agreements generally.《法律文本》，第 366 页。DSU 全文见该书第 354—379 页。

38. 例如，在现任成员中，Ujal Singh Bhatia（印度）是经济学教育背景，Shree Baboo Chekitan Servansing（毛里求斯）是外交关系和国际贸易教育背景。

39. 参见本书第三章第二节"一、遴选与连任"。

40. 见齐树洁：《民事上诉制度研究》，"第四章民事上诉制度改革论"，第 160—240 页。

41. 参见本书第 84—86 页。

42. 参见本书第 89—91 页。

43. 即上诉机构秘书处律师，参见本书第 60—61 页。

44. 见齐树洁：《民事上诉制度研究》，第 19 页。

45. 一般认为，从攻击法官改为攻击判决，体现了对法律的绝对尊崇和对法官的重视保护。同上。

46. 见 GATT 文件：MTN.GNG/NG13/W/45。

47. 参见本书第 26—32 页。

48. 参见本书第 43—44 页。

49. 参见本书第三章第一节。。

50. 例如中国民事诉讼法第十三章（简易程序）第一百五十七条规定："基层人民法院和它派出的法庭审理事实清楚、权利义务关系明确、争议不大的简单的民事案件，适用本章规定。"

51. WTO 秘书处对争端解决所有文件进行了汇编，见：WTO Secretariat, *The WTO Dispute Settlement Procedures: A Collection of the Relevant Legal Texts*, Cambridge University Press, 3rd ed., 2012。

52. 参见本书第 26—32 页。

53. 以上描述主要参考资料：*Appellate Body Annual Report for 2014*, World Trade Organization, 2015, pp. 7-9。

54. 参见本书第 43—44 页。

55. 如前所述，WTO 决策机制是"协商一致"，"每人一票"。见《WTO 协定》第 9 条第 1 款。

56. 例如，"欧共体香蕉案"专家组报告由于没有成员提交 DSB 会议而没有通过。见 WTO 网站：https://www.wto.org/english/tratop_e/dispu_e/cases_e/ds27_e.htm。访问日期：2016 年 7 月 14 日。

WTO 所有案件信息，包括专家组和上诉机构报告全文，都见于 WTO 网站：https://www.wto.org/english/tratop_e/dispu_e/find_dispu_cases_e.htm#results。

57. DSU 第 16 条第 4 款和第 17 条第 14 款规定：该通过程序不损害各成员就专家组报告或上诉机构报告发表意见的权利。

58. 文本见本书附录一、二。

59. 见 WTO 文件：Establishment of the Appellate Body, Recommendations by the Preparatory Committee for the WTO, approved by the Dispute Settlement Body on 10 February 1995（WT/DSB/1）. 即下文所称"一号文件"。

60. 参见本书第三章第一节。

61. DSU 并非旨在创设一个国际法院和国际刑事法院那样的"法院"。见首任上诉机构秘书处主任 Debra P. Steger, World Trade Organization,*20 Years of the WTO: a Retrospective*, World Trade Organization, 2015, p. 83。

62. 古罗马"裁判官"的地位也许可以作为一个例证：裁判官由百人团会议选举产生，但是从属于执政官；执政官的否决权胜过裁判官的行为，而裁判官不能否决执政官的行为；裁判官有明确的职责范围，而执政官不受限制；裁判官的侍从官人数为 6 名，少于执政官的 12 名。见［英］H.F. 乔洛维茨和巴里 . 尼古拉斯：《罗马法研究历史导论》，第 61—63 页。

63. 相对于当事方和上诉机构成员，第三方的心态比较超脱，往往能够就条约解释提出独到的见解，从而建设性地参与"立法"，因为上诉机构对条约的解释具有事实上的先例效力。

64. DSU 第 3 条第 3 款将争端迅速解决作为争端解决机制的目标之一。

65. 在"欧共体石棉案"中，一位成员表达了不同意见。见上诉机构报告第 149—154 段。

66. 例如，2015 年美国最高法院关于同性恋合法的判决，就是 5:4 表决通过的，即 4 位法官表达了不同意见。见 OBERGEFELL *v.* HODGES, 576 U. S.（2015）。见美国最高法院网站：https://supreme.justia.com/cases/federal/us/576/14-556/。访问日期：2016 年 7 月 14 日。

67. 适用"司法节制"的情形是：起诉方声称某措施违反了若干条款，而当专家组裁定该措施违反了其中一项或几项条款就足以解决争端，就没有必要继续审查该措施是否违反其他条款。司法节制的理论依据是：专家组的职责仅仅是解决争端；应该节省"司法资源"。司法节制专家组的权利而非义务。参见上诉机构的解释："加拿大小麦出口及谷物进口案"，第 133 段。

在国内法中，"司法节制"是指当法院认为就某些主张作出裁决后能够满足当事方的时候，有权决定不就其他主张作出裁决。例如，原告认为被告违反了三项法律，而如果法院认定被告违反了第一项法律，就有权拒绝审查是否违反另外两项法律，理由是认定一项违反就可以满足原告。见维基百科：https://en.wikipedia.org/wiki/Judicial_economy. 访问时间：2016 年 7 月 17 日。

68. 工作程序是由秘书处起草的。见首任上诉机构秘书处主任 Debra P. Steger, "The Founding of the Appellate Body," 第 449 页。最新修订版见 WTO 文件：WT/AB/WP/6, 16 August 2010；修订说明见 WTO 文件：WT/AB/WP/W/11, 27 July 2010。以上文件见 WTO 网站：https://www.wto.org/english/tratop_e/dispu_e/ab_procedures_e.htm。

69. 见首任上诉机构秘书处主任 Debra P. Steger, "The Founding of the Appellate Body"，p.454。

70. 规则 4（1）。

71. 见 WTO 文件：WT/AB/WP/W/1. 负责工作程序起草的上诉机构秘书处主任 Debra P. Steger 介绍，起草参考了若干国际组织争端程序的范本，例如国际法院、欧洲法院、NAFTA 第 20 章和第 19 章，ICSID，欧洲人权法院，中美洲人权法院和菲律宾最高法院。p.451。

72. 见 WTO 文件：WT/DSB/M/10。

73. 见 WTO 文件：WT/DSB/M/11。

74. 见本书第 132、152 页。

75. 见本书第 26—32 页。

76. 第 17 条第 2 款。

77. DSU 第 2 条第 1 款，《WTO 协定》第 4 条第 3 款。

78.《WTO 协定》第 4 条第 3 款。

79. 第 13 段。

80. 文件名起初为 PC/IPL/13，后改为 WT/DSB/1。

81. 参见本书第 73—86 页。

82. 参见本书第 73—83 页。

83. 见 WTO 网站：https://www.wto.org/english/tratop_e/dispu_e/ab_members_descrp_e.htm。访问日期：2016 年 12 月 26 日。详见本书附录三。

84. DSU 第 17 条第 3 款。

85. 例如，Claus-Dieter Ehlermann 似乎没有国际贸易背景，而松下满雄的国际贸易背景似乎也不够明显。

86.“一号文件”，第 6 段。

87. 同上第 4 段。

88. 同上第 6 段。

89. 同上。

90.［美］詹姆斯·巴克斯：《贸易与自由》，黄鹏、林惠玲等译，上海人民出版社，2013 年 5 月第 1 版，第 27—69 页（James Bacchus, *Trade and Freedom*, Cameron May, 2004, pp. 51-106）。

91. 对本书的全面评论以及与他交往的情况，详见杨国华、史晓丽主编：《我与 WTO：法律人的视角》，知识产权出版社，2016 年 1 月第 1 版，第 362—369 页。其他几位成员中，松下满雄比较熟悉，多次共同参加会议，包括 2000 年在美国乔治城大学的培训班。Julio Lacarte-Muró 有两次见面，分别是 2000 年在日内瓦和 2012 年在北京的讲座。

92. 在 1997 年 6 月 25 日 DSB 会议上，主席现场抽签决定 Claus-Dieter Ehlermann、Florentino Feliciano 和 Julio Lacarte-Muró 任期为两年，同时宣布连任一届。见 WTO 文件：WT/DSB/M/35。Christopher Beeby、Said El-Naggar 和松下满雄则相反，即首届任期 4 年，第二届任期 2 年。以上 6 人的总任期都是 6 年，只有 James

Bacchus 任期 8 年。

见 WTO 网站：https://www.wto.org/english/tratop_e/dispu_e/ab_members_descrp_e.htm。访问日期：2017 年 1 月 19 日。

93. 例如，Ujal Singh Bhatia 是经济学教育背景，Shree Baboo Chekitan Servansing 是外交关系和国际贸易教育背景。

94. 例如，谷口安平一直是民事诉讼法教授。

95.DSU 第 17 条第 6 款。

96. 例如 Merit E. Janow 和 Jennifer Hillman 的任期都只有一届。

97. 从任期时间可以看出，从 2003 年开始，上诉机构成员中始终有女性：Merit E. Janow（女，2003—2007），Jennifer Hillman（女，2007—2011），Lilia R. Bautista（女，2007—2011），张月姣（女，2008—2016）。

98. 有人基于访谈和研究，认为上诉机构成员遴选程序日益政治化。参见 Manfred Elsig and Mark A. Pollack, *Agents, trustees, and international courts: The politics of judicial appointment at the World Trade Organization*, European Journal of International Relations, 0（0）1-25, 2012。

99. World Trade Organization, *20 Years of the WTO: a Retrospective*, pp. 76-85.

上诉机构受理的第一个案件是"美国汽油案"，1996 年 4 月 29 日作出裁决。见上诉机构报告：US — Gasoline , WT/DS2/AB/R, 29 April 1996。

100. Gabrielle Marceau, Arnau Izaguerri and Vladyslav Lanovoy, *"The WTO's Influence on Other Dispute Settlement Mechanisms: A Lighthouse in the Storm of Fragmentation"*, Journal of World Trade, 47（2013），481-574.

101. 现在人们常常与 GATT 时期案件数量较小进行对比，应该能够表达这样的"始料未及"心态。

102. 参见乔欣主编：《外国民事诉讼法学》，厦门大学出版社，2008 年 1 月第 1 版，第 142 页。

103. [法] 让·文森、塞尔日·金沙尔：《法国民事诉讼法要义》，罗结珍译，中国法制出版社，2001 年 7 月第 1 版，第 1149—1375 页；罗结珍译：《法国新民事诉讼法典》（附判例解释），法律出版社，2008 年 10 月第 1 版，第 555—659 页。

104. 参见乔欣主编前书，第 221—222 页。

105. [德] 罗森贝克、施瓦布、戈特瓦尔德：《德国民事诉讼法》，李大雪译，中国法制出版社，2007 年 11 月第 1 版，第 1014—1143 页；丁启明译：《德国民事诉讼法》，厦门大学出版社，2016 年 1 月第 1 版，第 113—132 页。

106. 判例法传统的英国和美国的诉讼程序更加"零散"。以下举例的两项程序规则，虽然条款不多，但是内容也足够复杂。

英国《民事诉讼规则》共 51 条，内容包括：总体目标，适用和解释，法院的案件管理权，格式，法院文书及文书的送达，诉状格式，诉讼可选择的程序，对诉讼情节答辩的一般规定，送达的承认，法院管辖权的争议，缺席判决及撤销或者变更缺席判决，自认、抗辩和答辩，当事人陈述及其修正，当事人的增加和更换，反诉和其他诉讼请求的增加，儿童和病人，事实声明以及关于申请法院命令的一般规定，简易判决，中期救济，案件管理初步阶段，小额索赔诉讼，快捷审理制以及多轨审理制，证据（书证的发现和查阅，证据，有关证据的其他规则，笔录证言与证人出庭作证以及专家证人和技术顾问，和解请求与向法院付款，诉讼中止，关于听审的其他规定，判决和裁定，临时救济以及律师的更换），诉讼费用（一般规定，规定诉讼费用，快捷审理案件的诉讼费用，对诉讼费用和缺席规定的详细评估程序以及特别案件的诉讼费用），专家程序等。参见毛玲：《英国民事诉讼的演进与发展》，中国政法大学出版社，2005 年 5 月第 1 版，第 349—350 页。

美国《联邦民事诉讼规则》共 11 章 86 条，内容包括：诉讼开始、诉答状和动议书的内容及当事人合并和诉讼请求合并制度，规定发现程序，规定开庭审理及判决，临时扣押财产、书记官及其其他事项。参见汤维建主编：《外国民事诉讼法学研究》，中国人民大学出版社，2007 年 9 月第 1 版，第 6 页。

107. [奥] 凯尔森：《法与国家的一般理论》，沈宗灵译，中国大百科全书出版社，1996 年 1 月第 1 版，第 372—373 页。

108. [英] 劳特派特：《奥本海国际法》，王铁崖、陈体强译，商务印书馆，1989 年 1 月第 1 版，第 7-11 页。

109. 李浩培：《李浩培文选》，法律出版社，2000 年 10 月第 1 版，第 476—488 页。

110. 甚至有学者指出，国际法建立在包容和民主的理念之上，即国际法主体直接参与法律制定，规则不得违背其意愿；国际法调整的是更加理性和成熟的主体：国家能够仔细计算其行为的利弊，对自己制定的规则更愿意执行。从这个意义上讲，国内法才是"初级的"，因为它是靠强力去约束自私自利、无法无天的人。参见 Robert Kolb, *Theory of International Law*, p. 166。

111. "法律旨在创设一种正义的社会秩序"（law aims at the creation of a just societal order），见 [美] E. 博登海默：《法理学：法律哲学与法律方法》，邓正来译，中国政法大学出版社，2004 年 1 月修订版。

112. 参见 [英] 梅因：《古代法》；[美] 霍贝尔：《原始人的法：法律的动态比较研究》（修订译本）；[美] 艾伦·德肖维茨：《法律创世记：从圣经故事寻找法律的起源》；[美] 赞恩：《法律的故事》，于庆生译，中国法制出版社，2011 年 5 月第 1 版。

113. 详见杨国华：《WTO 是模范国际法》，《WTO 中国案例评析》，第 366—370 页。

114. 关于法治，可参见 [英] 汤姆·宾汉姆：《法治》；Pietro Costa and Danilo Zolo, *The Rule of Law: History, Theory and Criticism*, Springer, 2007；A.V. Dicey, *Introduction to the Study of the Law of the Constitution*, Part II the rule of law, Macmillan Co. Ltd. 1961, pp. 183-414。

115. 摩尔根将人类文化分为蒙昧社会、野蛮社会和文明社会三个发展阶段，而文明社会"始于标音字母的发明和文字的使用。"参见 [美] 路易斯·亨利·摩尔根：《古代社会》，杨东莼等译，商务印书馆，1977 年 8 月第 1 版，第 12—13 页。

然而，人类在进入文明社会后，又经历了若干发展阶段，例如，农业文明和工业文明，而法治显然是文明发展的重要标志。例如康德认为，文明社会就是由法律来规范人们外在行为的社会，文明社会是有公民宪法、有法治的共和政体（[德] 康德：《法的形而上学原理》，沈叔平译，商务印书馆，1991 年 9 月第 1 版，第 2 页）。关于世界文明史，可参见马克垚：《世界文明史导言》，《北京大学学报》（哲学社会科学版），第 40 卷第 5 期，2003 年 9 月，第 9 页；[英] 阿诺德·汤因比：《历史研究》，刘北成、郭小凌译，上海人民出版社，2000 年 9 月第 1 版；[美] 菲利普·李·拉尔夫等：《世界文明史》，商务印书馆，1998 年 5 月第 1 版。

不仅如此，康德认为，各民族要建立一种法律秩序来保证各民族的权利，并向人类的永久和平接近（康德前引书第 2 页）。宾汉姆也认为，在国际领域内遵守法治，如同国内领域一样，是同等重要的，而且可能更重要（汤姆·宾汉姆前引书第 154 页）。

关于国际法治的详细讨论，详见 James Crawford,Chance, *Order, Change: the Course of International Law,*Hague Academy of International Law, 2014, Part III, the rule of (international) law, pp. 342-506。

116. World Trade Organization: *The WTO at Twenty: Challenges and Achieve-ments*, p. 67.

117. *Appellate Body Annual Report for 2014*, p. 6.

118. 见 WTO 文件：WT/DSB/M/17。

119. DSU 第 12 条第 7 款。

120. WTO 案例检索见 WTO 秘书处法律司编写的资料：WTO Analytical Index — Guide to WTO Law and Practice, https://www.wto.org/english/res_e/booksp_e/ana-lytic_index_e/analytic_index_e.htm. 其中对条约解释的汇总见：XXXIV. Principles and Concepts of General International Law Related to Dispute Settlement, https://www.wto.org/english/res_e/booksp_e/analytic_index_e/dsu_e.htm. 此外，WTO 上诉机构秘书处也编写了案例检索：WTO Appellate Body Repertory of Reports and Awards, https://www.wto.org/english/tratop_e/dispu_e/repertory_e/repertory_e.htm。

121. 齐树洁：《民事上诉制度研究》，第 22—27 页。

122. 同上书，第 8 页。

123. DSU 第 17 条第 12 款。

124. WTO 案件所涉及的措施，一般是成员的国内立法或做法，查明其情况比较困难，并且涉及措施是否符合多个 WTO 协议的问题，需要一一判定。此外，WTO 裁决的"权威性与合法性"很大程度上来自裁决的充分说理。见前上诉机构成员 David Unterhalter, "The authority of an institution," in Gabrielle Marceau, ed.*A History of Law and Lawyers in the GATT/WTO: the Development of the Rule of Law in the Multilateral Trading System*, p. 468。

125. 见 WTO 文件：WT/AB/WP/6，16 August 2010。

126.Gabrielle Marceau, ed. *A History of Law and Lawyers in the GATT/WTO: the*

Development of the Rule of Law in the Multilateral Trading System, Cambridge University Press, 2015.

此外，有些文章也提供了有益的分析。例如 Joost Pauwelyn 就全面对比了投资仲裁与 WTO 争端解决的差异，其中涉及 WTO 专家组和上诉机构成员的很多数据分析。参见 Joost Pauwelyn, *The Rule of Law without the Rule of Lawyers? Why Investment Arbitrators Are from Mars, Trade Adjudicators from Venus?* the American Journal of International Law, Vol. 109, No. 4（October 2015），pp.761-805。

127.DSU 第 17 条第 3 款。

128. 同上。

129. 上诉机构成员也没有出现违反《行为守则》所规定的指导原则，即保持独立公正、避免直接或间接利益冲突、保密的情况。

130. 例如，美国联邦最高法院法官助理的作用就曾经引起过激烈的争论。参见江振春：《美国联邦最高法院与法官助理制度》，《南京大学学报》（哲学人文科学社会科学），2010 年第 2 期，第 35—45 页。

131. 美国 WTO 争端解决主管部门是贸易代表办公室（Office of the United States Trade Representative, USTR），欧盟主管部门是欧委会法律司（Legal Service of the European Commission）。

132. 从事国际贸易法律业务的律师主要集中在这三个城市。

133. 上诉仅限于专家组报告所涉及法律问题和法律解释。见 DSU 第 17 条第 6 款。

134. 关于"遵循先例"引起的争议，详见本书第 145—148 页。

135.《上诉审议工作程序》规则 4 要求上诉机构成员经常讨论政策、做法和程序问题，并且负责具体案件的三位成员应当与其他成员交换意见。

136. 见 DSU 第 17 条第 4 款。

137. ［美］詹姆斯·巴克斯：《贸易与自由》，上海人民出版社，2013 年 5 月第 1 版。

138.2003 年 9 月在日内瓦参加"美国钢铁保障措施案"（DS252）上诉机构听证会，这是我第一次见到他。2010 年 9 月，为了编写《入世十年 法治中国——纪念中国加入世贸组织十周年访谈录》（人民出版社，2011 年 12 月），我在北京对他进行了专访。期间我们在北京和华盛顿还有一些见面和交谈，并且有一些邮件交流。参见杨国华、史晓丽主编：《我与 WTO：法律人的视角》，第 362—369 页。

139. DSU）第 17 条第 1 款；《上诉审议工作程序》规则 4，即要求上诉机构成员经常讨论政策、做法和程序问题，并且负责具体案件的三位成员应当与其他成员交换意见。

140. 关于因果关系（causality），参见 https://en.wikipedia.org/wiki/Causality，访问日期：2017 年 2 月 16 日。

因果关系是两个事物之间的一种特殊关系。在因果关系研究方面最为重要的哲学家休谟（David Hume, 1711-1776）为判断因果关系是否存在总结了 8 个标准：首要标准是 3 个：原因和结果必须是在空间和时间上互相接近的；原因必须是先于结果；原因与结果之间必须有一种恒常的结合。另外还有 3 个来自经验且常常是哲学推理之来源的标准：同样原因永远产生同样结果，同样结果也永远只能发生于同样原因；当若干不同的对象产生了同样结果时，那一定是借着我们所发现的它们的某种共同性质；两个相似对象的结果中的差异，必然是由它们互相差异的那一点而来。最后两个标准是：当任何对象随着它的原因的增减而增减时，那个对象就应该被认为是一个复合的结果，是由原因中几个不同部分所发生的几个不同结果联合而生；如果一个对象完整地存在了任何一个时期，而却没有产生任何结果，那么它便不是那个结果的唯一原因，而还需要被其他可以推进它的影响和作用的某种原则所协助。参见［英］休谟：《人性论》，商务印书馆，1980 年 4 月第 1 版，上册，第 195—196 页。

休谟认为，因果的必然性存在于心中而不是存在于对象中。关于这种理论、评论及其在法律上的应用，参［英］休谟：《人性论》，上册，第三章 论知识和概然推断，第 81—201 页；［英］罗素：《西方哲学史》，商务印书馆，1976 年 6 月第 1 版，下卷，第 212—231 页；［英］哈特等：《法律中的因果关系》，中国政法大学出版社，2005 年 1 月第 1 版，第一编 因果概念分析。

休谟的理论虽然没有对自然科学、社会科学和人文科学进行区分，但是证明因果关系，在自然科学领域显然比较简单，例如一个物体撞击另外一个物体所导致的运动和一种试剂倒入试管所产生的反应等，而在社科和人文方面就更加复杂，例如确定凶手的杀人原因和作家的写作动机等。不论哪个领域,"凡事必有原因"的因果观都是适用的,即因果关系是普遍存在的,只是从证明的角度看有难易之分而已。"科学"（science）的核心是规律（*New Webster's Dictionary of the English Language*, Deluxe Encyclopedic Edition, the Delair Publishing Company, Inc., 1981，第895页）,即一定条件导致一定后果的必然性。从这个意义上讲,社科和人文也有规律,只是其精确性和可证明性不如自然科学而已。

141. 参见〔美〕戴维·奥布莱恩编:《法官能为法治做什么:美国著名法官演讲录》,何帆等译,北京大学出版社,2015年4月第1版;〔美〕克里斯托弗·沃尔夫:《司法能动主义:自由的保障还是安全的威胁》（修订版）,黄金荣译,中国政法大学出版社,2004年9月第1版;〔美〕劳伦斯·鲍姆:《法官的裁判之道:以社会心理学视角探析》,李国庆译,北京大学出版社,2014年5月第1版;〔美〕弗兰克·克罗斯:《美国联邦上诉法院的裁判之道》,曹斐译,北京大学出版社,2011年6月第1版;〔美〕理查德·波斯纳:《波斯纳法官司法反思录》,苏力译,北京大学出版社,2014年7月第1版;〔美〕理查德·波斯纳:《法官如何思考》,苏力译,北京大学出版社,2009年1月第1版。

142.〔美〕劳伦斯·鲍姆:《法官的裁判之道:以社会心理学视角探析》,第6—11页。

143. 中国古典名著《红楼梦》第四回"薄命女偏逢薄命郎 葫芦僧判断葫芦案"讲述了应天府尹贾雨村枉法裁判,明知杀人凶手却让其逍遥法外的故事,而莎士比亚戏剧《威尼斯商人》则讲述了商人夏洛克鸡飞蛋打,不仅没有收回欠债,而且差点丧失性命的故事。文学作品的情节虽为虚构,但是所有人物的心理活动却一览无余,为司法行为的社会心理学分析提供了充分的依据。在这两部作品中,作为"法官"的贾雨村和鲍西亚,作出"杀人不偿命"和"欠债不还钱"判决的原因十分清楚,并且结论是相同的:在三个因素中,法律让位于其他因素,是利益和人情占了上风!

144.〔美〕劳伦斯·鲍姆:《法官的裁判之道:以社会心理学视角探析》,前言及第196—197页。

145.休谟的因果关系理论比较契合本书所提出的存在却难以证明的思路:"因果的必然联系是我们在因果之间进行推断的基础。……必然性观念发生于某种印象。一切由感官传来的任何印象都不能产生这个观念。因此，它必然是由某种内在印象或反省印象得来的。没有一个内在印象与现在的问题有任何关系，与现在问题有关系的只有习惯所产生的由一个对象推移到它的通常伴随物的观念上的那种倾向。因此，这就是必然性的本质。整个说来，必然性是存在于心中，而不是存在于对象中的一种东西……"[英]休谟：《人性论》，上册，第186页。

146.[美]詹姆斯·巴克斯：《贸易与自由》第十章"孤星：WTO的历史任务"，第312—327页；第十一章"探索格劳秀斯：WTO与国际法治"，第328—344页。

147.[美]詹姆斯·巴克斯：《贸易与自由》第二章"贸易面孔"，第77页。

148. 他主张借鉴和利用WTO平台为气候变化领域建立全球规则。2010年，他受世界经济论坛委托，组织一些专家专门起草了贸易与气候变化的报告（*From Collision to Vision: Climate Change and World Trade: A Discussion Paper*, November 2010, World Economic Forum）。参见世界经济论坛网站：http://www3.weforum.org/docs/WEF_ClimateChange_WorldTradeDiscussionPaper_2010.pdf。关于他的观点，另外参见福布斯网站：http://www.forbes.com/2010/04/26/climate-change-global-wto-opinions-contributors-james-bacchus.html。以上网站访问日期：2017年2月23日。

149. 例如，他担任国际商会"贸易与投资政策委员会"（Commission on Trade and Investment Policy for the International Chamber of Commerce）主席。该委员会的工作重点是确定贸易与投资的立场，推动建立高水平的国际投资多边框架和确定巨型区域协定谈判的立场及其研究对多边贸易体制的影响。参见国际商会网站："Factsheet of the Commission on Trade and Investment Policy", http://www.iccwbo.org/about-icc/policy-commissions/trade-and-investment-policy/。访问日期：2017年2月23日。

150. 参见 "Proposed Border Tax Adjustments Risk Violating WTO Rules", http://www.huffingtonpost.com/entry/58838206e4b08f5134b62109?timestamp=1485014733579。访问日期：2017年2月23日。

151. 参见华尔街日报网站："Making Room for Britain at the World Trade Organization." http://www.wsj.com/articles/making-room-for-britain-at-the-world-trade-organization-1486407601.

152.Gabrielle Marceau, ed. *A History of Law and Lawyers in the GATT/WTO: the Development of the Rule of Law in the Multilateral Trading System*, Cambridge University Press, 2015, pp.507-516.

153. 即前文脚注提及的"美国钢铁保障措施案"上诉机构听证会。

154. 参见本书第 62 页。

155. [美] 詹姆斯·巴克斯:《贸易与自由》第十二章"莱基的圈子:来自国际法前言的思考",第 345—372 页。

156. 即前文提及的所有上诉机构成员都参与案件讨论。他在任期间,上诉机构总共作出了 60 份报告。

157. 上诉机构共作出了 126 份报告。见 WTO 网站案例统计:https://www.wto.org/english/tratop_e/dispu_e/dispu_status_e.htm。访问日期:2017 年 1 月 11 日。感谢朱榄叶老师惠赐信息。关于上诉机构的职责范围,见 DSU 第 17 条第 6 款和第 13 款(《法律文本》),第 366—367 页)。

158. 本书已经对这个案例中的一个问题进行了介绍。参见本书第 50 页。

159. 第一个案件是下文提及的"美国汽油案"。

160. 关于本案基本情况及专家组和上诉机构报告,见 WTO 网站:https://www.wto.org/english/tratop_e/dispu_e/cases_e/ds8_e.htm。访问日期:2017 年 2 月 20 日。

161. 裁决日期为 1996 年 4 月 29 日。关于本案基本情况及专家组和上诉机构报告,见 WTO 网站:https://www.wto.org/english/tratop_e/dispu_e/cases_e/ds2_e.htm。访问日期:2017 年 2 月 20 日。

162. 详见本书第 48 页。

163.《上诉审议工作程序》规则 4。

164. 参见 James Bacchus, "Not in Clinical Isolation", in Gabrielle Marceau, ed. *A History of Law and Lawyers in the GATT/WTO: the Development of the Rule of Law in the Multilateral Trading System*, p.507.

165. 现在的专家组和上诉机构报告,一般会在一开始就声明使用《维也纳公约》的条约解释方法。参见"中国稀土案"专家组报告第 7.243 段;上诉机构报告第 5.19 段。

使用公约规定的条约解释方法，在 WTO 也经历了一些发展过程，从最初的简单援引第 31 条到后来援引第 32 条，以及目前的查找权威词典以确定用语含义和采用"整体方法"（holistic approach），即第 31 条所提到"用语"、"上下文"、"目的及宗旨"和"通常意义"等方法之间没有先后顺序，而应该综合平衡。参见"中国稀土案"上诉机构报告第 5.63 段。

166. 在近 50 年时间里，GATT 共审理了 121 起案件，其中 101 个裁决被"缔约方全体"通过。参见 World Trade Organization: *The WTO at Twenty: Challenges and Achievements*, World Trade Organization, 2015, p.61. WTO 网 站：Adopted panel reports within the framework of GATT 1947, https://www.wto.org/english/tratop_e/dispu_e/gt47ds_e.htm。访问日期：2017 年 2 月 21 日。

167. 即 DSU 第 3 条第 9 款和《WTO 协定》第 9 条第 2 款所规定的只有部长级会议和总理事会才有权解释各项协定。

168. 现在的专家组和上诉机构报告普遍援引先例进行分析，甚至在正式报告之前会有一个长长的案例表。关于"遵循先例"引起的争议，详见本书第 145—148 页。

169.WTO 的一些案件涉及环境保护和公共健康等事项，引起了人们对于贸易规则与环保和健康等理念的所谓"冲突"的广泛关注和批评，例如"世贸组织以全球贸易自由之名，做出危及环境或人类健康的决定"（[德] 贡塔·托依布纳：《宪法的碎片：全球社会的宪治》，陆宇峰译，中央编译出版社，2016 年 8 月第 1 版，第 1 页）。这些关注和批评常常是泛泛而谈的，而不是结合具体案例的仔细分析。事实上，笔者认为，这种"冲突"并不存在。相反，在一些重要案例中（例如"欧共体荷尔蒙案"、"美国虾案"、"欧共体石棉案"和"中国稀土案"），WTO 专家组和上诉机构强调了环境保护和人类健康的首要价值，但是这些价值不得用于不遵守非歧视等贸易规则的借口。也就是说，贸易规则与这些价值是可以实现统一的。

170. 例如《论语》所提出的"己所不欲，勿施于人"和《圣经》所提到的"爱人如己"。

171. 康德提出了"世界公民"（cosmopolitan）的概念，认为一国不应敌视外国人，这是实现永久和平的必要条件之一。见 [英] H.S. 赖斯编：《康德政治著作选》，金威译，中国政法大学出版社，2013 年 11 月第 1 版，第 94 页。

172. 见 WTO 文件：WT/DSB/M/1。

173. 见 WTO 文件：WT/DSB/M/2。

174. 见 WTO 文件：WT/DSB/M/3。

175.23 个成员提出 32 人。见见 WTO 文件：WT/DSB/M/5 和 WT/DSB/M/8。

176. 见 WTO 文件：WT/DSB/M/4。

177. 见 WTO 文件：WT/DSB/M/5。

178. 见 WTO 文件：WT/DSB/M/6。

179. 见 WTO 文件：WT/DSB/M/7。

180. 见 WTO 文件：WT/DSB/M/8。

181.为了保证工作的连续性，首任成员中有 3 人的任期为 2 年，经抽签决定。见 DSU 第 17 条第 2 款。

182.DSU 第 3 条第 2 款。

183. 见 WTO 文件：WT/DSB/M/9。

184. 参见约翰·罗尔斯：《正义论》（修订版），何怀宏等译，中国社会科学出版社，2009 年 6 月第 1 版。

185.2019 年 10 月 28 日我曾经当面询问此事，他说是学校安排的原因。

186. 见 WTO 文件：WT/DSB/M/68。

187. 见 WTO 文件：WT/DSB/M/70。后来印度专门就此提出了方案。见 WTO 文件：WT/DSB/W/117。在 1999 年 11 月 19 日会议上，印度介绍了提案，一些成员发表了意见。见 WTO 文件：WT/DSB/M/71。

188. 见本书第 80 页。

189. 见本书第 82 页。

190. 见 WTO 文件：WT/DSB/M/74。

191. 见 WTO 文件：WT/DSB/M/77。

192. 见 WTO 文件：WT/DSB/M/78。

193. 见 WTO 文件：WT/DSB/M/82。

194. 见 WTO 文件：WT/DSB/M/230。

195.2003 年 12 月，James Bacchus 任期届满，谷口安平第一届任期届满。2004 年 5 月，Georges Abi-Saab 和 A.V.Ganesan 第一届任期届满。见 WTO 文件：

WT/DSB/M/153。

196. 见 WTO 文件：WT/DSB/M/234。

197.Ms Lilia R. Bautista（Philippines），Ms Jennifer Hillman（United States），Mr Shotaro Oshima（Japan），and Ms Yuejiao Zhang（张月姣，China）。

198. 见 WTO 文件：WT/DSB/M/242。

199. 例如，Jennifer Hillman 和 Merit E. Janow 的任期都只有一届。见 WTO 网站：https://www.wto.org/english/tratop_e/dispu_e/ab_members_descrp_e.htm. 访问日期：2016 年 7 月 17 日。

200. 该成员是 Seung Wha Chang（张胜和，韩国）。美国贸易代表办公室法律总顾问 Timothy Reif 和美国驻 WTO 代表团大使 Michael Punke 共同宣布了这一决定。见 http://insidetrade.com/inside-us-trade/debate-erupts-over-us-blocking-korean-appellate-body-reappointment. 访问日期：2016 年 7 月 17 日。

201.Statement by the United States at the May 23 DSB Meeting under Item 7（Appellate Body Reappointment），美国常驻日内瓦代表团网站：https://geneva.usmission.gov/wp-content/uploads/sites/290/Item7.May23.DSB_.pdf. 访问日期：2016 年 7 月 17 日；WTO 网站：WTO members debate appointment/reappointment of Appellate Body members, https://www.wto.org/english/news_e/news16_e/us_statment_dsbmay16_e.pdf. 访问日期：2016 年 7 月 17 日。

202. DSU 第 3 条第 7 款。

203. DSU 第 3 条第 2 款。

204. "附带意见"（obiter dicta）是判决中没有约束力的部分，相对于判决理由 "（ratio decidendi）。参见 Black's Law Dictionary, Seventh Edition, 1999, p.1100。

205. WTO 网 站：WTO members debate appointment/reappointment of Appellate Body members, https://www.wto.org/english/news_e/news16_e/dsb_23may16_e.htm. 访问日期：2016 年 7 月 17 日。

206. 以下新闻提到了这封信："Former WTO Appellate Body Members Raise Pressure On U.S. In Reappointment Spat,"http://insidetrade.com/daily-news/former-wto-appellate-body-members-raise-pressure-us-reappointment-spat. 访问日期：2016 年 7 月 17 日。

207.《WTO 协定》第 9 条第 2 款规定，部长级会议和总理事会有权对协定作出解释。《法律文本》，第 9 页。该条款从未被援用过。

208. 参见 http://insidetrade.com/sites/insidetrade.com/files/documents/may 2016/wto2016_1320a.pdf。访问日期：2016 年 7 月 17 日。

209. DSU 第 2 条第 4 款。

210. 在封建领主时代（13 世纪），"当事人在决斗场上向审理他的案件的一个或多个法官发起攻击。如果当事人赢得了司法决斗的胜利，那么每位被打败的法官将被判处向领主交纳一笔罚金，并且将来不能继续担任法官职务，该案判决亦将被撤销。如果情况相反，当事人输掉了决斗，那么他将被判处向法官交纳一笔罚金，同时丧失诉争的利益。"参见［法］艾涅斯特·格拉松：《法国民事诉讼程序的起源》，北京大学出版社，2013 年 1 月第 1 版，第 95 页。

211. 参见齐树洁：《民事上诉制度研究》，第 19 页。

212. 例如，法官必须遵守的行为守则，美国州法官的选举制度，美国的法官弹劾制度等等，都会对法官形成一定的影响（"理论上，对法官的制约方式有很多，如弹劾，修宪，国会对最高法院规模以及上诉管辖权进行控制，权力分配程序，违抗判决权。"［美］克里斯托弗·沃尔夫：《司法能动主义：自由的保障还是安全的威胁》（修订版），黄金荣译，中国政法大学出版社，2004 年 9 月第 1 版，第 94 页）。

但是这些制度都是针对法官的言行而设，例如利益冲突和违法犯罪等不当行为，而不是针对其裁决。确保法官作出"正确"的裁决，除了选任合格的人员外，上诉机制的设立，其主要目的就是为了纠正下级法院的错误，而如何确保上诉法官作出"正确"裁决，不论是"两审终审"还是"三审终审"，都将最终决定权留给了法官自己。也就是说，并不存在终审法官之外审查案件是否"正确"的机制。一个案件经过两级或三级法院的审理，其裁决就是终局的，这样的制度设计，显然是在法官独立性和"纠错"之间所达至的平衡。当事人、学者和媒体等仍然可以批评裁决，但并不能改变裁决，也不能影响法官的职业地位，尽管这些批评可能会影响法官在未来案件中的裁判。总而言之，在国内司法制度中，不可能由于在一些案件中"认定事实不清"或"适用法律不当"而危及法官的位子。换句话说，法官不可能由于裁决"错误"而失去法官职业，更不可能将法官"饭碗"的去留交到当事人手里。

对法官裁决的评论，经常涉及所谓的"司法能动主义"和"司法克制主义"之争，即面对法律条文的模糊甚至空白，法官应该怎么办？"司法能动主义"常常被批评为"法官造法"，即法官超越了适用法律的权限而将自己置于立法者的地位，而"司法克制主义"则常常被批评为"不负责任"，即没有尽力解决争议。事实上，"司法能动主义"和"司法克制主义"可能是学者给法官贴上的标签。法官的职责是适用和解释法律，而在此过程中必然要运用自己的经验和智慧，对法律作出自己的理解，而批评"法官造法"或"不负责任"可能都是当事人或者学者对于某个法律有不同理解而已。关于司法能动主义和法官行为，可参照李辉：《论司法能动主义》，中国法制出版社，2012年6月第1版；[美]克里斯托弗·沃尔夫前引书；[美]劳伦斯·鲍姆：《法官的裁判之道：以社会心理学视角探析》，李国庆译，北京大学出版社，2014年5月第1版；[美]弗兰克·克罗斯：《美国联邦上诉法院的裁判之道》，曹斐译，北京大学出版社，2011年6月第1版；[美]理查德·波斯纳：《波斯纳法官司法反思录》，苏力译，北京大学出版社，2014年7月第1版；[美]理查德·波斯纳：《法官如何思考》，苏力译，北京大学出版社，2009年1月第1版；[美]戴维·奥布莱恩编：《法官能为法治做什么：美国著名法官演讲录》，何帆等译，北京大学出版社，2015年4月第1版；Lawrence Baum, *Judges and their Audiences: a Perspective on Judicial Behavior*, Princeton University Press, 2006；Lawrence Baum, *The Puzzle of Judicial Behavior*, The University of Michigan Press, 1997.

213. 见前引13名前任成员的信。

卢比孔河（意大利语：*Lubikone*）是意大利北部的一条约29公里长的河流。这条河源自亚平宁山脉，流经艾米利亚–罗马涅大区南部，最终在里米尼以北大约18公里处流入亚德里亚海。根据罗马当时法律，任何将领都不得带领军队越过作为意大利本土与山内高卢分界线的卢比孔河，否则就会被视为叛变。这条法律确保了罗马共和国不会遭到来自内部的攻击。因此，当恺撒带领着自己从高卢带来的军团（恺撒当时任高卢行省总督）在前49年1月渡过卢比孔河的时候，他无疑挑起了与罗马的当权者（主要是庞培和元老院中的贵族共和派）的内战，同时也将自己置于了叛国者的危险境地。这便是"渡过卢比孔河"这一习语的由来。直至今日，人们还用"渡过卢比孔河"或者"卢比孔河"这个词本身还被用来形容人们采取断然手段，破釜沉舟，并将自己投身于没有退路的危险境地的行为。参见百度百科"卢比孔河"：http://baike.baidu.com/link?url=TKL9X8Q2-6y5Pa8i5espVy-jLjw1da4cTvAFVzs79i5Qvs7-a5rPaL-AhDKpw3vkNOEmVlyG304IL6Zt61GysaK。访 问 日期：2016 年 7 月 11 日。关于罗马共和国的这段历史，可参见 [英] 汤姆·霍兰：《卢比孔河》，杨军译，中信出版集团，2016 年 4 月第 1 版。

214. 雷池的来历：有关记载说：雷池，坐落在长江中下游北岸望江县雷池乡境内，是由雷水汇积而成。雷水源出湖北省黄梅县境，经宿松入泊湖，串湖后流至望江县城东南 15 里处积而为池，故曰雷池。又因居九江至南京的长江水道要冲，扼黄梅、宿松、太湖内河航运之咽喉，形势险要，故是历代兵家必争之地。但让后人能真正记住雷池的并不是因为这些，而是因了那句流传千百年的"不敢越雷池一步"。东晋咸和二年（公元 327 年），历阳（安徽和县）镇将苏峻叛乱，举兵进犯建康（南京），江州刺史温峤欲领兵东下，中书令庾亮恐荆州刺史陶侃乘虚而入，在《报温峤书》中说："吾忧西陲，过于历阳，足下无过雷池一步也。"参见百度百科"不越雷池一步"：http://baike.baidu.com/link?url=2BiXOZhfyGs_VKoACW-NgeNpSSvlAn9XcaCflauIRJzJfJmIVeWxkUPRQZHcstAG。访问日期：2016 年 7月 11 日。

215. 2011 年 12 月，前上诉机构成员 Jennifer Hillman 在离任讲话时曾经警告说：连任制度是天际的一片乌云，给独立性和法治投下了阴影。参见 Appellate Body Annual Report for 2011, World Trade Organization, 2012，第 76 页。4 年后的这次连任风波，可以说是这片乌云终于化作了一场暴雨。

216. THE WORKLOAD OF THE APPELLATE BODY, Appellate Body Annual Report for 2013, World Trade Organization, 2014, pp. 32-40.

217. 见齐树洁：《民事上诉制度研究》，"第四章民事上诉制度改革论"，第 160—240 页。

218. 案件量的增加，反映了 WTO 成员对争端解决机制的信任。见 Appellate Body Annual Report for 2014，前言。

219. 根据 2011 年统计数据，平均 95 天，最长 301 天。见 Table showing the length of time taken in Appellate Body proceedings to date, https://www.wto.org/

english/res_e/booksp_e/analytic_index_e/dsu_07_e.htm#fntext1327. 访问日期：2016
年 7 月 17 日。后期延长更是家常便饭，原因包括听证会的推迟和调整，被上诉
方和第三方要求延长提交书面陈述的期限，上诉事项的数量和复杂性，翻译时间，
上诉机构的工作量，不同上诉案件成员组成的重合，上诉机构成员空缺没有补充，
不同上诉程序的协调等。见 Appellate Body Annual Report for 2014, p. 81。

220. Appellate Body Annual Report for 2014, p. 89.

221. 参见 Black's Law Dictionary, Seventh Edition, 1999, p.83。

222. 上诉机构报告，第 28—31 页和第 34—39 页。

223. 见 WTO 文件：WT/DSB/M/50。

224. 上诉机构报告，第 13—15 页。

225. 见 WTO 文件：WT/DSB/M/83。

226. 见 WTO 文件：WT/DSB/M/84。

227. 见 WTO 文件：WT/DS135/9。

228. 见 WTO 文件：WT/DSB/M/92。

229. 见 WTO 文件：WT/GC/M/60。

230. 见 WTO 文件：WT/GC/M/61。

231. 上诉机构报告，第 18—23 页。

232. 参见 http://worldtradelaw.net/static.php?type=dsc&page=wtoindex#A。访
问日期：2019 年 10 月 14 日。

233. 见本书第 143—145 页。

234. 第 11 段。

235. 第 17 条第 8 款："上诉机构任职人员的费用，包括旅费和生活津贴，应
依照总理事会在预算、财务与行政委员会所提建议基础上通过的标准，从 WTO 预
算中支付。"

236. 见 WTO 文件：WT/DSB/M/101。

237. 见 WTO 文件：WT/DSB/M/106。

238. 见本书第 74—75 页。

239. 见本书第 151—152 页。

240. 见本书第 85 页。

241. 见 WTO 文件：WT/DSB/M/77、205。

242. 见 WTO 文件：WT/DSB/M/258。

243. 见 WTO 文件：WT/DSB/M/311。

244. 见本书第 79 页。

245. 详见本书第 120—122 页。

246. 以下内容主要参照纪文华："新回合争端解决机制谈判"，载杨国华主编：《世界贸易组织争端解决规则与程序的谅解》，北京大学出版社，2019 年 8 月第 1 版。

247.《法律文本》，第 408 页。

248. 在 1999 年 11 月 3 日 DSB 会议上，非正式磋商牵头人汇报了审议情况，重点提出了裁决执行、第三方权利、透明度和发展中国家等四个问题，随后 WTO 成员发表意见，没有特别提及上诉机构问题。见 WTO 文件：WT/DSB/M/70。

249. 见 WTO 文件：Ministerial declaration, WT/MIN（01）/DEC/1, para. 30。

250. 见 WTO 文件：TN/DS/25。

251. 根据纪文华前引文修改。

252. 见 WTO 文件：TN/DS/W/1。

253. 见 WTO 文件：TN/DS/W/2, TN/DS/W/30。

254. 见 WTO 文件：TN/DS/W/32。

255. 印度同时代表古巴、多美尼加共和国、埃及、洪都拉斯、牙买加和马来西亚。见 WTO 文件：TN/DS/W/18, TN/DS/W/47。

256. 见 WTO 文件：TN/DS/W/38。

257. 见 WTO 文件：TN/DS/W/4。

258. 印度同时代表古巴、多美尼加共和国、埃及、洪都拉斯、牙买加和马来西亚。见 WTO 文件：TN/DS/W/47。

259. 见 WTO 文件：TN/DS/W/12, TN/DS/W/12/Rev.1。

260. 见 WTO 文件：JOB（05）/19/Rev.1。

261. 印度同时代表古巴、多美尼加共和国、埃及、洪都拉斯、牙买加和马来西亚。见 WTO 文件：TN/DS/W/47。

262. 根据《上诉审议工作程序》规则 20（2），上诉通知书应包含对上诉性质的简要说明，包括：（i）指明专家组报告中涉及的法律问题或专家组的法律解释的声称的错误；（ii）列出专家组在适用和解释方面存在声称的错误的适用协定条款的清单；（iii）在不影响上诉方在其上诉上下文中提及专家组报告的其他段落的能力的情况下，列出专家组报告中包含声称的错误的段落的指示性清单。

263. 智利和美国。见 WTO 文件：TN/DS/W/52。

264. 见 WTO 文件：TN/DS/W/82, TN/DS/W/89。

265. 见 WTO 文件：TN/DS/W/52。

266. 见 WTO 文件：TN/DS/W/82, TN/DS/W/89。

267. 见 WTO 文件：TN/DS/W/37。

268. 见 WTO 文件：TN/DS/W/42。

269. 见 WTO 文件：TN/DS/W/38。

270. 见 WTO 文件：JOB（04）/52/Rev.1。

271. 见 WTO 文件：TN/DS/W/52。

272. 见 WTO 文件：TN/DS/W/82, TN/DS/W/89。

273. 见 WTO 文件：TN/DS/W/52, TN/DS/W/82, TN/DS/W/89。

274. 见 WTO 文件：WT/AB/WP/W/3, WT/DSB/M/29。

275. 见 WTO 文件：WT/AB/WP/W/4。

276. 见 WTO 文件：WT/AB/WP/W/6。

277. DSU 第 10 条规定了第三方参与的程序。

278. 见 WTO 文件：WT/DSB/M/134、142。

279. 见 WTO 文件：WT/DSB/M/134、139、142; WT/DSB/31。

280. 见 WTO 文件：WT/AB/WP/W/8。

281. 见 WTO 文件：WT/AB/WP/W/9。

282. 见 WTO 文件：WT/DSB/M/169。

283. 详见本书第 151—152 页。

284. 见 WTO 文件：WT/AB/WP/W/9。

285. 见 WTO 文件：WT/AB/WP/W/11。

286. 见 WTO 文件：WT/DSB/M/283。

287. DSU 第 2 条第 1 款。DSU 文本见 WTO 网站：https://www.wto.org/english/

docs_e/legal_e/28-dsu_e.htm。访问日期：2019 年 6 月 22 日。

288. 会议记录见 WTO 文件：WT/DSB/M/370。

289.《WTO 协定》第 4 条第 3 款。

290.DSU 第 2 条第 1 款。

291.DSU 第 17 条第 2 款。

292.WTO 上诉机构先后共有 27 位成员。见 WTO 网站：https://www.wto.org/english/tratop_e/dispu_e/ab_members_descrp_e.htm。访问日期：2019 年 7 月 21 日。

293. 在已经离任的 24 位成员中，只有 7 位是任期一届。同上。

294. 在 2015 年 10 月 28 日例会上，WTO 总干事就上诉机构工作量及其解决办法发表了长篇讲话。见 WTO 文件：WT/DSB/M/369。

295.《行为守则》II.1 and II.2。见 WTO 网站：https://www.wto.org/english/tratop_e/dispu_e/ab_e.htm#annexii。访问日期：2019 年 7 月 21 日。

296. 关于遴选的规定，见"一号文件"。

297. 见 WTO 文件：WT/DSB/M/373。

298. 见 WTO 文件：WT/DSB/M/376。

299. 见 WTO 文件：WT/DSB/M/377。

300.DSU 第 17 条第 3 款规定："上诉机构应由具有公认权威并在法律、国际贸易和各适用协定所涉主题方面具有公认专门知识的人员组成。""上诉机构的成员资格应广泛代表 WTO 的成员资格。"因此，遴选规定（WT/DSB/1）认为候选人应该具备"专业性"（expertise of persons）和"代表性"（representative balance）两个条件，并且认为地域差异、发展水平和法律体系都应该成为考虑因素。

301. 见 WTO 文件：WT/DSB/M/379。

302. 参见本书第 237 页。

303. 参见本书第 80—83 页。

304. 见 WTO 文件：WT/DSB/M/379。

305. 见 http://insidetrade.com/sites/insidetrade.com/files/documents/jun2016/wto2016_1433a.pdf. 访问日期：2019 年 7 月 21 日。

306.DSU 改革谈判，详见本书，不包括美国所提出的问题。见 WTO 文件：TN/DS/31。

307. 见 WTO 文件：WT/DSB/M/384。

308. 见 WTO 文件：WT/DSB/M/385。

309. 见 WTO 文件：WT/DSB/M/387。

310. 见 WTO 文件：WT/DSB/M/389。

311. 2016 年 9 月 28 日，张胜和发表离任讲话，就上诉机构职权和独立公正性问题表达了看法，某种程度上可以视为一次公开的自我辩护。见 WTO 网站：https://www.wto.org/english/tratop_e/dispu_e/changfarwellspeech_e.htm（访问日期：2019 年 7 月 18 日）。另见 2016 年上诉机构年度报告，WTO 文件：WT/AB/27。

312. 即 2017 年 12 月在布宜诺斯艾利斯举行的第 11 届贸易部长会议。

313. 见 WTO 文件：WT/DSB/M/390。

314. 见 WTO 文件：WT/DSB/M/391。

315. 见 WTO 文件：WT/DSB/M/392。

316. 见 WTO 文件：WT/DSB/M/394。

317. 见 WTO 文件：WT/DSB/M/396。

318. 见 WTO 文件：WT/DSB/M/397。

319. 2017 年 5 月 15 日 Bob 宣誓就职。见 USTR 网站：https://ustr.gov/about-us/biographies-key-officials/united-states-trade-representative-robert-e-lighthizer. 访问日期：2019 年 3 月 3 日。

320. 见 WTO 文件：WT/DSB/W596。

321. 见 WTO 文件：WT/DSB/M/398。

322. 见 WTO 文件：WT/DSB/M/399。

323. 见 WTO 网 站：https://www.wto.org/english/tratop_e/dispu_e/ab_members_descrp_e.htm。访问日期：2019 年 7 月 21 日。

324. 其他 6 位候选人简历见：澳大利亚、中国（两名）、日本和尼 泊 尔：https://insidetrade.com/content/wto-members-submit-appellate-body-nominees-cvs；中 国 台 北：https://baike.baidu.com/item/%E7%B-D%97%E6%98%8C%E5%8F%91/8429258?fr=aladdin。访问日期：2019 年 7 月 22 日。

325. 见 WTO 文件：WT/DSB/73。

326. 见 WTO 文件：WT/DSB/M/400。

327. 参 见 http://www.koreatimes.co.kr/www/news/nation/2017/07/356_2338 60.html.；《美国总统 2019 年贸易政策规划（"政策规划"）及 2018 年贸易协议年度报告》（2019 Trade Policy Agenda and 2018 Annual Report of the President of the United States on the Trade Agreements Program（USTR 网 站：https://ustr.gov/sites/default/files/2019_Trade_Policy_Agenda_and_2018_Annual_Report.pdf）。"政 策 规 划"（第 10—11 页）提到了美韩协定谈判于 2017 年 7 月美国提起（2018 年 3 月双方达成协议），与金炫宗突然辞职时间完全吻合，同时说明了辞职风波与"美国政治领导层正在交接，新的贸易代表刚刚任命"的间接关系。以上网站访问日期：2019 年 7 月 22 日。

328. 见《上诉审议工作程序》规则 14。

329. 见 WTO 文件：WT/DSB/M/402。在这次会议上，欧盟较劲道：替换金炫宗的遴选应该开始，因为他已经离职。

330. 见 WTO 文件：WT/DSB/M/403。

331. 见 WTO 文件：WT/DSB/W/609；WT/DSB/M/404。

332. 见 WTO 文件：WT/DSB/M/407；上诉机构提供的报告（JOB/AB/3）。见 2017 年上诉机构年度报告，WTO 文件：WT/AB/28。

333. 见 WTO 文件：WT/DSB/M/409。

334. 见 WTO 文件：WT/DSB/M/410。

335. 见 WTO 文件：WT/DSB/M/412。

336. 见 WTO 文件：WT/DSB/M/413。

337. 见 WTO 文件：WT/DSB/M/414。

338. 见 WTO 文件：WT/DSB/M/417。

339. 见 WTO 文件：WT/DSB/M/420。

340. 见 WTO 文件：WT/DSB/M/423。

341. 见《美国总统 2018 年贸易政策规划（"政策规划"及 2017 年贸易协议年度报告》（2018 Trade Policy Agenda and 2017 Annual Report of the President of the United States on the Trade Agreements Program）（"政策规划"）第 22—28 页，美国贸易代表办公室网站：https://ustr.gov/sites/default/files/files/reports/2017/AnnualReport/AnnualReport2017.pdf。访问日期：2019 年 7 月 19 日。

342. 关于程序方面 5 个问题，美国公布的文件分别为：（1）超期审案：2018 年 6 月 22 日会议（美国常驻日内瓦代表团网站：https://geneva.usmission.gov/wp-content/uploads/sites/290/Jun22.DSB_.Stmt_.as-delivered.fin_.public.rev_.pdf，共 23 页。（2）超期服役：2017 年 8 月 31 日（https://geneva.usmission.gov/wp-content/uploads/sites/290/Aug31.DSB_.Stmt_.as-delivered.fin_.public.pdf 和 2018 年 2 月 28 日 会 议（https://geneva.usmission.gov/wp-content/uploads/sites/290/Feb28.DSB_.Stmt_.as-delivered.fin_.public-1.pdf；DSB 会议纪要：WT/DSB/M/409），共 7 页。（3）咨询意见：2018 年 10 月 29 日会议（https://geneva.usmission.gov/wp-content/uploads/sites/290/Oct29.DSB_.Stmt_.as-delivered.fin_.rev_.public.pdf；DSB 会议纪要：WT/DSB/M/420），共 27 页。（4）事实法律：2018 年 8 月 27 日会议（https://geneva.usmission.gov/wp-content/uploads/sites/290/Aug27.DSB_.Stmt_.as-delivered.fin_.public.pdf，共 32 页。（5）遵循先例：2018 年 12 月 18 日会议（https://geneva.usmission.gov/wp-content/uploads/sites/290/Dec18.DSB_.Stmt_.as-deliv.fin_.public.pdf，共 27 页。

需要澄清的是，美国虽然提出了"六宗罪"，但是在 DSB 例会上，开始只强调了需要解决"超期服役"，而没有明确将其他五个问题与遴选挂钩，后来则笼统提到了"这些关注"。也就是说，美国并没有在 DSB 例会上明确提出将这六个问题作为同意遴选的前提。参见 2019 年 4 月 26 日 DSB 例会记录：WTO 文件：WT/DSB/M/428.

343. 见 WTO 文件：WT/DSB/M/419; 420。

344. 见 WTO 文件：JOB/DSB/2。

345. 墨西哥等 68 个成员提出了联合建议。见 WTO 文件：WT/DSB/M/419; WT/DSB/W/609/Rev.5. 截至 12 月 18 日，已经有 119 个成员同意这个联合建议。见 WTO 网站：https://www.wto.org/english/news_e/news19_e/dsb_18dec19_e.htm。访问日期：2019 年 12 月 22 日。

346. 见 WTO 文件：WT/DSB/M/419。

347. 见 WTO 文 件：WT/DSB/M/425; WT/GC/W/752/Rev.2, WT/GC/W/753/Rev.1.

总理事会就此进行了讨论。在 2018 年 12 月 12 日会议上，美国称：这些方

案在某种程度上承认了美国所提出的问题，即上诉机构偏离了 WTO 成员所赋予的
职责。美国表示，这些方案并没有有效解决其关注，一些方案甚至是在强化上诉
机构的做法。美国认为：WTO 成员应该就这些关注进行深入讨论，分析上诉机构
为什么会随意背离 WTO 成员所同意的东西，以及探讨如何更好地确保 WTO 规则
得到遵守。在 2019 年 2 月 28 日会议上，总理事会所任命的上诉机构事项非正式
磋商协调员（Facilitator of the Informal Process on Appellate Body Matters）汇报了
协调情况，包括成员们对美国所提出的 6 个关注的讨论情况，但是美国在这次会
议上没有发言。见 WTO 文件：WT/DSB/M/426（第 5.26 段）；WT/GC/M/175; WT/
GC/M/176; JOB/GC/215。

348. 见 WTO 文件：WT/GC/W/768。

349. 见 WTO 文件：WT/DSB/M/428。

350. 在两次例会期间，DSB 可以应需要召开专门会议。例如，DSU 第 6 条规定，
可以为设立专家组而专门召开 DSB 会议。

351. 见 WTO 文件：WT/DSB/M/427。

352.Ujal Singh Bhatia 和 Thomas R. Graham 任期于 2019 年 12 月 10 日届满。
赵宏第一届任期于 2020 年 11 月 30 日届满。

353. 见 DSU 第 17 条和《上诉审议工作程序》。

354. 参见本书第 122—124 页。

355. 见 2018 年 10 月 12 日美国大使 Dennis Shea 在华盛顿"战略与国际研究
中心"（CSIS）的演讲和访谈：https://www.csis.org/events/wto-looking-forward。访
问日期：2018 年 12 月 27 日。

356. 该 文 件 见 USTR 网 站：https://ustr.gov/sites/default/files/files/Press/Re-
ports/2018/AR/2018%20Annual%20Report%20FINAL.PDF。访问日期：2018 年 12 月
27 日。

357. 关于实质和程序问题，有人赞同美国政府的观点，参见 Terence P. Stew-
art, Disputed Court: A Look at the Challenges to（and from）the WTO Dispute Settle-
ment System（http://www.stewartlaw.com/Content/Documents/WTO%20Dispute%20
Settlement%20System%20-%20Paper%20for%2012-20-17%20GBD.pdf）。Terence P.
Stewart（Terry）是著名 WTO 专家，从事国际贸易法律师实务并且爱好学术，著

作颇丰［特别是四卷本 *The GATT Uruguay Round: A Negotiating History*（1986-1994）］，密切跟踪 WTO 事务（参见 http://www.stewartlaw.com/Article/WhatsNew），但是其观点似乎偏向贸易保护主义，原因也许是他的客户与 Bob 一样，主要是美国钢铁行业，非常依靠反倾销、反补贴和保障措施等贸易救济措施进行保护（参见 http://www.stewartlaw.com/Professionals/Terence_P_Stewart）。以上网站访问日期：2018 年 12 月 27 日。

358. 参见前引美国在 2017 年 8 月 31 日和 2018 年 2 月 28 日 DSB 会议上的发言。

359. 例如，2018 年 9 月，欧盟提出了 WTO 全面改革方案，其中对所谓程序问题提供了具体解决办法；同时加拿大也提出了方案，其中涉及所谓程序问题的一些立场。2018 年 12 月，欧盟和中国等成员联合提出方案，主要针对美国关注的程序问题以及改进上诉机制提出了建议。详见本书第六章第一节。此外，学术界也对这些问题进行研究并且提出建议。例如 Institute of International Economic Law, Georgetown University, *Transition on the WTO Appellate Body: a Pair of Reforms?*（https://minilateralism.com/georgetowns-iiel-releases-new-proposal-for-wto-appellate-body-reform/）Tetyana Payosova, Gary Clyde Hufbauer and Jeffrey J. Schott, *The Dispute Settlement Crisis in the World Trade Organization: Causes and Cures*（https://piie.com/system/files/documents/pb18-5.pdf）；Robert McDougall, *Crisis in the WTO: Restoring the WTO Dispute Settlement Function*（https://www.cigionline.org/sites/default/files/documents/Paper%20no.194.pdf）；James Bacchus, *Might Unmakes Right: The American Assault on the Rule of Law in World Trade*（https://www.cigionline.org/sites/default/files/documents/Paper%20no.173.pdf）；Jennifer Hillman, *Three Approaches to Fixing the World Trade Organization' Appellate Body, the Good, the Bad and the Ugly?*（https://www.law.georgetown.edu/wp-content/uploads/2018/12/Hillman-Good-Bad-Ugly-Fix-to-WTO-AB.pdf）。

360. 参见本书第五章第三节。

361.DSU 第 3 条第 2 款。

362.DSU 第 3 条第 2 款。

363. 案件情况见 WTO 网站：https://www.wto.org/english/tratop_e/dispu_e/cases_e/ds379_e.htm。访问日期：2018 年 12 月 31 日。

364. 详见本案上诉机构报告。

365."美国羊肉案"和"美国钢管案"。

366. 案件情况见 WTO 网站：https://www.wto.org/english/tratop_e/dispu_e/cases_e/ds252_e.htm. 访问日期：2018 年 12 月 31 日。

367. 详见该文件提及的 DSB 会议纪要：WT/DSB/M/105, 121, 142, 294, 317, 320。

368.《WTO 协定》第 9 条第 2 款规定：部长会议和总理事会有权对 WTO 协议作出权威解释。

369. 根据美国统计，从 2011 年"美国轮胎案（中国）"开始（2011 年 5 月 24 日提起上诉，9 月 5 日公布裁决，审期为 105 日），上诉机构平均审期平均为 149 日，超过 59 日，增加 66%（三分之二），而从 2014 年开始，没有一个案件在 90 日内完成，平均为 163 日。见前引美国在 2018 年 6 月 22 日 DSB 会议上的发言，第 17 页。

370. 美国认为上诉机构提供咨询意见及审查事实也是不能按时结案的原因。见前引美国在 DSB 会议发言的"咨询意见"和"审查事实"部分。

371. 例如，让退役成员继续审案。

372. 参见前引美国在 2018 年 2 月 28 日 DSB 会议上的发言。

373. 规则 15 规定：不再担任上诉机构成员的人，经上诉机构授权并向 DSB 通报，可以完成案件审理工作。

374. 这是根据美国以及一些成员的关注所归纳的含义。见前引美国在 DSB 会议发言的"咨询意见"部分。

375.DSU 第 17 条第 6 款：上诉应限于专家组报告涉及的法律问题和专家组所作的法律解释。

376."日本酒精饮料案"上诉机构报告第 12—14 页。

377."...absent cogent reasons, an adjudicatory body will resolve the same legal question in the same way in a subsequent case.""美国不锈钢案（墨西哥）"上诉机构报告第 160 段。

378. 上诉机构报告第 162 段。

379. 尽管有些成员也表示关注，但是更多成员提出了不同观点。参见前引

DSB 会议纪要相关部分。

380.2018 年 11 月 19 日欧盟驻 WTO 大使 Marc Vanheukelen 在上海演讲并参加午餐会。笔者请教欧盟大使是否问过美国大使解决方案是什么，欧盟大使说："我多次问 Dennis：美国的方案是什么？但是他的答复含糊其辞（vague）。"2018 年 12 月 12 日，中国驻 WTO 大使张向晨在总理事会会议上关于改革上诉机构提案的发言中，一连问了四个问题："美方建议要怎么办？""美方认为我们还能做什么？""美方有哪些具体的意见？""如果没有，是否美方愿意坐等上诉机构瘫痪？"参见中国常驻 WTO 代表团网站：http://wto.mofcom.gov.cn/article/xwfb/201812/20181202816659.shtml。访问日期：2018 年 12 月 30 日。

381. 美国将这些关注与上诉机构成员遴选挂钩。例如，在前引 2018 年 2 月 28 日 DSB 会议上，美国明确表示，应该先解决离任成员审案问题才能讨论此人替代问题。DSB 年度报告（WTO 文件：WT/DSB/W/630, 7 November 2018）详细记录了上诉机构成员任命和连任的讨论情况。根据 DSU 第 17 条第 2 款规定，上诉机构成员由 DSB 任命，而根据第 4 条第 2 款规定，DSB 的决策机制是协商一致，因此一个成员就可以阻止上诉机构成员的遴选程序。

382. 参见前引 DSB 会议纪要中美国针对若干案件，特别是美国胜诉案件的发言。例如，在前引"中国出版物和音像制品案"中，美国在 DSB 会议上就表示同意上诉机构的裁决。

383. 原文如下："...under the GATT, and there was a system where you would bring panels and then you would have a negotiation. And, you know, trade grew and we resolved issues eventually. And, you know, it's a system that, you know, was successful for a long period of time. Now, under this binding dispute-settlement process, we have to figure out a way to have – from our point of view, to have it work."见 Bob 在 CSIS 的演讲：https://csis-prod.s3.amazonaws.com/s3fs-public/publication/170918_U.S._Trade_Policy_Priorities_Robert_Lighthizer_transcript.pdf。访问日期：2018 年 12 月 30 日。

384. 见 USTR 网站：https://ustr.gov/about-us/biographies-key-officials/united-states-trade-representative-robert-e-lighthizer。访问日期：2018 年 12 月 27 日。

385. 参见美国外交关系委员会网站：https://www.cfr.org/article/wto-dis-

pute-settlement-system-fair。访问日期：2018 年 12 月 30 日。

386. 听证会证词：Testimony of Robert E. Lighthizer, U.S. Senate Committee on Finance, Hearing on Trade Enforcement for a 21st Century Economy, June 12, 2007: https://www.finance.senate.gov/imo/media/doc/061207testrl.pdf. 访问日期：2018 年 12 月 30 日。

387. 听证会证词：June9, 2010, Robert E. Lighthizer, TestimonyBeforetheU.S.China Economicand SecurityReviewCommission: EvaluatingChina's RoleintheWorldTradeOr-ganizationOver thePast Decade: https://www.uscc.gov/sites/default/files/6.9.10Ligh-thizer.pdf, p.33. 访问日期：2018 年 12 月 30 日。

388. 参见本书第 143 页"越权裁判"部分的分析。

389. 事实上，他对美国国内法的态度也让人生疑，因为他对美国国际贸易委员会（ITC）解释反倾销和反补贴法也表示不满，认为 ITC 确定了更高的国内产业损害认定标准（参见前引 2007 年听证会证词，第 8 页）。此外，在前引 CSIS 演讲中，他津津有味地回忆：多年前在参议院工作期间，有一次陪老板 Dole 出差去巴黎，忘了带护照，但是老板在机场打了几个电话，立马搞定，没有护照也能登机！此事让人进一步怀疑他是相信实力而不是规则的人。

390.Dole 出生于 1923 年，曾任参议院财政委员会主席，并且两次参选总统（参见 http://www.bobdole.org/; https://en.wikipedia.org/wiki/Bob_Dole.）。 Dole 认为有约束力的 WTO 争端解决机制限制了美国主权，主张国会成立一个委员会审查美国败诉案件，由此可以看到他对 Bob 的影响。参见 1995 年他在参议院财政委员会听证会上的发言及其提出的法案：https://www.finance.senate.gov/imo/media/doc/Hrg104-124.pdf; https://www.congress.gov/104/bills/s1438/BILLS-104s1438pcs.pdf. 以上网站访问日期：2018 年 12 月 30 日。

391. 参见财经网文章"莱特希泽：重铸美国贸易政策"：http://m.caijing.com.cn/api/show?contentid=4542508. 访问日期：2018 年 12 月 30 日。

392.2017 年 3 月 14 日参议院财政委员会提名听证会：https://www.congress.gov/115/chrg/shrg28798/CHRG-115shrg28798.pdf ；2018 年 7 月 26 日参议院拨款委员会听证会：https://www.c-span.org/video/?448767-1/trade-representative-lighthiz-er-us-close-nafta-deal. 以上网站访问日期：2018 年 12 月 30 日。

393. 参见 USTR 网站：https://ustr.gov/archive/Document_Library/Press_Releases/2003/September/United_States_Nominates_WTO_Appellate_Body_Cidates_printer.html; http://www.rushfordreport.com/2003/10_2003_Publius.htm; https://www.politico.com/agenda/story/2017/02/robert-lighthizer-wto-000304. 以上网站访问日期：2018 年 12 月 30 日。

394. 本节所引用的 Bob 演讲和听证会等就是例证。

395. 例如，2018 年 10 月 1 日 USMCA 达成，特朗普在新闻发布会上对 Bob 大加赞赏。参见美国白宫网站：https://www.whitehouse.gov/briefings-statements/remarks-president-trump-united-states-mexico-canada-agreement/。12 月 1 日，中美领导人会晤达成有关贸易战的协议后，特朗普任命 Bob 负责与中国谈判落实协议。参见 https://edition.cnn.com/2018/12/03/politics/mnuchin-trump-china-trade-argentina/index.html。以上网站访问日期：2018 年 12 月 31 日。

396. 通过媒体和他自己的推特，特朗普的性格因素已经反映在他的内政外交决策中。关于特朗普的言行，时有所闻，而以下专著则比较系统地研究了他的性格和决策内幕：Bandy X. Lee, ed. *The Dangerous Case of Donald Trump: 27 Psychiatrists and Mental Health Experts Assess a President*, Thomas Dunne Books, 2017; Michael Wolff, *Fire and Fury: Inside the Trump Whitehouse*, Henry Holt and Company, 2018; Bob Woodward, *Fear: Trump in the White House*, Simon& Schuster, 2018. 另见楚树龙、周兰君：《特朗普政府外交特性及其影响》，《现代国际关系》，2018 年第 8 期，第 23 页。

397. 政治心理学著作，参见 [英] 格雷厄姆·沃拉斯：《政治中的人性》，商务印书馆，1994 年；[美] 戴维·P. 霍顿：《政治心理学：情景、个人与案例》，中央编译出版社，2013 年；[美] 詹姆斯·戴维·巴伯：《总统的性格》（第 4 版），中国人民大学出版社，2015 年；[美] 马莎·L. 科塔姆等：《政治心理学》（第 2 版），中国人民大学出版社，2013 年；[美] 哈罗德·D. 拉斯韦尔：《权力与人格》，中央编译出版社，2013 年；[美] 哈罗德·D. 拉斯尔：《精神病理学与政治》，中央编译出版社，2015 年；[美] 罗伯特·E. 戈定主编：《牛津政治行为研究手册》，人民出版社，2018 年。此外，心理学传记也常常从精神分析和社会心理学等角度研究政治人物，例如 [美] 沃尔特·C. 兰格：《希特勒的心态：战时秘密报告》，中央编译出版社，2011 年；[美] 罗伯特·C. 塔克：《作为革命者的斯大林——一项历史与人格的研究（1879—1929）》，中央编译出版社，2011 年；[美] 亚历山大·乔治等：《总统人格：伍德罗·威尔逊的精神分析》，中央编译出版社，2014 年。

398. 即 GATT 第 22 条（磋商）和第 23 条（利益的丧失或减损）以及一些程序性文件。

399. 在近 50 年时间里，GATT 审理了 121 起案件，其中 101 个裁决被"缔约方全体"通过。参见 World Trade Organization: *The WTO at Twenty: Challenges and Achievements*, World Trade Organization, 2015, p.61. ; Adopted panel reports within the framework of GATT 1947, https://www.wto.org/english/tratop_e/dispu_e/gt47ds_e.htm。访问日期：2018 年 12 月 31 日。

400. 参见前引 2010 年听证会和 2017 年演讲。

401. 他认为，美国应该采取双边谈判而不是诸边和多边谈判，因为美国经济总量达 18 万亿美元，单独谈判更为有利；不仅能够谈成更好协议，而且能够更容易执行协议。参见前引 Bob 在 CSIS 的演讲。

402. 参见前引三轮辩论资料中 Daniel J. Ikenson 观点。

403. 参见前引 James Bacchus 文章。

404. 参见前引 James Bacchus 文章。他曾经在美国贸易代表办公室工作，后担任美国国会议员和 WTO 上诉机构首任成员（1995 年至 2003 年）。

405. 参见赵可金、倪世雄：《自由主义与美国的外交政策》，《复旦学报（社会科学版）》，2006 年第 2 期，第 11 页；何达薷：《新保守主义视角下特朗普政府外交政策特征与中美关系》，《学术探索》，2018 年 10 月，第 26 页。

406. 例如国内出现的经济社会矛盾和全球化所带来的问题。参见周兰君、楚树龙：《特朗普政府内政外交政策趋向》，《国际经济评论》，2017 年第 1 期，第 118 页。

407. 有人提出，如果上诉机构不复存在，可以有两种解决方案：一种是启用DSU 第 25 条，形成一种事实上替代上诉机构的"上诉—仲裁"（appeal-arbitration）机制。另一种是成立一个没有美国的上诉机构。详见本书页。

408. 参见第二节。

409. 美国《2018 年贸易政策规划及 2017 年贸易协议年度报告》。

410."WTO Dispute Settlement Review Commission Act"（S. 1438）.该法案提出，为了保护美国主权和维护美国利益，应该确保上诉机构公平公正运作，不能增加或减少 WTO 成员权利义务，恪守其职责范围。为此，该法案提议成立一个由联邦法官组成的 5 人委员会，对美国作为被告而败诉的案件以及（经 USTR 要求）作为原告而没有得到支持的案件进行审查，并向国会和 USTR 提交报告。国会可以据此要求总统进行谈判以修改有关事项。如果在 5 年内出现 3 个肯定性报告，则 WTO 就不符合整体国家利益，国会可以要求退出 WTO。众议院也与类似法案(H.R. 1434)。为此，参议院专门举行听证会进行辩论，一些专家出席发表意见。参议院法案见：https://www.congress.gov/104/bills/s1438/BILLS-104s1438pcs.pdf ；众议院法案见：https://www.congress.gov/104/bills/hr1434/BILLS-104hr1434ih.pdf ；听证会记录见：https://www.finance.senate.gov/imo/media/doc/Hrg104-124.pdf。以上网站访问日期：2019 年 1 月 25 日。

411.2015 年美国国会再次提出这项要求。转引自前引《2018 年贸易政策规划及 2017 年贸易协议年度报告》第 23 页脚注 13。

412.参见 Richard H. Steinberg, *Judicial Lawmaking at the WTO: Discursive, Constitutional, and Political Constraints*, 98 Am. J. Int'l L. 247 2004, fn. 7-11.

413. 参见美国外交关系委员会网站：https://www.cfr.org/article/wto-dispute-settlement-system-fair。访问日期：2018 年 12 月 30 日。批评 WTO 的一方是 Bob。

414. 见 WTO 文件：TN/DS/W/82/Add.1。

415. 据考证，引文起草者是美国著名 WTO 专家 John H. Jackson 教授。他是 WTO 咨询专家委员会成员，而该报告第 6 章争端解决部分的主旨与其专著 Sovereignty, the WTO and Changing Fundamentals of International Law（Cambridge University Press, 2006）第 5 章基本相同。

416. 例如，Bob 当年是代表美国钢铁产业主张贸易救济法保护的律师，并且此前担任过 Dole 办公室主任。

417. 参见第二节。

418.2018 年 11 月 26 日，欧盟等 12 个成员（中国、加拿大、印度、挪威、新西兰、瑞士、澳大利亚、韩国、冰岛、新加坡和墨西哥）就超期服役、审理期限、事实法律、咨询意见和遵循先例等 5 个问题向 WTO 提交了 DSU 修改建议（WTO 文件：WT/GC/W/752）。同日，欧盟又与中国和印度就上诉机构成员独立性问题提出了建议（WTO 文件：WT/GC/W/753）。12 月 10 日，澳大利亚单独就越权裁判问题提出建议（WT/GC/W/754/Rev.1），认为 9 月 24 日加拿大所提方案（JOB/GC/201）值得讨论，即就案件中出现的问题进行专题讨论并建立权威解释的正式路径。

419. 参见本书第 129—130 页。

420. "条约必须遵守"是一项习惯国际法规则，参见《维也纳条约法公约》第 26 条。

421. 参见 Dole 在前引听证会上的发言，第 8 页。

422. 关于主权问题的发展，特别是主权在 WTO 等国际经济领域的表现，参见 John H. Jackson 前引专著以及 Wenhua SHAN（单文华）ed. *Redefing Sovereignty in International Economic Law*, Hart Publishing, 2008.

423. 该款规定，法律解释需要四分之三多数表决通过。

424. 前引 WTO 咨询专家委员会报告（第 251 段）即提出了这种建议。

425. 另见前引加拿大建议，即就案件中出现的问题进行专题讨论并建立权威解释的正式路径。

426. 参见本书第 133—134 页。

427. 上诉机构报告，第 154—161 段。

428. 例如，"中国稀土案"专家组报告第 7.55 段。

429. 参见 [英] 鲁伯特·克罗斯等：《英国法中的先例》（第四版），苗文龙译，北京大学出版社，2011 年 1 月第 1 版。

430. 参见 [德] K. 茨威格特、H. 克茨：《比较法总论》（上），潘汉典等译，中国法制出版社，2017 年 1 月第 1 版，第 465—474 页。

431. 参见前引《比较法总论》（上），第 462—493 页。

432. 同上。

433. 不仅如此，有研究显示，国际法院、国际海洋法庭、常设仲裁法院、国际投资争端解决中心、欧洲法院和北美自由贸易区争端解决机制等在解释条约时，还经常援用 WTO 上诉机构报告。参见 Gabrielle Marceau, Arnau Izaguerri and

Vladyslav Lanovoy, *The WTO's Influence on Other Dispute Settlement Mechanisms: A Lighthouse in the Storm of Fragmentation*, Journal of World Trade, 47（2013），481-574。

434. 例如，在"日本酒精饮料案（Ⅱ）"中，上诉机构认为 GATT 时期所通过的专家组报告是 GATT 重要组成部分，构成了 WTO 成员的合法期待，应该在相关案件中予以考虑。见上诉机构报告第 14 页。

435. 参见齐树洁：《民事上诉制度研究》，法律出版社，2006 年 9 月第 1 版，第 264—265 页。

436. 同上，第 38—43 页。

437.DSU 第 17 条第 6 款。

438. 例如，"中国知识产权案"就涉及中国著作权法和刑事法律规定是否符合 WTO 规则的争议。

439. 上诉机构报告，第 64—68 段。

440.DSU 第 17 条第 13 款。

441.WTO 的 DSU 改革谈判中，增设发回重审制度是一个重要议题。参见 WTO 文件：JOB（08）/81。

442. 例如加征关税是否属实，是否名为关税实为国内税（"中国汽车零部件案"就涉及这个问题）。

443.DSU 第 11 条规定的专家组职能是对争议事项进行客观审查，包括客观审查事实及其是否适用和符合有关协定。

444. 参见前引《英国法中的先例》，第 45—107 页。

445. 有趣的是，美国认为上诉机构在前引"美国不锈钢案（墨西哥）"中所说的"除非有强有力的理由，司法机关应该在随后的案件中以相同的方式解决相同的法律问题"就属于"附带意见"。见美国关于"遵循先例"的关注，第 19—20 页。

446. 例如，在美国提及的"中国出版物和音像制品案"中，笔者认为上诉机构对于 GATT 第 20 条与中国入世议定书中某个条款之间关系的分析，既为解决争端所必须，也为成员权利义务之澄清，并非属于"咨询意见"。参见上诉机构报告第 211—215 段。

447.DSU 第 17 条第 2 款。

448. 规则 15 规定：不再担任上诉机构成员的人，经上诉机构授权并向 DSB 通报，可以完成案件审理工作。

449.DSU 第 17 条第 5 款。

450. 此外，欧盟等成员还建议增加上诉机构成员（例如 9 名）和上诉机构秘书处工作人员。

451. 前引加拿大建议中提及了规则老化、案情复杂和缺乏自限等使得争端解决机制不堪重负。

452.DSU 第 3 条第 2 款和第 7 款。

453. 参见本书注释 355。

454. 参见本书注释 383。

455.WTO 文件：WT/GC/W/752，753。

456. 见 WTO 文件：WT/GC/M/175。

457. 见 WTO 文件：WT/GC/W/754/Rev.1, JOB/GC/201。

458. 见 WTO 文件：JOB/GD/215, 217, 220; WT/GC/M/177。

459. "专家组应依照关于解释国际公法的习惯规则，解释本协定的相关条款。在专家组认为本协定的相关条款可以作出一种以上允许的解释时，如主管机关的措施符合其中一种允许的解释，则专家组应认定该措施符合本协定。"

460. 美国常驻日内瓦代表团网站：https://geneva.usmission.gov/2019/07/23/statements-delivered-by-ambassador-dennis-shea-wto-general-council-meeting-july-23-2019/。

461. 见前引 10 月 12 日 CSIS 访谈。

462.JOB/DSB/1/Add.11。

463. 援用第 25 条设立"上诉—仲裁机制"的想法，最初来自几位 WTO 专业律师。参见 Scott Andersen, et al, *Using Arbitration under Article 25 of the DSU to Ensure the Availability of Appeals*, Centre for Trade and Economic Integration Working Papers, CTEI-2017-17。

464. 参见本书第六章第一节。

465. 在"美国版权法第 110（5）节案"中，美国和欧盟达成协议，将美国版权法违反 WTO 规则而导致欧盟利益受损水平问题提交仲裁。这个仲裁与 DSU

第 22 条第 6 款中止减让水平裁决的性质相同，而不是典型的作为争端解决替代方案的仲裁。事实上，第 22 条第 6 款经常被援引，而第 25 条只有这一次被援引。

466. 作者是阿姆斯特丹大学教授，1999—2002 年担任 WTO 法律部主任。Guest post from Pieter Jan Kuiper, Professor of Law at the Faculty of Law of the University of Amsterdam: http://worldtradelaw.typepad.com/ielpblog/2017/11/guest-post-from-pieter-jan-kuiper-professor-of-the-law-of-international-economic-organizations-at-the-faculty-of-law-of-th.html。

467. 参见本书第 156 页。

468. 专家组报告第 7.107 段。

469. 专家组报告第 7.106 段。

470. 参见本书第 145—148 页。

471. 上诉机构报告，第 87—100 页。

472. 以下 9 个案件中出现过这种情况：欧共体石棉案、美国陆地棉案、美欧持续归零案、美欧归零（第 21.5 条）案、欧盟大飞机案、美国洗衣机销案、印度太阳能电池板案欧盟聚酯案和巴西税费案。胡建国提供。

473. 在理论上，这方面的情况是肯定存在的，因为形势在发展，上诉机构成员也不断变化，而对于相同问题，上诉机构完全可能产生不同理解。但在实例中，却不太容易找到确切的证据，因为上诉机构一定会考虑到前案裁决，避免出现明显冲突的解释。在"中国原材料案"中，上诉机构放弃了在"美国海关保证金案"所采用的""假设成立"的分析方法，也许可以算作确定的例子。

474.《上诉审议工作程序》规则 4（1）要求上诉机构成员定期讨论，确保裁决的协调一致。

475.Shree Baboo Chekitan Servansing.

476. 美国常驻日内瓦代表团网站：https://geneva.usmission.gov/wp-content/uploads/sites/290/Aug15.DSB_.Stmt_.as-deliv.fin_.public.pdf。

477. 见美国公布的文件：美国常驻日内瓦代表团网站：https://geneva.usmission.gov/wp-content/uploads/sites/290/Nov22.DSB_.Stmt_.as-deliv.fin_.public.pdf。

478. 见 WTO 文件（待公布）。

479. 参见本书第三章第二节"二、工作量"。

480.https://www.businesstimes.com.sg/government-economy/wto-faces-cliff-edge-crisis-next-week-as-mediator-eyes-departure; https://insidetrade.com/daily-news/wto-appellate-body-chair-expected-step-down-freezing-pending-appeals. 访问日期：2019 年 12 月 21 日。

481.Shree Baboo Chekitan Servansing 任期已经结束，但是仍在审案。

482. 参见 https://worldtradelaw.typepad.com/files/letter-to-dg-from-abms.pdf; https://insidetrade.com/daily-news/wto-appellate-body-members-condemn-%E2%80%98misrepresentations%E2%80%99-media。访问日期：2019 年 12 月 22 日。

483. 参见本书第 61—61 页。

484. 三人简历参见：https://www.cigionline.org/person/debra-steger; https://www.bennettjones.com/HughesValerie; https://www.ictsd.org/about-us/werner-zdouc。访问日期：2019 年 12 月 21 日。

485. 见 WTO 文件：WT/GC/W/791。

486. 美国的发言见：美国常驻日内瓦代表团网站：https://geneva.usmission.gov/2019/12/09/ambassador-shea-statement-at-the-wto-general-council-meeting/。访问日期：2019 年 12 月 21 日。

487. 参见 WTO 预算、财政和管理委员会报告，WTO 文件：WT/BFA/183, 6 December 2019. 该报告记录了 WTO 成员对于预算问题的关注以及上诉机构费用的讨论，最后通过的内容为：The Committee agreed to establish a temporary limitation of expenditure against the budget allocated to Appellate Body Member Fees and the Appellate Body Operating Fund by amounts of CHF100,000, respectively, and that the Committee can lift this limitation when it deems this appropriate.

488. 可以作出裁决的案件为：澳大利亚烟草平装案、俄罗斯铁路设备案和美国超级压光纸案。胡建国整理。

489."摩洛哥热轧钢案"。

490.《上诉机构工作程序》规则 30（1）规定，上诉方可以随时撤回上诉。"印度汽车案"也是撤回上诉的案件。

491. 最为典型的是对几乎全部中国产品加征关税的行为。关于中美贸易战，参见杨国华："中美贸易战中的国际法"，《武大国际法评论》，2018 年第 3 期，第 120—141 页。

492. 见本书第四章第一节。

493. 参见后文各方改革方案。

494. 例如，曾经担任过 USTR 的参议员 Rob Portman 就认为，阻挠上诉机构成员遴选对于推动 WTO 改革很重要。参见 https://insidetrade.com/daily-news/port-man-appellate-body-nominations-block-needed-achieve-wto-reform. 访问日期：2019 年 12 月 22 日。

495. 见本书第 163 页。

496.https://trade.ec.europa.eu/doclib/docs/2018/september/tradoc_157331.pdf。访问日期：2019 年 12 月 22 日。

497. 见本书第六章第一节 "一、欧盟方案"。

498. 欧盟已经就此提出方案，见 WTO 文件：TN/RL/GEN/188。

499.JOB/CTG/10/REV.1。

500.JOB/GC/201。

501. 加拿大认为，WTO 规则老化、争端事项日益复杂化和成员缺乏自我约束等原因，使得争端解决机制不堪重负。司法手段代替了贸易合作，甚至取代了谈判。有些争议可以不提交司法解决，而途径就是自我限制和使用调解等替代方法，甚至可以正式将某些争议排除在司法机制之外。此外，还可以根据不同案件制定不同的司法程序以及加强专家组和上诉机构的互动等。

502. 参见本书第 122—124 页。

503. 见 USTR 网 站：https://ustr.gov/about-us/policy-offices/press-office/press-releases/2017/december/joint-statement-united-states; https://ustr.gov/about-us/policy-offices/press-office/press-releases/2018/march/joint-readout-meet-ing-united-states?from=timeline; https://ustr.gov/about-us/policy-offices/press-office/press-releases/2018/may/joint-statement-trilateral-meeting; https://ustr.gov/about-us/policy-offices/press-office/press-releases/2018/september/joint-statement-trilateral; https://ustr.gov/about-us/policy-offices/press-office/press-releases/2019/january/joint-statement-trilateral-meeting; https://ustr.gov/about-us/policy-offices/press-office/

press-releases/2019/may/joint-statement-trilateral-meeting?from=groupmessage&is-appinstalled=0. 访问日期：2019 年 12 月 22 日。

504. 美国常驻日内瓦代表团网站：https://geneva.usmission.gov/2019/12/09/ambassador-shea-challenges-posed-to-the-wto-by-non-market-policies-and-practices/. 访问日期：2019 年 12 月 22 日。

505. 阿根廷、澳大利亚、加拿大、哥斯达黎加、欧盟、日本、新西兰、中国台北和美国 8 个 WTO 成员。JOB/GC/204/Rev.1; JOB/CTG/14/Rev.1。

506. 见 WTO 文件：WT/GC/W/757。

507. 见 WTO 文件：WT/GC/W/764. 2019 年 7 月 26 日，美国总统发布了一份《关于在 WTO 中改革发展中国家地位的备忘录》（Memorandum on Reforming Developing-Country Status in the World Trade Organizaion），指示 USTR 尽力改变 WTO 现状；如果 90 日内没有实质性进展，那么 USTR 就可以决定不将某个 WTO 成员视为发展中国家，并且不再支持其成为 OECD 成员，此外还要公布一份这些国家的名单。见美国白宫网站：https://www.whitehouse.gov/presidential-actions/memorandum-reforming-developing-country-status-world-trade-organization/。访问日期：2019 年 9 月 25 日。

508. 见 WTO 文 件：WT/GC/W/773。 中 文 版：http://images.mofcom.gov.cn/sms/201905/20190524100740211.pdf。

509. 中国、印度、南非、委内瑞拉、老挝、玻利维亚、肯尼亚、古巴、中非共和国和巴基斯坦。见 WTO 文件：WT/GC/W/765/Rev.2。

510. 澳大利亚、巴西、加拿大、智利、欧盟、日本、肯尼亚、韩国、墨西哥、新西兰、挪威、新加坡和瑞士。见 WTO 文件：WT/L/1042, 1057, 1061。

511. 2018 年 7 月 16 日《第二十次中国欧盟领导人会晤联合声明》，第 8 段。见中国政府网：http://www.gov.cn/xinwen/2018-07/16/content_5306805.htm。访问日期：2019 年 12 月 22 日。

512. 挪威、加拿大、中国香港、冰岛、墨西哥、新西兰、新加坡和瑞士。见 WTO 文件：WT/GC/W/770/Rev.3。

513. 见本书第 165—166 页。

514. This communication was circulated on 12 January 2010 as document WT/

AB/WP/W/10.

515. All references to the singular should be read as also including the plural.

516. Appellate Body Report, *United States – Import Prohibition of Certain Shrimp and Shrimp Products*, paras. 95-97; Appellate Body Report, *United States – Import Measures on Certain Products from the European Communities*, para. 62; Appellate Body Report, *United States – Continued Dumping and Subsidy Offset Act of 2000*, para.200.

517. To date, no appeal has ever been conducted under the accelerated time-frames set out for prohibited subsidies appeals. Although one Member expressed concern regarding the impractical nature of certain deadlines in prohibited subsidies appeals—notably for third participants—we believe, based on past experience, that the infrequency with which this issue appears justifies leaving Annex I as proposed above. Any difficulties that may arise in a specific appeal involving prohibited subsidies could be addressed on a casebycase basis under Rule 16 of the Working Procedures.

518. Rule 17 applies to the computation of the time-periods below.

519. Rule 20.

520. Rule 21（1）.

521. Rule 23（1）.

522. Rule 23（3）.

523. Rules 22 and 23（4）.

524. Rule 24（1）.

525. Rule 24（2）.

526. Rule 27.

527. Article 17.5, DSU.

528. Article 4.9, SC*M Agreement*.

529. Article 17.14, DSU.

530. Article 4.9, SC*M Agreement*.

531.Ujal Singh Bhatia，Seung Wha Chang，Ricardo Ramírez-Hernández，Shree Baboo Chekitan Servansing，Yuejiao Zhang.

532.Lilia R Bautista，Mitsuo Matsushita，Shotaro Oshima，Yasuhei Taniguchi，David Unterhalter.

533.Werner Zdouc（Director of the WTO Appellate Body），Victoria Donaldson（Chief Legal Officer）.

534.Valerie Hughs（Director of the Legal Affairs），Gabrielle Marceau（Counsellor）.

535.Karl Brauner（Deputy Director General），Abdel-Hamid Mamdouh（Director of the Trade in Services）.

536.Ernst-Ulrih Petersmann, European University Inistitute, Florance; Arie Reich, Bar Ilan University, Israel; Pierre Sauve, World Trade Institute, University of Bern, Switzerland; Edith Brown Weiss, Georgetown University.

537. 商务部条约法律司、世界贸易组织司等政府部门，金杜、金诚同达、中伦、高朋等律师事务所。

538. 本文选择介绍的标准是"我所熟悉的法律人士"。会议开幕式上，清华大学校长邱勇、商务部副部长王受文等发表了重要讲话。此外，中国常驻 WTO 代表团首任大使孙振宇全程参加了会议。由于他们不是"法律人士"，因此本文没有介绍。事实上，我与王受文副部长和孙振宇大使是非常熟悉的，因为他们都曾经是我在商务部的同事和领导。我曾经写过专门文章，介绍孙振宇大使（"一项前无古人的事业：记我国首任常驻 WTO 代表孙振宇大使"，2006 年），并且在他离任后，协助他整理出版了回忆录（《日内瓦倥偬岁月——中国常驻 WTO 代表团首任大使孙振宇口述实录》，人民出版社，2011 年 12 月）。此外，WTO 副总干事 Karl-Ernst Brauner 是法律人士，也在开幕式上发表了讲话，但是我并不熟悉。

539. 从 1995 年成立至今，WTO 共有 25 位上诉机构成员。

540.DSU 第 17 条第 3 款。

541. 日内瓦大学、欧盟大学研究所、韩国首尔大学、哈佛大学以及墨西哥和印度的大学也已经或即将举办研讨会。

542. 据上诉机构秘书处的人介绍，以前从来没有出现过 10 个成员同时登台的情况。

543."中国取向电工钢案"、"中国稀土案"和"美国反补贴和反倾销案"。每个案件由三个上诉机构成员负责审理，抽签决定，没有回避制度。

544.每个案件开庭，一般都是安排两天时间。因此，我们要提前一天到达日内瓦，做好开庭前的文件和资料准备，而开庭结束后的第二天就离开日内瓦回国。过去北京到日内瓦，一般在法兰克福机场转机。北京到法兰克福10个小时，转机等候3个小时，然后再飞行1个小时，晚上10点左右抵达日内瓦。随后几天，一直紧张地处在准备案件、开庭和倒时差之中，工作强度很大。由于中国案件很多，所以我经常率团去日内瓦，最多每年达6次。有关细节可参见杨国华主编：《我们在WTO打官司：参加WTO听证会随笔集》，知识产权出版社，2015年1月。

545."欧共体紧固件案"和"中国取向电工钢案"。

546. 清华会议之后，部分代表分赴深圳和上海参加"分会"，即7月6日分别由深圳市世贸组织事务中心和上海WTO事务咨询中心主办的会议。

547."美国反补贴案"、"中国稀土案"和"美国反补贴和反倾销案"。

548.2000年6月，原外经贸部条法司组织国内主要经济部委和立法部门的官员，以及部分学者、律师23人，远赴位于美国首都华盛顿的乔治城大学法律中心（Georgetown University Law Center），参加为期两周的"WTO研讨班"（以下简称"乔治城研讨班"）。这个研讨班美方组织者是John H. Jackson教授。他邀请了23位美国的官员、学者、律师，以及WTO秘书处及争端解决方面的专家，系统介绍了WTO的历史和有关协定，并且特别介绍了WTO的大量案例。松下满雄是讲课人之一。

549."中国出版物和音像制品案"、"中国原材料案"、"欧共体紧固件案"和"美国轮胎案"。

550."中国出版物和音像制品案"、"美国反倾销和反补贴案"、"中国原材料案"和"中国稀土案"。

551.2002年3月5日，美国总统宣布，对10种进口钢材采取保障措施，在为期3年的时间里，加征最高达30%的关税。包括中国在内的8个WTO成员（欧共体、日本、韩国、中国、瑞士、挪威、新西兰和巴西）将本案提交WTO争端解决机制，是为"美国钢铁保障措施案"。美国钢铁保障措施案是中国在WTO中第一案，是中国成为WTO成员后，使用WTO争端解决机制解决贸易争议，合法保护自己贸易利益的具体体现。这个案件标志着中国未来解决与其他WTO成员的争议，多了一条稳定、可预见的途径。对于作为贸易大国的中国来说，和平解决争议，与其他国家建立良好的贸易关系，是非常重要的。因此，本案对中国不仅仅具有保护具体贸易利益的作用，而且具有很强的象征意义。

552. 吕晓杰、韩立余、黄东黎、史晓丽、杨国华：《入世十年 法治中国：纪念中国加入世贸组织十周年访谈录》，人民出版社，2011 年 12 月第 1 版。访谈时间：2010 年 9 月 11 日。地点：中国人民大学法学院。访谈人：杨国华。

553."美国反倾销和反补贴案"、"美国轮胎案"、"中国取向电工钢案"和"美国反补贴案"。

554.DSU 第 3 条第 2 款。

555. 两个处各有十余名律师。

556.2013 年 11 月 6 日，"金砖国家与 WTO 争端解决研讨会"，上海。

557."中国市场经济地位"问题，是指中国"入世"议定书第 15 条所涉及的问题，即中国"入世"15 年（2016 年 12 月 11 日）之后，外国反倾销调查机关是否仍然可以要求中国企业证明其产业具备"市场经济条件"，并且仍然可以使用"不依据与中国国内价格或成本进行严格比较的方法"。

558. 关于 GATT 第 20 条"一般例外"是否适用于中国"入世"承诺的问题，WTO 上诉机构在不同案件中作出了不同裁决：在"中国原材料案"和"中国稀土案"中，上诉机构认为不能适用于关于出口税的承诺，而在"中国出版物和音像制品案"中，上诉机构认为能够适用于贸易权的承诺。

559.DSU 第 8 条第 1 款。

560. 与上诉机构"常设"不同，专家组是"海选"的，即秘书处从其"专家库"（也包括"指示性名单"（indicative list, Art. 8.4, DSU）之外的专家）中推荐专家征求当事方意见，并且在意见不能达成一致时由总干事指定。案件审理完成后，专家组自行解散。

561. 本案争议的一个焦点是出口税承诺是否能够适用 GATT 第 20 条，即能否援引"一般例外"条款进行抗辩的问题。

562."【北京论坛（2011）】专访 WTO 法律事务司司长瓦莱莉·休伊斯："中国入世一百分！"，见北京大学新闻网，http://pkunews.pku.edu.cn/xxfz/2011-11/05/content_218480.htm，访问日期：2015 年 8 月 1 日。

563. 参见 WTO 网站：https://www.wto.org/english/news_e/news16_e/dsb_25jan16_e.htm。访问日期：2017 年 1 月 12 日。

564. 参见 WTO 网站：https://www.wto.org/english/news_e/news16_e/dsb_23mar16_e.htm。访问日期：2017 年 1 月 14 日。

565. 欧盟推荐候选人的程序是：欧委会发布通知，有关人士可以向其成员国政府自荐，然后由该政府向欧委会提出人选，而欧委会将成立一个遴选小组（selection panel），通过审查资料和举行面试以确定最终向 WTO 提交的人选。成员国和欧委会的具体决策程序不详。见欧盟网站：EU Launches Selection of Candidates for the position of WTO Appellate Body member。

http://trade.ec.europa.eu/doclib/press/index.cfm?id=1565。访问日期：2017 年 1 月 19 日。

566. "一号文件"（第 12 段）规定，成员工资为每月 7000 瑞士法郎，加上办案补助。对于如此资质的专业人士来说，这并不是一个很高的待遇。

567. 例如，2006 年中国推荐张月姣和董世忠两位候选人，而 2007 年推荐张月姣和张玉卿两位候选人。

568. 遴选委员会的简历可以从各国常驻 WTO 代表团网站上看到。

569. 总干事的任期为 4 年，可连任一次。

570. 理事会主席由成员选举产生，代表团大使 / 代表担任，基本上是"轮流坐庄"。

571. 张胜和空缺的候选人也是 7 人，包括来自张月姣空缺的 5 位候选人（土耳其和马来西亚候选人没有参加）和新增加的两位候选人（中国台湾罗昌发和韩国金炫宗）。遴选委员会对两位新候选人进行了面试，决定对两个空缺一起决定，但是新任成员与原来空缺逐一对应，即后由赵宏接替张月姣而金炫宗接替张胜和。参见 WTO 网站：https://www.wto.org/english/news_e/news16_e/dsb_25jan16_e.htm；https://www.wto.org/english/news_e/news16_e/dsb_21jul16_e.htm；https://www.wto.org/english/news_e/news16_e/disp_28nov16_e.htm。访问日期：2017 年 1 月 12 日。

策　　划：蒋茂凝

责任编辑：洪　琼

图书在版编目（CIP）数据

丛林再现？——WTO 上诉机制的兴衰 / 杨国华　著 . —北京：人民出版社，
　2020.5

ISBN 978 - 7 - 01 - 021942 - 4

I.①丛⋯　　II.①杨⋯　　III.①世界贸易组织－国际贸易－行政诉讼－研究
　IV.① F743 ② D996.1

中国版本图书馆 CIP 数据核字（2020）第 040057 号

丛林再现？

CONGLINZAIXIAN

——WTO 上诉机制的兴衰

杨国华　著

人民出版社 出版发行

（100706　北京市东城区隆福寺街 99 号）

北京中科印刷有限公司印刷　新华书店经销

2020 年 5 月第 1 版　2020 年 5 月北京第 1 次印刷
开本：710 毫米 ×1000 毫米 1/16　印张：19.75
字数：250 千字

ISBN 978 - 7 - 01 - 021942 - 4　定价：59.80 元

邮购地址 100706　北京市东城区隆福寺街 99 号
人民东方图书销售中心　电话（010）65250042　65289539